AF240716

L. DE LAUNAY

LA TURQUIE
QUE L'ON VOIT

LIBRAIRIE HACHETTE & CIE

4 fr.

LA TURQUIE
QUE L'ON VOIT

OUVRAGES DU MÊME AUTEUR

LA BULGARIE D'HIER ET DE DEMAIN :

Hachette et Cie. 4 fr.

CHEZ LES GRECS DE TURQUIE :

Mytilène, Lemnos, Le mont Athos, Les côtes d'Asie Mineure et de Macédoine.

Librairie Éd. Cornély 4 fr.

Cl. E.-A. Mortel.

MOSQUÉE DE L'OSMANIÉ.

L. DE LAUNAY
MEMBRE DE L'INSTITUT

LA TURQUIE
QUE L'ON VOIT

OUVRAGE ILLUSTRÉ
DE 60 GRAVURES TIRÉES HORS TEXTE
ET DE DEUX CARTES EN NOIR

LIBRAIRIE HACHETTE ET Cie
79, BOULEVARD SAINT-GERMAIN, PARIS
1913

LA TURQUIE QUE L'ON VOIT

PRÉAMBULE

LE voyageur qui aborde la Turquie, soit en simple touriste, soit avec quelque préoccupation d'art, de science ou d'industrie, s'aperçoit vite que ce grand pays est coupé en deux zones de pénétration distinctes. Il y a ce que j'appellerai ici la « Turquie que l'on voit », la « Turquie ouverte », où circulent chaque année des milliers d'étrangers de toutes nations, où l'on trouve des hôtels confortables et des moyens de communication modernes, avec juste assez de couleur locale pour en être amusé sans trop de gêne. C'est le pays que fréquente le personnel diplomatique, où l'on a affaire à des fonctionnaires turcs ayant fait leur éducation en Europe et parlant parfois très correctement le français. Il y a, d'autre part, la « Turquie fermée », où l'on tombe brusquement en pleine barbarie asiatique, où la sécurité est médiocre, où le gîte est fâcheux, où, dès que l'on veut faire un pas, on se sent espionné et paralysé, mais où, un peu par cela même, on éprouve tous les plaisirs mouvementés d'un dépaysement, d'un voyage dans l'inconnu. La Turquie ouverte gagne peu à peu sur l'autre, le long des voies ferrées et peut être un jour ces deux Turquies ne feront-elles plus qu'un. Actuellement, la première seule intéresse la majorité des touristes. En la décrivant ici, je n'apporterai aucune révélation, ni aucune découverte; je ne pourrai que réveiller et préciser les souvenirs de ceux qui la connaissent, ou diriger dans leurs courses ceux qui l'abordent une première fois. Mais, pour être aisément accessible, ce pays n'en offre pas moins un régal aux yeux et, par son passé comme par son présent, des sujets constants de réflexion à l'esprit. La grâce ou la noblesse des paysages, l'originalité des mœurs et des costumes, l'importance générale des questions politiques aujourd'hui posées s'y associent, comme dans les contrées de très vieilles civilisations, à des souvenirs d'histoire, ou d'archéologie, qui prennent, lorsqu'on les revit dans leur cadre primitif, une singulière intensité.

La Turquie, pour le touriste qui ne poursuit pas un but d'exploration scientifique ou qui n'a pas des marchandises à placer, se borne à Constantinople et à ses environs compris dans un sens un peu large (Brousse, Nicée, etc.), avec excursion possible à Smyrne et, si l'on veut, arrêt à Troie au retour. Tel est le simple programme que nous allons suivre.

Constantinople, Byzance, Stamboul, il y a peu d'endroits dans le monde dont la puissance d'attraction soit plus vive, dont la réputation pittoresque soit plus grande, qui soient plus imprégnés de souvenirs. Il ne faut pas attendre à Constantinople l'élégance artistique d'Athènes, fine et légère comme un ciel méditerranéen; on n'y trouve pas non plus la grandeur majestueuse et facilement dramatique de Rome ou l'émotion pieuse de Jérusalem; la forme de beauté qu'on y rencontre a quelque chose de très spécial, dont Venise seule en Europe peut donner une idée première; c'est, dans la magie d'un site unique, le mélange de la Turquerie colorée avec les restes évocateurs de Byzance; c'est le décor somptueux d'opéra ou de féerie au lieu de la toile de fond aux tons sobres, aux lignes simplifiées, devant laquelle se joue la tragédie de Corneille ou de Racine; c'est, dans le domaine du goût, ce qu'on pourrait appeler le bric-à-brac du paysage et de l'histoire. Un philosophe classique se plaira moins à Constantinople qu'à Athènes ou à Rome; un mystique trouvera des joies plus vives ou des larmes à Jérusalem; un archéologue verra, en Égypte, surgir devant ses yeux, et non plus seulement devant son esprit, un passé à la fois plus intact et plus lointain. Constantinople comparée à Athènes, c'est une pièce de Victor Hugo à côté d'un drame de Sophocle; une peinture de Decamps et quelquefois de Delacroix, près d'une fresque de Raphaël; une musique de Debussy ou de Dukas, près d'une symphonie pastorale de Beethoven ou d'une tragédie de Gluck. Un vieux proverbe dit que tous les goûts sont dans la nature. Chacun par comparaison peut se rendre compte d'avance du plaisir plus ou moins vif qu'il est appelé à éprouver au milieu de cette bigarrure qui, dans la réalité présente comme dans l'histoire, vaut par la couleur et par le mouvement plus que par les lignes sévères du dessin. Bien peu cependant resteront indifférents devant la multiple beauté de cette ville unique et incomparable.

Sur cette vieille cité si connue, si souvent visitée, de Constantinople, il existe de nombreuses monographies descriptives, et beaucoup de guides spéciaux. La documentation est abondante. Elle l'est presque trop pour le commun des voyageurs. Il s'agit, en effet, quand on arrive dans une telle ville pour peu de jours, d'y choisir, à son gré, les points les plus intéressants ; et c'est ce qu'on a souvent peine à faire, malgré les astérisques plus ou moins multipliées des guides, entre tant de monuments placés sur le même plan. Écrire un ouvrage de plus sur Constantinople ne saurait s'expliquer que de deux manières : ou bien en cherchant à être plus complet que ses devanciers, ce qui comporterait un travail d'érudition volumineux ; ou bien en se bornant à de courtes impressions personnelles, qui mettront en lumière quelques traits caractéristiques du tableau, renvoyant aux guides pour tous les autres. C'est le dernier parti que j'ai adopté ici. Je n'aurai aucune prétention d'être complet, ni précis « à la façon de Mézeray » ; mais je voudrais chercher à faire voir ou revoir ce qui, dans Constantinople, m'a particulièrement frappé moi-même, en mêlant, suivant mes propres goûts, les préoccupations de l'artiste, pour lequel les formes et les couleurs de l'univers visible tiennent une place prépondérante, avec les souvenirs d'un historien amateur qui aime le passé, moins pour en connaître tous les détails minutieux d'après des documents réputés authentiques, que pour en ressusciter la vie suivant **la** vieille tendance des Michelet et des Renan.

Des « souvenirs historiques » et de l'orientalisme, voilà sans doute qui est bien peu dans la note moderne et l'on me verra peut-être avec peine sacrifier délibérément à ces deux anciennes divinités d'un romantisme si démodé. Aussi, pour ne pas surprendre plus tard le lecteur, est-il utile de préciser aussitôt les tendances de ce livre dans l'un et l'autre ordre d'idées.

En ce qui concerne d'abord l'histoire, il est

apparu (ou plutôt reparu), depuis quelques années, une catégorie de voyageurs à origines très lettrées et je dirais même très scolastiques, qui, suivant une tradition déjà ancienne de leur milieu littéraire, ont trouvé spirituel de paraître ignorer tout le passé des pays où ils promenaient une fantaisie, devenue, par cette ignorance, à peu près sans objet. C'était, pour eux, une façon élégante de jeter le froc aux orties. A les en croire, une seule chose compte et vaut qu'on s'en occupe, c'est la « Vie » (avec une majuscule), c'est la « Vision directe » sans éducation préalable. Foin de toutes ces vieilles pierres et de ces chantiers de démolition que l'on appelle des ruines, des Forums ou des Acropoles ! Un voyage en Grèce consistera à observer qu'il fait très chaud, que la poussière abonde, que l'on est volé par les guides et les hôteliers, que beaucoup de gramophones jouent des airs d'opérettes parisiens ou viennois dans beaucoup de guinguettes semblables à celles de nos chefs-lieux de canton ou de nos sous-préfectures... Je crois que la vie moderne vaut la peine d'être observée, qu'il ne faut pas tomber dans l'excès inverse, contre lequel ces modernistes prétendent réagir et voir exclusivement dans un pays moderne son passé millénaire. A Constantinople plus encore qu'en Grèce, on a quelque droit de faire une « Turquie contemporaine », ou une « Turquie d'aujourd'hui ». Mais, loin de dédaigner le passé, j'estime, au contraire, de plus en plus, que ce passé constitue la racine dans laquelle le modernisme puise sa sève et sa vie. De plus en plus, ce passé m'attire comme un fondement solide et permanent, au même titre que les grandes lignes du paysage.

Cette histoire nous ramènera d'ailleurs souvent jusqu'au temps présent; car la Question d'Orient, qui subit, en ce moment même, une de ses phases les plus critiques, n'est que la conséquence logique et l'aboutissement forcé d'un long passé. A la suite de succès militaires des Turcs qui remontent maintenant à près de cinq siècles, il s'est établi, dans ces malheureux pays orientaux si richement dotés par la nature et si mal servis par l'intervention humaine, un régime provisoire et anachronique, dont les seules raisons d'être et de subsister ont été la jalousie des grandes puissances et la pusillanimité chronique de leurs diplomaties devant les solutions qui s'imposent. Pendant près de cinq siècles, on a vu des populations entières contraintes à subir une nationalité ottomane, qui ne correspondait pour elles qu'à un long esclavage. Puis, peu à peu, ces peuples se sont émancipés et ils y ont réussi l'un après l'autre en faisant remonter leurs souvenirs glorieux et leurs revendications jusqu'au Moyen âge où ils étaient libres. Comment nier ici que ce Moyen âge soit encore vivant et agissant?

Nous ne disserterons pas sur la Question d'Orient. Je l'ai fait ailleurs, à propos de la Bulgarie, avec cette heureuse chance que les événements se sont trouvés bientôt après donner raison à mes prédictions; il serait imprudent de recommencer une tentative aussi aventureuse. Mais les occasions ne nous manqueront pas de faire allusion à des problèmes qui s'imposent à l'esprit dès que l'on met le pied à Constantinople ou en Asie Mineure.

Et il faudra encore, je crois devoir le dire à ce propos, que l'on admette, en ces questions d'histoire, pour les plus anciennes comme les plus récentes, ce que j'appellerai d'un nom barbare la subjectivité de mes récits. L'histoire rigoureusement impartiale peut être excellente pour celui dont le but, tout scientifique, est de découvrir, d'établir la vérité. Mais, pour nous profanes qui cherchons dans l'histoire un enseignement et un plaisir, les événements perdent leur intérêt si nous les regardons d'un œil indifférent et glacé. Toutes ces vieilles querelles ne redeviennent vivantes et passionnantes, que lorsqu'on y a pris parti comme s'il s'agissait d'une lutte contemporaine, lorsque l'on est avec ou contre les Byzantins, avec ou contre les iconoclastes, lorsqu'on a adopté les insignes des bleus ou des verts pour aller à l'hippodrome, lorsqu'on s'est fait d'abord arien ou orthodoxe pour assister au concile de Nicée. Un paysage historique ne saurait, à mon sens, acquérir son relief que s'il est regardé par une âme pensante ayant sa personnalité, ses opinions propres, ses points de comparaison antérieurs, voire même ses préjugés; et je n'ai malheureusement pas la possibilité, comme disait Fantasio, d'être « ce Monsieur qui passe », et de voir le paysage avec une autre âme que la mienne.

C'est bien en quoi les « récits de voyage » sont, contrairement au préjugé très répandu qui les condamne tous à l'avance d'après certains produits d'une fabrication trop facile, où il est surtout question de menus d'hôtel et de punaises, un des genres littéraires, dont le cadre souple se prête le mieux aux évocations des sentiments les plus divers. Comme les correspondances et les mémoires, ils peuvent nous donner l'impression vraie ressentie en face des hommes ou des choses, sans combinaison artificielle et sans imagination inutile d'historiettes banales. Point n'est besoin d'aller chercher le nouveau très loin. Témoin le Voyage sentimental de Sterne ou le « Voyage autour de ma chambre »...

La question de l'Orientalisme et de la couleur locale demande aussi quelques mots d'explication. Cet orientalisme, auquel nous allons nous laisser prendre, n'est, je le sais bien, pas plus à la mode parmi les peintres que le souvenir historique parmi les littérateurs. Il participe à la défaveur qui frappe momentanément le sujet composé, le groupement artificiel et ce qu'on appelle le bric-à-brac romantique. On trouve plus distingué et plus français de peindre, dans des notes grises et claires, des paysages un peu voilés, ou froidement éclairés par une lumière septentrionale, comme en fournit l'Ile de France, que d'aller poursuivre au loin des outrances et des intensités, auxquelles notre œil trop subtil refuse le mérite des finesses et des nuances. En peinture, comme en poésie ou en musique, on est (on était hier) aux notes claires et à la demi-teinte. C'est un de ces tours de roue habituels à la fortune, à la suite duquel on réinventera le romantisme sous un autre nom.

Et pourtant, il y a, dans la lumière la plus éclatante, la plus crue, telle qu'on la rencontre souvent en Orient, dans l'intensité des couleurs qu'elle permet en les fondant, en les harmonisant, une fête des yeux, une joie de vivre que l'on ne saurait attendre de nos ciels voilés et mélancoliques. L'homme a besoin de soleil comme la plante et le seul fait de voir des individus habillés de rouge, d'orange, de jaune ou de vert, au lieu de notre lassante monochromie, apporte une satisfaction que l'on peut

STAMBOUL, VU DE GALATA, LA POINTE DU SERAÏ.

qualifier de puérile, mais qui n'en est pas moins instinctive, générale et profonde.

On aurait, du reste, grand tort de s'imaginer l'Orient tel qu'on l'a peint volontiers vers 1830, perpétuellement chamarré et resplendissant sous un ciel uniformément bleu. Les découpures violentes de cobalt ou d'outremer, qui nous ont été trop souvent données comme des paysages orientaux, sont de nature à inspirer la plus fausse idée sur la transparence réelle du ciel que l'on voit ordinairement en Orient et, en particulier, à Constantinople. Le ciel de Constantinople, parcouru de légers nuages, souvent baigné de brume, parfois enveloppé dans la fumée des bateaux à vapeur comme un aspect de la Tamise, a beaucoup des qualités de celui de Venise; et il lui aurait fallu un Guardi ou un Canaletto pour en rendre la transparence, la souplesse, l'élégance, au lieu des enluminures violemment conventionnelles d'un Ziem, qui sont encore plus fantaisistes quand il peint Byzance que lorsqu'il représente la Cité des Doges, et qui, cependant, entrent pour beaucoup dans l'idée que le public se fait, en général, de Constantinople.

Dans les critiques que l'on adresse aux orientalistes, il entre une pointe de vérité. Il est certain que l'on ne saurait bien traduire ce que l'on a vu seulement en passant, ce dont on ne s'est pas pénétré par une longue habitude, ce que l'on n'a pas appris, dès l'enfance, à voir et à aimer. Le défaut de bien des paysages d'Orient est d'avoir été peints, longtemps après, dans un atelier parisien, d'après des notes rapportées vingt ou trente ans auparavant d'un voyage sommaire. Cela sent le chic, la fabrique et c'est cela surtout qui choque inconsciemment les raffinés. Mais la violente émotion que produit, sur un œil nouveau, un aspect imprévu de la nature par lequel il est puissamment fasciné et conquis peut aussi devenir une source de beauté artistique. Et c'est une des raisons de l'art que de nous fournir, à huis clos, dans la tristesse de l'hiver et de la pluie, l'illusion du soleil, l'évocation des pays heureux où le souci de vivre est inconnu, où le travail se réduit au minimum, où une flânerie heureuse fait couler les heures dans la contemplation de l'azur et dans la fumerie des narghilés.

Nous ne rencontrons ici qu'incidemment cette question de la peinture orientaliste; car un seul peintre, en réalité, a cherché des motifs dans les pays que nous devons visiter : Decamps aux environs de Smyrne. Je voudrais pourtant essayer de montrer par des exemples ce qu'un œil de peintre peut trouver dans ces contrées du soleil et d'indiquer aussitôt ce que la prose, malgré son infériorité sur le pinceau quand il s'agit de rendre des couleurs ou des formes, peut ajouter à la peinture pour fixer l'ensemble de sensations très complexes, où l'ouïe, l'odorat, le toucher sont en jeu avec la vue, qui constitue finalement la réalité d'un paysage oriental.

Comme peintres ayant tenté de traduire ce très vague pays, inconnu des géographes, qui, du Maroc aux Indes, constitue l'Orient, nous en choisirons trois seulement dont les procédés et les moyens d'expression en face d'un même problème ont été très différents : Decamps, Delacroix et Besnard. Decamps a travaillé à Smyrne et en Syrie, Delacroix au Maroc, Besnard dans l'Inde. Mais tous les trois ont été frappés de même par l'éclat de la couleur et par la violence de la lumière, qu'ils se sont efforcés de rendre très diversement, chacun suivant son tempérament.

Decamps s'attache, en général, beaucoup plus à la lumière qu'à la couleur, quoiqu'il fasse chanter les tons les plus colorés dans tels de ces tableaux dont le plus beau est sa « Sortie de l'École turque ». Pour rendre cette intensité, il emploie le procédé de contraste qui, d'une façon totalement différente, a été appliqué par Rembrandt, Ribéra ou Caravage. Il force les ombres pour rétablir l'équilibre avec des lumières nécessairement trop faibles quoi qu'artificiellement accrues par les empâtements. Aussi préfère-t-il les intérieurs de cours et de maisons, les coins obscurs, où s'illumine un rayon localisé. Son art est de faire craquer et croustiller les vieux murs à force de grattages, de ponçages, de découpages au rasoir et de superpositions. Il réussit ainsi à réaliser, malgré le reproche qu'on lui a parfois adressé de peinture boueuse, le difficile passage de l'ombre à la lumière.

Delacroix, dans ses études d'après nature, rend bien cette clarté, souvent un peu grise, comme corrodée par la poussière et le soleil, où abondent les ocres, où les verts des feuillages sont éteints, mais où éclate la brusque fanfare d'un vermillon. Ses tableaux faits après coup trahissent davantage le système. L'Orient n'y est plus qu'un prétexte à riches couleurs et ornements chamarrés, une occasion rare d'introduire, dans le monde moderne, ces rapprochements de tons dont résulte le prestige de sa merveilleuse palette.

Enfin, Besnard s'est attaqué directement et résolument au problème des couleurs éclatantes et n'a

pas craint les oppositions de tons les plus violentes, que son pinceau, dès longtemps accoutumé
à rendre les jeux singuliers des tons mêlés par le
prisme, a su rendre souvent exquises, même pour
l'œil prévenu de ceux qui connaissent seulement
le soleil parisien.

Et nous, à notre tour, quelle note apporterons-
nous? On hésite à décrire un paysage : toutes les
phrases les mieux balancées et les détails les plus
techniques ne valant pas, en pareil cas, un bout de
croquis. Mais nous retrouverons peut-être une supériorité quand il s'agira de restituer au paysage
ce que la peinture, à son tour, ne peut directement
traduire : l'ambiance, le mouvant, la combinaison
de tant de perceptions subtiles, les musiques, les
parfums, les mouvements de la brise et du soleil et
tout le cortège aussi des impressions antérieures
par lesquelles une impression centrale s'est trouvée
encadrée, mise en valeur, avec lesquelles, dans
notre esprit, elle n'a fait qu'un. La notion d'Orient
s'impose à tous les sens à la fois. On ne voit pas
seulement l'Orient : on le respire, on l'entend et on
le sent. De tout cela résulte un ensemble qui a son
charme très spécial et auquel, lorsqu'on aime ces
pays du Levant, on repense volontiers plus tard
avec nostalgie. C'est ainsi que tel ciel clair d'avril,
tel parfum d'une route de Provence, tel doux berce-
ment de la mer sur une plage de sable me trans-
portent invinciblement dans l'Orient que j'ai connu
et aimé lorsque je n'avais pas trente ans.

Et d'abord, quand on se représente un paysage
d'Orient, il est un point qu'il importe de se rappeler, c'est la vague poussière éparse dans l'air qui
remplace là ce qu'est la brume dans notre atmos-

phère européenne. Sauf dans les rapides journées du printemps, où la verdure prend une intensité éphémère et forme alors un fond de tableau rêvé pour tous les oranges et les rouges des costumes, le paysage d'Orient est, presque toute l'année, dévoré et comme passé au soleil. Les herbes, les plantes, les feuillages sont jaunes; les terrains oscillent entre les blancs éblouissants de la craie, les ocres jaunes et les siennes brûlées.

Cette poussière, il faut la concevoir flottante dans l'air et l'imprégnant, dès qu'on touche à une agglomération humaine, d'une odeur très caractéristique, Que ce soit au socco de Tanger, aux portes de Kairouan ou de Jérusalem, au pont des caravanes de Smyrne, ou dans les rues d'Eyoub, l'Orient a son parfum qui le ferait reconnaître les yeux fermés et dont il ne faut pas trop scruter les origines. C'est un mélange d'odeurs vanillées et chaudes, où il entre de la friture, de l'huile, de l'anis, du crottin pulvérisé, avec de l'aloès et du mimosa.

Et l'Orient a aussi sa musique qui est celle des pays du soleil. Dans la campagne, c'est la chanson des innombrables grillons, ou la brusque surprise d'une eau qui court abondante sous un rideau de verdure au milieu d'un désert. Dans les villes, ce sont les intonations gutturales, les cris des portefaix annonçant le passage de leurs fardeaux; ce sont les notes menues de la flûte ou les coups rythmés du tambourin qui s'échappent de quelque café, de quelque caravansérail. Et cela dans le silence relatif d'une ville où ne circulent pas de voitures. Dans l'état général de la voirie en Turquie, une voiture fait événement. La foule compacte qui circule dans les rues est une foule de piétons; son bruit est celui de piétons aux pieds souples et souvent chàussés de babouches traînantes : un bruit menu pour une si grande agglomération. Pas de tramways, d'automobiles ; rien qui ressemble au tapage assourdissant d'une rue parisienne ; et seulement, de temps à autre, les sifflets d'appel d'un vapeur en partance rappelant qu'on est dans un grand port de mer...

*
* *

De tout cela, de cette histoire ancienne qui se survit et qui continue, de ces couleurs vibrantes, de cette atmosphère poudreuse, de ce soleil dévorant, de ces ombres si délicieusement fraîches, et des senteurs et des musiques, et des brises matinales sur la mer et des soleils couchants, je voudrais tenter de donner une image, actuelle et non conventionnelle. Constantinople n'est pas tout à fait le décor de féerie que l'on imagine parfois d'après des descriptions aussi enthousiastes qu'imprécises. Dans la Constantinople réelle, il faut faire sa place à la fumée qui monte des vapeurs sur la Corne d'Or, au brouillard et à la pluie fréquents, au délabrement, aux ruines, aux immondices mêmes...

Pour être sincère, il faut avoir peint d'après nature et non composer son tableau méthodiquement, sous la lumière froide de l'atelier, avec des morceaux disparates recueillis dans des conditions quelconques, en ajoutant de place en place quelques « fabriques » ou des « ponts rustiques » suivant la coutume de certains vieux peintres. Un paysage ne saurait être décrit comme un objet inanimé et mort, enfermé dans la vitrine d'un musée. Si l'on veut le traduire, quelque imparfaitement que ce soit, il est

(14)

nécessaire de dire la saison, l'heure, le temps ; il faut le situer dans le flux incessant et toujours changeant des sensations renouvelées. J'ai revu à diverses reprises la plupart des aspects de Constantinople qui vont être décrits ici. Parmi les impressions successives, souvent diverses, que le même endroit a pu me causer, je choisirai celle qui a réussi davantage à se fixer, à s'incruster dans ma mémoire, souvent la première.

Et avec quelle joie j'ai retrempé dans l'eau toutes ces fleurs desséchées pour écrire ce livre comme un délassement à d'autres travaux, au milieu de la froidure d'un hiver parisien, alors que les années déjà écoulées depuis mon dernier voyage à Constantinople recommençaient déjà à m'en inspirer le regret !...

On ne saurait aller tous les jours à Constantinople et, reconnaissons-le, quand on y a séjourné quelque temps, on s'en lasse. Tous ceux que leur profession y a retenus vous le diront. On devient alors de plus en plus sensible aux petits ennuis de la vie, à la malpropreté, à l'atmosphère de suspicion, de défiance et d'espionnage, au milieu de laquelle on vit dès qu'on cesse d'être le plus banal et le plus inoffensif des touristes, dès qu'on veut seulement dessiner ou peindre. On se lasse de respirer cette odeur de friture, de poisson sec, de vanille et de fumier humain... Mais, à distance, tout cela s'efface et s'atténue dans le lointain, comme lorsqu'on regarde, du haut d'une colline, une grande ville dont on ne voit plus que les toits roses, les églises blanches et les verdures étonnamment multipliées. Alors, c'est un plaisir de revivre par la pensée au milieu de souvenirs qui se poétisent et s'idéalisent en se simplifiant. On peuple des paysages qui sont restés gravés dans l'esprit ou qu'un bout de croquis a conservés avec tout ce que la lecture des livres anciens peut y ajouter de grandeur tragique ou de curiosité romanesque. On se promène en esprit, sans fatigue, sans soleil trop vif et sans pluie, à ses heures, dans les rues silencieuses de Stamboul ou d'Eyoub, où passent les vieux Turcs aux pieds chaussés de babouches et les femmes voilées pareilles à des religieuses. On monte en caïque sur la Corne d'Or. On traverse le Bosphore en rentrant de Scutari ou de Kadi-keui à l'heure où le ciel de Byzance se détache en or autour des minarets et des collines comme sur une mosaïque primitive. On parcourt, au lever du jour, les ruines de Nicée à la recherche du motif que l'on n'a pas eu le temps de peindre la veille. On s'oublie, pendant de longues heures, dans la mosquée verte de Brousse à écouter la plainte paisible des fontaines et à regarder jouer la lumière changeante sur les carreaux diaprés dont le vert sombre s'étoile de filets dorés comme les yeux clignotants d'un chat...

Si je pouvais seulement faire partager au lecteur de ce livre une partie du plaisir que j'ai éprouvé à l'écrire, je me tiendrais pour très satisfait. Constantinople, qui fut longtemps l'objet de mes rêves, une sorte de terre promise, dont j'approchais sans pouvoir l'atteindre, a, ce qui est rare et ce qui prouve bien sa beauté, tenu tout ce qu'avait fini par en attendre mon imagination. Puis, vingt ans après une première visite, j'y suis retourné : épreuve redoutable, où l'on se retrouve vieilli, blasé par d'innombrables points de comparaison, désabusé par son expérience funeste de globe-trotter, en face de ce qu'on avait vu dans l'enthousiasme naïf de la jeunesse; et je n'ai été aucunement déçu. On trouve à Constantinople ce qui est le but principal de bien des courses à travers le monde : le dépaysement, l'oubli, sous un beau ciel, en face d'une nature qui, de tous côtés, en tous sens, s'offre combinée à souhait pour le plaisir des yeux...

Dans ce livre, je dirai donc beaucoup de bien de la Turquie qui est un des plus beaux pays du monde: j'essayerai surtout de faire aimer cette pauvre Constantinople qui n'a plus que si peu d'années à vivre, qui, dans si peu de temps, sera vilainement modernisée, peuplée d'usines, avec des monuments enfermés derrière des grilles et souillés par un gardiennage officiel analogue à celui de nos pays européens. Mais je ne peux cependant m'empêcher de penser beaucoup de mal des Turcs, — du gouvernement, de tous les gouvernements turcs, si l'on tient à cette distinction. — Je crois en avoir le droit, quoique la Turquie soit aujourd'hui vaincue, écrasée, en proie à la curée comme put l'être la chrétienté byzantine au xvᵉ siècle. Je crois en avoir le droit parce qu'après avoir vu les Turcs de près, chez eux, en dehors des grandes villes, j'ai commencé à les attaquer alors que toute la presse salariée les défendait, les acclamait, alors que leur victoire facilement remportée sur les Grecs trop isolés faisait croire à tous les adorateurs du succès qu'il y avait là une grande armée, un grand peuple. J'ai été alors du très petit nombre de ceux que le hasard a conduits à voir clair dans leur irrémédiable décadence, dans leur corruption sans remède. Je l'ai dit à ce moment; ni le respect des vaincus, ni le chagrin sentimental que peut me causer la disparition

(17)

2

du vieux Stamboul ne sauraient aujourd'hui me conduire à changer d'avis. Les Turcophiles ont dit et répété : « Nous vous abandonnons les fonctionnaires turcs ; mais nous défendons le peuple. » Non !... On peut à la rigueur tenir un tel raisonnement, faire une distinction de ce genre quand un pays se trouve, pour quelques jours, quelques semaines, quelques mois, en proie à un parti qui s'empare violemment du pouvoir et contre lequel il finit par réagir en l'expulsant. Mais tous les gouvernements turcs qui se sont succédé, tous sans exception, ont été aussi bas et aussi vils. Dans ces conditions, il faut le dire, un peuple a le gouvernement qu'il se donne et qu'il exige ; il a les fonctionnaires qu'il mérite.

RENSEIGNEMENTS PRATIQUES

Itinéraire. — Si l'on est pressé, l'itinéraire qui va être décrit ne demande pas plus d'un mois, en faisant même une station à Athènes au retour ; savoir : Paris à Constantinople en chemin de fer : 3 jours. Constantinople et les environs : 8 jours. Excursion de Brousse et de Nicée : 5 jours. Constantinople à Troie et excursion de Troie : 4 jours. Troie à Smyrne : 2 jours. Smyrne et environs : 3 jours. Smyrne au Pirée (en bateau à vapeur) et à Athènes : 2 jours. Athènes : 3 jours. Athènes à Paris par Brindisi : 4 jours.

Si l'on dispose de plus de temps, on peut faire quelques excursions autour de Smyrne, à Ephèse, Magnésie, etc., ou s'arrêter dans l'un ou l'autre des deux trajets : par exemple, à Vienne à l'aller, ou à Patras (excursion d'Olympie) au retour.

Les deux saisons favorables pour le voyage sont le printemps et l'automne. Elles donnent des aspects du pays totalement différents : vert et fleuri au printemps, brûté et plus oriental à l'automne. La plupart des voyageurs préfèrent le printemps, d'avril à mi-juin ; mais les hôtels sont plus en-

(18)

combrés et beaucoup des dépenses sont accrues à ce moment.

Dépenses. — Le trajet de Paris à Constantinople en Orient-Express revient, avec les faux-frais, la nourriture et 30 kilos de bagage, à 450 francs par personne. Le retour de Constantinople à Smyrne, Athènes, Brindisi et Paris peu coûter, dans les mêmes conditions, 600 francs. Pendant les séjours à Constantinople, à Smyrne et à Athènes, un homme seul et sans prétention pourra se tirer d'affaire avec 25 à 30 francs par jour. Si l'on est plus difficile ou si l'on voyage avec une dame, on dépensera facilement 35 francs par personne, non compris bien entendu les tentations du bazar. L'excursion de Brousse et Nicée coûte, pour deux personnes, environ 350 francs. Une personne seule dépensera plus de la moitié de cette somme en raison de la nécessité de louer une voiture de Brousse à Mékedjé.

Bagages. — L'opinion générale est qu'il faut emporter en voyage le moins possible de bagages. Dans le cas présent, on devra, pour les deux excursions de Troie et de Brousse, s'arranger pour n'avoir que des valises. Pendant le reste du trajet, il n'est pas plus gênant d'avoir deux malles que d'en avoir une. La dépense seule est à considérer. Le transport de 50 kilos de bagages pendant tout le voyage revient à une centaine de francs.

Passeport. — Il est indispensable d'avoir, avant le départ, un passeport visé par l'ambassade de Turquie. Pour les trajets à l'intérieur de la Turquie, par exemple pour aller à Brousse, il faut, en outre, un autre passeport intérieur, ou teskéré, que l'on obtient, dans la première ville turque où l'on s'arrête, par l'intermédiaire de scn consulat.

Douane. — La douane turque est fortement tempérée par l'usage du backchich. Cependant il est prudent, avant l'arrivée dans une station frontière ou dans un port turc, de dissimuler dans ses poches les guides de voyage ou tous ouvrages concernant la Turquie, que l'on risquerait de se voir confisqués pour la durée de son séjour.

Voir, en outre. pour tous les renseignements de détail, le guide Joanne : de Paris à Constantinople.

CHAPITRE PREMIER

LA SITUATION DE CONSTANTINOPLE
SON RÔLE DANS L'HISTOIRE

Un croisement de routes mondiales. — Ses défenses naturelles.
— Comparaison entre les positions de Byzance et d'Ilion. —
Caractère asiatique de Constantinople. — La politique réaliste
des capitales maritimes.

L'Asie et l'Europe communiquent librement par
les steppes de la Russie Méridionale. C'est
l'éternel chemin de toutes les invasions barbares
venant de l'Asie Centrale, du Turkestan, de la Mon-
golie. C'est par là que se sont succédé toutes les
hordes dévastatrices des Attila et des Tamerlan. Au
sud, entre le Turkestan et l'Inde, entre le Touran et
l'Iran, entre la Scythie et l'Asie Mineure, entre les
pays de la destruction, de la nature férocement
rebelle, aux hommes rudes comme elle et les terres
plus méridionales de la civilisation, de l'art, de la
lumière, il existe une longue frontière naturelle, sur
laquelle tous les obstacles se sont trouvés accumu-
lés pour canaliser les migrations dans le sens lon-
gitudinal, les unes au nord, les autres au sud. Cette
barrière, c'est l'énorme retranchement du Tibet et
du Pamir, ce sont les chaînes Nord-Iraniques, la
Caspienne, le Caucase et la Mer Noire. Ce mur franchi, un autre monde commence, le pays des Indo-
Européens ; là sont les terres heureuses et fécondes
qu'ont occupées les civilisations de l'Inde, de la

Perse, de l'Assyrie, de la Chaldée et de la Phénicie, celles des peuples méditerranéens.

Pour un naturaliste, cette division apparaît voulue et nécessitée par l'histoire anté-humaine des plissements géologiques. Les pays plats du Nord aux longues steppes parcourues par des nomades, aux grands vents dévastateurs, au climat continental tour à tour brûlant ou glacé, ce sont les zones de l'écorce restées à l'abri des derniers mouvements tertiaires. Au Sud, au contraire, les saillies encore jeunes et en quelque sorte vivantes, des plissements alp-himalayens ont déterminé des reliefs accidentés, avec des dépressions marines pénétrant jusqu'au pied des hautes saillies montagneuses, des côtes compliquées, un régime marin, et, à la faveur d'un tel réseau de côtes ou encore par le moyen de grands fleuves qui réunissent presque une mer vers l'autre, ces possibilités de communications sans conflit nécessaire entre les peuples, d'où résultent l'échange des idées, le rayonnement des foyers intellectuels, le progrès.

Ce n'est pas, dans ce second groupe de pays, que les barrières et les démarcations naturelles fassent défaut. Elles sont nombreuses, beaucoup plus que dans les steppes du Nord où l'on passe et repasse, où toutes les traces semblent s'effacer en se superposant, comme sur une grande route piétinée par le pas des générations. Des limites comme celles de l'Inde et de l'Afghanistan, puis du haut plateau de l'Iran, puis de l'Arménie, ont amené le développement parallèle de civilisations qui, surtout dans les temps lointains du passé, étaient assez distantes l'une de l'autre pour apparaître souvent hostiles. On se battait alors ; mais chacun de son côté, avait le temps de se constituer une existence propre. On était stable, on formait un groupement national qui durait quelques siècles avant d'être submergé par un groupement voisin et qui, ce jour-là, avait fréquemment encore, une personnalité assez accentuée, une puissance de sève assez féconde pour survivre, dans une certaine mesure, chez ses vainqueurs en les influençant.

Les luttes qui ont heurté l'Europe contre l'Asie sous les murs de Troie, à Marathon et à Salamine, ou plus tard sur l'Indus; celles qui ont fait entrer en conflit les Perses et les Mèdes, les Assyriens et les Égyptiens, n'ont pas été uniquement des causes de dévastation comme le passage d'Attila, de Gengiscan, des Amurat, des Suleïman ou des Mohammed. Elles ont contribué, pour leur part, à introduire, d'abord l'art des Perses en Grèce, plus tard l'art des Grecs en Inde ou jusque dans la Chine lointaine.

Or, sur ces chemins du Sud, par lesquels l'Europe communique avec tous les anciens foyers de culture asiatiques, sur ces routes marquées pour le commerce des peuples plus encore que pour leurs batailles, la soudure des deux continents se réalise, entre la Thrace et la Phrygie dont les territoires se font suite si nettement, par ces deux pinces, par ces deux tentacules qui s'avancent jusqu'à se toucher, à l'Est et à l'Ouest de la mer de Marmara. Il y avait là deux voies d'accès, deux portes de l'Europe sur l'Asie, de l'Asie sur l'Europe, fermées seulement par deux étroits fossés pour les rendre plus sûres, le Bosphore et l'Hellespont. Nous ne saurions rien sur l'histoire de ces pays qu'en regardant seulement la carte, nous pourrions affirmer qu'il a dû exister là de tous temps, deux importants groupements humains, deux lieux de trafic et d'échange, en même temps chargés de garder ces fortifications naturelles : l'un autour de Byzance, l'autre autour d'Ilion et du cap Sigée.

En même temps, dans un sens perpendiculaire au précédent, ces deux passages du Bosphore et des Dardanelles sont le seul écoulement possible de la Mer Noire vers la Mer Egée, la voie de communication la plus facile entre les peuples slaves et mongoliques errant au Nord de la longue barrière signalée plus haut et les peuples indo-européens localisés au Sud. C'est pourquoi, il a dû exister également de tous temps, une question des Détroits.

Entre ces deux positions d'Ilion et de Byzance (ou de Chalcédoine), chacune a ses avantages. Ilion regarde vers l'Archipel, vers les îles et vers la Grèce ; il est tourné vers l'Europe. Byzance fait face à l'Asie. Le premier point pouvait difficilement convenir à un grand peuple commerçant. Pas de port et, vers l'intérieur, l'accès seulement sur des pays aussitôt montagneux. C'était l'endroit favorable pour l'acropole des temps primitifs à la façon d'une Mycènes, d'une Tyrinthe, d'une Argos. Byzance, au contraire, avait l'incomparable avantage de la Corne d'Or venant s'appliquer en croix sur le Bosphore, l'avantage aussi d'une communication plus directe le long de l'Euxin avec toutes les villes du littoral, avec les pays du Pont et de la Colchide, avec le débouché de la féconde vallée du Danube.

Pour des peuples modernes toujours pressés, plus encore peut-être que pour des peuples primitifs, Constantinople est le point de croisement de deux des routes internationales les plus considérables de

CONSTANTINOPLE. LE PORT ENCOMBRÉ DE BATIMENTS : EFFET DE SOIR.

La Turquie que l'on voit.

Pl. 3, page 24.

l'Eur-Asie. Dès que l'on veut éviter les longues traversées, c'est ici qu'il faut presque nécessairement passer d'Asie en Europe. En ce point, un bras de mer étroit, le Bosphore, que le bœuf de la légende put traverser à la nage et sur lequel il faut s'attendre à voir quelque jour un grand pont métallique, forme la seule coupure sérieuse sur la route mondiale de Londres, Paris ou Vienne à Bagdad et à la Mer des Indes. Et le Bosphore est aussi le seul passage par lequel puissent s'écouler les produits de ces terres fertiles qui couvrent les steppes défrichées de la Russie méridionale, de la Roumanie et de la Bulgarie et descendre vers la Méditerranée tout ce qu'ont drainé dans leur long parcours les grands fleuves tributaires de l'Euxin.

Par une chance singulière, il s'est trouvé, en même temps, qu'à Constantinople cette double porte ouverte à la fois dans quatre voies différentes, comme certains robinets compliqués qu'emploie la physique, fut, d'autre part, assez formidablement défendue par la nature pour décourager les envahisseurs et assez facile à tourner pour qu'ils préférassent généralement passer à côté plutôt que de devoir la conquérir. En remontant la vallée du Danube, les immigrants asiatiques gagnaient l'Italie, la Grèce ou l'Europe Occidentale sans avoir à triompher des fortifications de Byzance. De l'Asie Mineure on pouvait également atteindre Athènes ou Rome en franchissant l'Hellespont et longeant la rive Nord de l'Archipel par cette grande voie Egnatienne sur laquelle, à Philippes, à Pella, les armées antiques se sont livré tant de combats. Pour emporter, au contraire, Constantinople, il fallait, ou se hasarder sur une étroite langue de terre facile à barrer par des murailles successives comme les retranchements qui ont arrêté les Bulgares à Tchataldja, ou tenter une attaque par mer dans des conditions d'infériorité manifeste.

Quand on étudie l'histoire de Byzance, on y constate une série de sièges continuels : 29 seulement avant la prise par les Turcs et bien des prises d'assaut dont les plus fameuses sont celle de 1204 par les Croisés qu'a immortalisée le génie de Delacroix et celle de 1453 par les Turcs. Byzance qu'avaient amollie les facilités mêmes de l'existence, Byzance riche et prospère, était une proie tentante. On venait pour s'en emparer ; on y a réussi très souvent, surtout aux époques antiques, malgré le nombre encore plus considérable des invasions qui se sont brisées contre ses murailles, ou que des négociations, des marchandages, des interventions ont arrêtées à peu de distance. Mais, quand on venait attaquer Byzance, c'était de son plein gré, parce que Byzance était une proie très avantageuse. Ce n'est pas parce qu'on rencontrait nécessairement Byzance sur son chemin, comme on a rencontré de tous temps certaines villes situées sur une route naturelle d'envahisseurs : Vienne, Milan ou, en France, Poitiers et Châlons. En fait, les prises de Constantinople n'ont pas eu lieu dans un trajet direct d'Asie en Europe. Même les Turcs l'ont conquise à revers en revenant d'Europe, où ils avaient commencé par s'établir en Bulgarie, en Thrace, etc., depuis plus de soixante ans.

Ainsi, par sa position naturelle, port de commerce incomparable et remarquablement défendu, Constantinople a dû nécessairement grandir et s'enrichir, du jour où les échanges se sont développés entre la Grèce et l'Asie Mineure, entre la Russie et le bassin méditerranéen. Mais ce qui a fait la richesse de cette ville unique, a fait aussi sa faiblesse et déterminé le caractère très spécial qu'elle a montré dans l'histoire.

Il faut d'abord remarquer que les liens de Constantinople avec l'Asie ont toujours été plus faciles qu'avec l'Europe. Vers l'Asie, Byzance tendait la main à Chrysopolis et à Chalcédoine, par lesquelles elle communiquait directement avec Nicomédie, avec Ancyre, avec la Paphlagonie, la Galatie, la Cappadoce, le Pont. Dans le sens de la Thrace, vers l'Europe, on se heurtait vite à des peuples barbares, qu'arrêtait seul un peu le Danube. Constantinople s'est ainsi présentée comme une citadelle avancée de l'Asie sur l'Europe, où, presque de tout temps, l'influence asiatique a dominé l'influence européenne, alors même que des liens officiels ont momentanément rattaché Byzance et la Thrace à l'Occident. Au fond, Byzance n'a commencé à jouer un rôle important que le jour où le centre de gravité de l'empire romain a été reporté vers l'Est par le poids trop lourd des conquêtes asiatiques et ce jour a été rapidement suivi de la séparation entre les deux empires d'Orient et d'Occident. Puis l'empire byzantin a toujours eu peine à se maintenir ou à conquérir dans le sens de la Macédoine, tandis qu'il fut, pour un temps, obligé de transporter sa capitale à Nicée. Les Ottomans, à leur tour, n'ont fait, en Europe, qu'une apparition de peu de siècles, pendant laquelle ils ont été peu à peu refoulés vers l'Asie : Constantinople restant cependant, jusqu'au jour fatal de la retraite définitive en Asie, la capitale de leur empire. De même que la rupture entre

les deux empires d'Orient et d'Occident, le schisme
des grecs orthodoxes avec le catholicisme a pu être
motivé par des circonstances accidentelles: il était
voulu d'avance par la géographie et par l'histoire.
La frontière naturelle de l'Asie n'est pas à l'Oural,
à la Mer de Marmara et à la Mer Noire; elle laisse
en Asie la Russie et Constantinople. Un jour, malheureusement prochain, quand on verra des cheminées d'usine se dresser sur Stamboul à la place
des minarets et les navires d'une Glascow encom-
brer la Corne d'Or, il restera pourtant des Asiatiques
à Constantinople et, tant que les Asiatiques n'au-
ront pas entièrement adopté nos mœurs, on conti-
nuera à voir passer, sur le grand pont tubulaire qui
reliera, de son treillis de fer hideux, Galata à la gare
de Stamboul, des hommes en rouge, en vert, en
orange et en bleu, accourus seulement de plus loin
par les voies ferrées plus développées.

Nous reviendrons bientôt sur ce caractère asiatique de Byzance et sur ce qui a pu en résulter de
fâcheux pour la mentalité des Byzantins. Il faut
encore observer la particularité de cette ville qui a
été, à diverses reprises, la capitale d'un puissant
empire, sans être à proprement parler, le centre
d'une nation. Byzance, trop excentrique, trop dés-
axée, n'a pas connu le patriotisme intransigeant
qui a fait cristalliser, autour d'un noyau central, des
peuples de plus en plus lointains, également fiers
d'être nommés citoyens romains. Il y a toujours eu,
sous le gouvernement des maîtres divers qui se
sont succédé à Byzance, un mélange de peuples
incohérents, maintenus par la force sous le même
joug, ou réunis dans une commune indifférence,
plutôt qu'un agrégat solide d'hommes portant tous

CONSTANTINOPLE, LE GRAND PONT ET LA VALIDÉ DJAMI.
CL. L. DE LAUNAY.

CONSTANTINOPLE. LE GRAND PONT DE PÉRA.

La Turquie que l'on voit.   Pl. 4, page 28.

au cœur la même ardeur nationale et les mêmes passions.

Avec cette politique réaliste jusqu'au cynisme, dont une autre grande cité maritime, Venise, a donné plus tard des exemples mémorables (et cela une fois aux dépens même de Constantinople), Byzance s'est généralement occupée moins de savoir à qui elle appartiendrait que sous quelle loi elle trouverait le plus d'avantages et elle a décidé de son choix et de ses alliances en conséquence. Cela ne l'a pas empêchée de se défendre, ou d'être défendue avec vigueur, bien au contraire, puisqu'elle a toujours valu très cher. Mais elle-même n'attachait qu'une importance médiocre au résultat de ces disputes pourvu qu'elle ne reçût pas trop de horions et ne fût pas trop fortement violentée et pillée dans le combat. Comme une belle captive que des pirates se disputent, elle passait de main en main avec une sorte d'indifférence et de laisser-aller négligent, s'arrangeant seulement le mieux possible pour que sa beauté et ses atours n'eûssent pas trop à en souffrir.

Il y a là un phénomène qui ne lui est pas essentiellement propre, mais que reproduisent assez volontiers les grandes cités maritimes. Tandis que les frontières terrestres, où les peuples rivaux s'opposent face à face dans un conflit d'intérêts, développent le patriotisme jusqu'à l'exaspérer, les frontières maritimes entretiennent, d'une rive à l'autre, des échanges et des rapports de commerce où l'on est suffisamment protégé l'un contre l'autre pour n'avoir rien à craindre d'une brusque invasion et où l'on peut, dès lors, songer davantage à tirer parti de ces relations fructueuses. Avec une indépendance plus ou moins farouche, Byzance, Carthage, Venise et Londres, ont pratiqué le même système de faire avant tout « de la monnaie », de développer leurs armements dans la mesure où cette dépense de guerre constituait un placement utile destiné à fructifier dans leurs opérations commerciales et de pratiquer des alliances avantageuses, sans grand souci d'y demeurer fidèles.

Et c'est peut-être ce cosmopolitisme presque forcé de Constantinople qui facilitera la solution d'un problème, devant lequel l'Europe hésite depuis tant d'années et qui, suivant toute probabilité, est destiné à se poser encore longtemps à elle. Une fois les Turcs renvoyés en Asie Mineure, en attendant qu'on les réexpédie plus loin encore, dans leur patrie naturelle, vers l'Asie Centrale, que fera-t-on de Constantinople ? Russe, Bulgare, Hellène, toutes les solutions qui se présentent aussitôt à l'esprit, ont leurs graves défauts. S'il est, au contraire, une ville qui, provisoirement au moins, puisse être convertie en ville libre et neutralisée, sous le contrôle jaloux des grands états européens, c'est bien assurément celle-là. Quand on aura essayé quelque temps, comme on va le faire, du procédé, assez analogue mais moins net, qui consiste à laisser Constantinople entre les mains d'une Turquie tellement accablée, enchainée et muselée qu'elle ne comptera plus, il est bien possible qu'un jour, on en vienne au régime plus franc d'une Constantinople telle que fut jadis Hambourg, ville libre hanséatique.

En tout cas, l'histoire de Constantinople n'est pas terminée, elle commence à peine et l'on écrira encore bien des pages, après celles-ci, sur une position qui ne paraît pas avoir son pendant autre part au monde.

CHAPITRE II

L'ANTIQUITÉ A CONSTANTINOPLE
LE MUSÉE

Byzance préhistorique. — L'archéologie et la légende. — Les
trois villes primitives : Byzance, Chalcédoine et Chrysopolis. —
Le siège par Philippe de Macédoine et l'origine du croissant. —
La ville de Septime Sévère et celle de Constantin. — Au musée : les sarcophages de Sidon et l'inscription de Siloé.

EN abordant Constantinople pour la première fois,
on est si naturellement attiré d'abord vers l'Orientalisme, vers le grouillement des costumes colorés
dans les rues de Stamboul, vers le décor lumineux
des côtes aux maisons roses et blanches que sur-
montent les pointes blanches des minarets, que
coupent les pointes noires des cyprès ; on a tant à
voir de derviches tourneurs et hurleurs, de bazars
et de mosquées, que le passé semble disparaître.
Tout au plus, en faisant le tour des murailles théodosiennes, lui jette-t-on un coup d'œil comme à un
élément particulièrement heureux du paysage. C'est
ainsi que, moi-même, j'ai visité, pour la première
fois, Constantinople, occupé uniquement de flâner
par les rues de Stamboul ou d'Eyoub, sur les pentes
de l'Ok-Meidan ou de Scutari, songeant bien plus à
grossir le nombre de mes croquis et de mes aqua-
relles qu'à revivre l'histoire de Byzance. Retourné
une seconde fois dans la même ville vingt ans après,
j'y ai retrouvé le même plaisir à aquareller toutes

les fois que l'insupportable surveillance turque voulait bien me le permettre. Mais le passé a commencé à m'apparaître avec une intensité fascinante, le passé byzantin, si riche en romantisme, si mouvementé, si plein de sujets de drames ou de romans sentimentaux, et j'ai quitté Byzance en me promettant d'étudier mieux son histoire pour entrer davantage en communion d'esprit avec son passé la prochaine fois que j'y retournerai. C'est ce troisième voyage que je vais proposer au lecteur de faire ici avec moi. Il lui sera facile, s'il veut arriver rapidement au bazar et aux derviches, de couper court à mon érudition en tournant quelques pages.

Je vais même, à cet égard, remonter plus loin dans le passé qu'on ne le fait d'habitude. Peut-être quelques lecteurs partagent-ils avec moi ce goût paradoxal de préférer à toutes les histoires que l'on croit savoir, celles des temps, sur lesquels on avoue davantage son ignorance. On y échappe à ces affirmations qui, toutes les fois qu'on a tenté d'éclaircir par soi-même le plus petit problème historique, touchant à l'histoire la plus familière, la plus simple et la mieux connue, paraissent, en dépit des documents et des papiers officiels, si problématiques. On entre dans le domaine infini de la suggestion, de l'hypothèse, où l'esprit s'amuse, avec la liberté de rester logique, à combiner et à construire.

On peut faire à Byzance et autour de Byzance de la préhistoire. On en fera peut-être même un jour de beaucoup plus intéressante qu'ailleurs et de plus réellement ancienne : là comme dans tout ce domaine égéen, méditerranéen, où les hommes ont dû venir si tôt se fixer.

L'Acropole de Byzance, sur laquelle se trouve

aujourd'hui le Séraï, entre Sainte-Sophie et la mer, a, comme presque toutes ces acropoles antiques, commencé par être une station de l'âge de pierre. Puis les races s'y sont suivies en apportant de nouveaux dieux protecteurs dans l'enceinte des mêmes murailles. Quelques constructions cyclopéennes, qui y ont été découvertes autrefois, ont été rattachées au IXe siècle avant Jésus-Christ.

De même, dans les environs de Constantinople, à Maltépé, à Eren-keui, à Yarîm-Bourgaz, on a signalé des tumulus avec des instruments de pierre,

Entre Chalcédoine (Kadi-keui) et Nicomédie (Ismid), sur les bords de la mer de Marmara, on a fait aussi quelques trouvailles du même genre un peu mieux connues. Ainsi, au promontoire de Moda-Bournou, qu'occupait une partie de Chalcédoine, on a découcouvert, dans les couches inférieures de la falaise, des objets préhistoriques comparables à ceux de Chypre.

Suivant le Dr Mordtmann, il y aurait eu là d'abord, dans la vallée de Kourbali-Déré, une population faisant usage d'instruments en pierre polie, analogues à ceux dont nous reparlerons bientôt en visitant les fouilles de Schliemann à Hissarlik. Puis, à l'époque égéenne, se serait établi, sur le plateau de Moda-Bournou, à la pointe Sud de Kadi-keui, un comptoir commercial antérieur à l'époque où les colons Mégariens apportèrent, au IXe siècle, le culte dorien d'Apollon.

Dans cet ordre d'idées que l'on est convenu d'appeler préhistorique et qui serait plutôt paléo-historique, tout est encore à faire autour de Byzance et l'on peut seulement signaler l'intérêt des problèmes posés. Mais il est infiniment probable que les civili-

3

sations successives, retrouvées par les fouilles récentes à Hissarlik, en Crète et dans quelques points privilégiés, ces civilisations vieilles de quinze à trente siècles, auxquelles on donne le nom de minoen et dont les termes les plus récents, vers 1500 avant Jésus-Christ, correspondent à l'art de Mycènes, ont eu une vaste extension dans tout ce domaine de la mer Egée, si évidemment propice aux premières floraisons de la plante humaine. Et, par-dessous ces minoens, on retrouverait encore, s'ils avaient laissé plus de traces, d'autres hommes antérieurs à ceux de la pierre polie, des hommes plus sauvages qui, ultérieurement, ont été refoulés vers le Nord, dans des pays moins riants, moins fertiles, où, lorsqu'on retrouve leurs restes, on a souvent tort de leur attribuer un recul exagéré dans le temps.

L'aspect si curieux que nous présentent les coupes de Schliemann, avec les villes superposées sur l'emplacement d'Hissarlik, on l'observerait sans doute en plus d'une autre ancienne cité, telle que Byzance, si l'on pouvait pousser de même les travaux de déblaiement jusqu'au roc vierge. Malheureusement, ces anciens foyers de civilisation sont, pour la plupart, restés occupés par les hommes qui ont toujours eu le goût de rebâtir leurs sanctuaires sur les mêmes points depuis longtemps vénérés par des religions différentes ; en sorte que, la plupart du temps, on ne saurait arriver à la base de l'humanité sans commencer par détruire quelques-uns des édifices postérieurs les plus précieux par le passé et par les souvenirs qui s'y attachent...

Si nous laissons maintenant de côté les résultats trop sommaires des fouilles archéologiques pour recourir aux traditions humaines qui nous ont été léguées par les anciens, il faut d'abord dire deux mots des noms géographiques que nous allons rencontrer à chaque instant et de l'interprétation que l'on en donnait.

Constantinople, d'abord, s'est appelée tour à tour : Byzantion, Antonion, Nova Roma, Constantinopolis; puis, pour les Arabes, elle fut Constantinié, Farouk; pour les Turcs, Islamboul Dersaadet, Déralié, ou plutôt Stamboul, qui vient du grec Stin Polin (en ville) : dans la ville par excellence.

Le nom de Corne-d'Or (Chryso-Keras) vient de la forme du golfe, qui est celle d'une corne d'abondance, s'ouvrant sur la mer de Marmara : corne qui a, de tout temps, versé la fécondité sur ses rives. Enfin le mot Bosphore (Passage du bœuf) fait allusion à la légende mythologique, suivant laquelle ce détroit aurait été traversé à la nage par la fille d'Inachos, premier roi d'Argos, que Jupiter avait changée en génisse et que gardait Argus (Argos) aux cent yeux.

A l'intersection de ces deux bras de mer perpendiculaires, qui dessinent un T si favorable à tous les mouvements d'échange commerciaux, avec des ports naturels tellement favorisés par la nature, les anciens racontaient qu'il s'était vite élevé trois villes. La première fut sur la rive d'Asie à l'endroit où nous venons déjà de trouver les traces d'une station néolithique, sur l'emplacement actuel de la jolie petite ville de Kadi-keui, où les Européens de Constantinople rentrent aujourd'hui volontiers le soir après leurs affaires pour échapper au tumulte de Galata et de Péra. On l'appela de bonne heure Chalcédoine (Khalkidon) qui signifiait, dit-on, nouvelle ville en

phénicien, puis Prokeratis (antérieure à la Corne-
d'Or).

Plus tard, en 658 avant Jésus-Christ, on raconte
que des Mégariens vinrent s'établir dans le pays.
L'oracle de Delphes, consulté par eux sur l'emplacement à choisir, leur aurait répondu : « en face
des aveugles » (ces aveugles étant les Chalcédo-
doniens qui avaient méconnu les avantages de la
rive européenne pour choisir la rive asiatique). Tradition à part, il est certain qu'à cette date, des
Grecs habitaient déjà, depuis un siècle au moins,
sur l'emplacement de la future Byzance. Enfin, une
troisième ville, Chrysopolis, la Ville de l'or, occupa
également de bonne heure la position de Scutari.

L'enrichissement rapide de tout ce groupement
humain en fit, de bonne heure, un objet de jalousie
et Byzance commença aussitôt à passer de main en
main comme nous l'avons dit et ainsi qu'elle l'a fait
dans tout le cours de l'histoire, sans jamais avoir
une existence propre et nationale.

On raconte, par exemple, que Darius, dans son
expédition contre les Grecs, aurait traversé le Bosphore au point dit Anatoli-Hissar, où se trouvait
alors un temple de Zeus et que Byzance, investie
par lui, aurait été détruite de fond en comble. Relevée, elle passa, en 479, après la bataille de Platée,
à Pausanias, chef des Spartiates; puis elle devint
tour à tour athénienne après sa conquête par Cimon,
de nouveau spartiate, encore athénienne quand
Alcibiade s'en fut emparé par la famine en 408, enfin
une autre fois spartiate après la bataille d'Aegos-
Potamos (405).

Pendant les luttes de l'indépendance grecque
contre Philippe de Macédoine, celui-ci assiégea à

son tour Byzance en 340; mais l'éloquence de Démosthène détermina les Athéniens à un effort si considérable qu'ils réussirent à sauver la ville. Certains historiens racontent même, à ce propos, que le croissant des anciennes monnaies byzantines, adopté par les Turcs après leur entrée à Constantinople, serait un souvenir de cette défense des Grecs contre les Macédoniens, pendant laquelle, un soir d'assaut, tandis que les assiégeants s'avançaient à la faveur de l'ombre, la lune, montant à travers le ciel, vint révéler leur présence et aider à les repousser. Il est vrai que, d'après les Turcs, ce croissant de Byzance, adopté par eux après la prise de Byzance comme emblème officiel de l'état, existait également sur leurs drapeaux longtemps avant la conquête. Une singulière destinée aurait, dès lors, également voué au culte de la pâle Séléné les deux peuples qui ont occupé l'un après l'autre ces rives, dont la forme dessine elle-même, au moins autant qu'une corne, un croissant.

Pendant les époques suivantes, Byzance continua à s'enrichir, tandis que les autres villes grecques s'épuisaient en des luttes sanglantes. Ses murailles et ses bras de mer lui permettaient de rester en dehors des guerres destructrices en s'arrangeant pour s'allier d'abord avec le plus fort.

A l'époque romaine, elle continua le même rôle. Durant les guerres d'Orient, ayant eu l'adresse de se déclarer à temps contre Mithridate, elle obtint ce caractère de ville libre, qui lui appartient si naturellement. Les Romains la laissèrent indépendante, en lui assurant un petit territoire suffisant pour couvrir ses abords immédiats; ils se contentaient de percevoir un impôt qui finit par absorber le péage, prélevé de temps immémorial par les Byzantins sur les navires passant le Bosphore.

Et cette situation de ville libre dura ainsi jusqu'à la fin du premier siècle de notre ère, comme il est possible qu'elle se reproduise dans un avenir prochain. Byzance ne fut transformée en province romaine que lorsque l'empereur Vespasien groupa, sous sa direction, les provinces d'Achaïe, de Lycie, Samos et Rhodes.

C'est, vers ce temps que saint André vint y prêcher le christianisme et y trouva à Galata ses premiers disciples.

Sous Septime Sévère (193 à 211), Byzance fut momentanément ruinée par un nouveau siège désastreux qui dura trois ans. La ville, cette fois, s'était trompée dans le choix du parti à prendre; elle avait adopté la cause de Pescennius Niger, qui disputait l'empire à Septime Sévère. Celui-ci vint l'assiéger. En dernière ressource, il fallut se nourrir d'animaux immondes et même de la chair des morts. Les cordes manquant pour les arcs, on raconte que les femmes coupaient leurs cheveux pour les remplacer. Enfin on dut céder à la famine. Septime implacable fit tuer les défenseurs, rasa les murs et retira à Byzance le droit de cité.

Mais, quelques années plus tard, la reconstruction commençait, comme après tous les grands désastres; et il s'élevait une ville neuve, embellie par cette expropriation sanglante, à laquelle on donna le nom d'Antonion en l'honneur d'Antonin, père adoptif de Marc-Aurèle. C'est Septime Sévère qui fonda alors le grand Hippodrome; il construisit également des bains, des portiques et plusieurs monuments fameux.

Un autre siège fut encore subi pendant les guerres civiles qui suivirent l'abdication de Dioclétien. Licinius, battu sous Andrinople par Constantin, vint s'y réfugier. Constantin commença un siège en règle, éleva des tours et des remparts d'une hauteur égale à celle des murailles et réduisit une fois de plus Byzance à capituler.

Mais, bientôt après, Byzance devait atteindre sa plus grande prospérité et trouver enfin le repos pour quelques siècles, au moment où l'histoire établit une coupure entre la période antique, qui doit nous occuper seule dans ce chapitre, et la période byzantine dont il sera question plus tard. Constantin fit, on le sait, de Byzance la capitale de l'empire et y fonda une nouvelle ville avec les rites religieux que l'on racontait avoir présidé à la fondation de Rome. L'empereur traça lui-même avec une lance le contour des nouvelles murailles, qui embrassèrent d'abord cinq collines, avant d'en entourer sept comme à Rome ; et des fêtes de quarante jours célébrèrent en 330 l'inauguration de la nouvelle capitale. On l'appela un moment Nova Roma; mais l'usage a prévalu de lui attribuer le nom de son rénovateur : la ville de Constantin, Constantinopolis.

Tels sont, brièvement résumés, les faits que l'on apprend dans les livres. Mais, de toute cette première histoire, que reste-t-il maintenant sur place : bien peu de chose. La ville antique a disparu, ou ce qu'il en reste s'est confondu avec les débris byzantins, qui eux-mêmes apparaissent morcelés et ruinés. Byzance antique nous est, d'ailleurs, on l'a vu par le résumé précédent, plus connue par ses vicissitudes politiques, par ses sièges et par ses

résistances ou par ses capitulations que par des
événements où se marquerait sa personnalité, où
s'accuserait son génie. Elle n'a, ni dans l'histoire
universelle, ni dans la littérature, ni dans l'art, produit rien de bien saillant. Il en est un peu de Constantinople comme de Naples ou même de Venise
qui, à tant d'égards, peuvent lui être comparées. Un
climat trop doux, une vie trop facile, de trop grands
avantages pour le trafic, ont toujours donné lieu à
une population, ou bien occupée de ses affaires, ou
bien amollie par le luxe résultant de bénéfices
rapides, tout au plus intéressée par ce que les arts
plastiques peuvent offrir d'élégance et de volupté.
On n'a guère connu, en ce lieu du monde trop pri-
vilégié, l'intermédiaire entre le commerce affairé
et l'oisiveté souriante : le libre effort de la pensée,
la recherche ardue de la beauté ou de la vérité. Pas
plus dans l'antiquité qu'au Moyen âge, on ne saurait attribuer à Byzance le nom d'un seul homme
ayant fait accomplir un pas à la pensée humaine;
et ce n'est pas seulement de l'invasion turque que
date cette stérilité, si tristement mise en lumière
par les derniers siècles d'inutile barbarie.

Cependant, si nous connaissions mieux l'art profane et même la littérature que dut avoir Byzance
à l'époque de sa splendeur, nous y trouverions sans
doute quelque chose d'analogue aux somptuosités,
à l'apparat magnifiant d'une Venise. A une ville de
luxe et de richesse, active pour le négoce, indo-
lente pour la pensée, convient un art dont le but
principal semble être de couvrir avec de riches
couleurs et de belles formes harmonieusement
groupées, sans recherche trop subtile, sans expression trop intense, les vastes surfaces d'un palais

AQUEDUC DE VALENS. — CL. E.-A. MARTEL.

STAMBOUL. PORTE BYZANTINE SUR LA RUE PRINCIPALE.
CL. E.-A. MARTEL.

des Doges. Mais l'art de Byzance a été saccagé et détruit au moins trois fois, par les Iconoclastes, par les Croisés, par les Turcs et ainsi ont disparu à jamais toutes les merveilles de la sculpture antique : ornement jadis des places et les palais. Le peu qui pourrait en subsister, c'est dans les fondations des monuments turcs, c'est sous le sol nivelé de l'Hippodrome, de l'Ahmédié, du Sérai qu'on le retrouvera un jour sous la forme de débris mutilés, confondus avec les remblais.

En attendant, le seul endroit où l'antiquité soit réellement présente à Constantinople, c'est le Musée ; et cette antiquité y est du plus haut intérêt, grâce à l'étonnante richesse du sol de l'Asie Mineure, qui, peu à peu, y concentre une partie de ses découvertes.

Musée des antiquités. — Le musée des antiquités a d'abord été réuni à Sainte-Irène, puis à Tchinli-Kiosk, où on lui a ajouté un bâtiment depuis 1892. Des savants français, tels que MM. A. Joubin, S. Reinach et le père Scheil, y ont collaboré avec le directeur ottoman Hamdy Bey. Le principe, en vertu duquel il s'est développé et enrichi, a été, suivant la tendance nationaliste qui prévaut aujourd'hui généralement en fait d'antiquités et d'art ancien, de concentrer à Constantinople les objets trouvés en Turquie, comme on garde jalousement à Athènes ce qui vient de Grèce, en Italie ce qui est italien, ou comme on cherche à représenter l'art français à Paris et l'art allemand à Berlin. L'idée semble juste au premier abord ; et elle a eu du moins pour résultat de faire ranger et mettre en évidence un certain nombre de pièces dont les Turcs s'étaient emparés jadis dans diverses occasions en échange d'une autorisation de fouiller ou par toute autre voie. Mais, autant cette disposition légale serait rationnelle s'il s'agissait d'un art turc et si, par exemple, on avait ici un musée contenant des faïences, des étoffes, des verreries représentant un ancien art ottoman, autant il paraît illogique d'accaparer, dans une ville turque, située aux portes de l'Asie, des objets dont l'art est exclusivement grec, et souvent purement athénien. Ce n'est là encore qu'un exercice brutal du droit de conquête. L'un des résultats les plus sûrs, auxquels on ne songe pas assez, de ces mesures prohibitives, qui satisfont d'abord tous les esprits, est, dans un pays de bakchich comme celui-ci, de rendre les fouilles clandestines, de faire disparaître entièrement la plupart des objets ayant une valeur métallique intrinsèque comme les bijoux d'or et même les bronzes, d'amener les inventeurs à dissimuler le plus longtemps possible les conditions de gisement qui rendent souvent seules un morceau intéressant et de faire morceler, casser ou saccager un grand nombre d'objets précieux par la manière désordonnée dont on est amené à fouiller et à exporter en cachette les produits des fouilles.

Malgré ces restrictions qui choqueront sans doute plus d'un lecteur, le musée de Constantinople est intéressant. Sans en faire, bien entendu, le catalogue, je voudrais seulement insister sur ce qui y mérite particulièrement l'attention.

Et d'abord, tout le monde est aussitôt attiré par les fameux sarcophages de Sidon, ou Saïda, dont la découverte, en 1887-1888, a soulevé une telle émotion dans le monde savant qu'il est nécessaire de leur consacrer quelques détails.

A cette époque, un paysan creusant un puits dans son jardin, au lieu dit Ayaa sur la côte de Phénicie, sentit, à une certaine profondeur, le sol lui manquer et se trouva en présence d'un vaste hypogée, divisé en plusieurs chambres, contenant des sarcophages antiques. Hamdy Bey et Baltazzi, venus pour examiner la trouvaille, découvrirent, à trois mètres de distance, un second hypogée voisin; et, des deux groupes, on retira finalement vingt-six sarcophages, d'un art peut-être inférieur à la réputation qu'on leur a faite, mais d'une grande élégance de groupement et d'un merveilleux fini.

Pour revoir les sarcophages à leur place primitives, il faut s'imaginer, au fond d'un puits de dix mètres de profondeur, un système de chambres funéraires creusées dans le rocher, comme sont les tombes étrusques d'Italie ou les mastabas d'Égypte. Le premier hypogée découvert, composé d'un vestibule et de sept chambres avec dix-huit sarcophages, avait, ainsi que cela est arrivé pour la plupart des sépultures antiques, été violé depuis longtemps par des chercheurs de trésors qui avaient défoncé les sarcophages à coups de marteau. On le fait remonter à la fin du IVe siècle. Le second, bien indépendant du premier et plus ancien de deux siècles, était intact et contenait, notamment, le sarcophage inviolé de Tabnith, roi de Sidon (fin du VIe siècle), comme l'indique l'inscription phénicienne gravée sur son couvercle.

Ce qu'on a trouvé là, c'est donc un groupe de sépultures ayant été employé pendant plus de deux siècles par les roitelets de Sidon ou par d'autres personnages de leur suite, et permettant d'observer, pendant la durée de cette période, une transforma-

(43)

tion marquée dans les procédés d'ensevelissement[1].

C'est ainsi qu'on voit, au début, des gaines en forme de momies égyptiennes ornées d'une tête sculptée, dont le meilleur type est celui de Tabnith, et dont nous avons un autre spécimen au Louvre, celui d'Echmounazar, fils de Tabnith, rapporté par Renan de sa mission de 1863; tandis que les sarcophages les plus récents, tels que celui auquel on donne vulgairement le nom de tombeau d'Alexandre, sont construits sur le modèle d'un petit temple attique avec des décorations représentant des scènes de bataille et de chasse. Un détail assez curieux est que ces sarcophages semblent avoir été souvent achetés d'occasion après avoir déjà servi : ce qui, dans l'antiquité, arrivait couramment pour ces tombeaux richement sculptés et ce qui s'est produit à tant de reprises pour les statues mêmes des pharaons empruntées par un successeur ou par un vainqueur.

Quelques-uns de ces sarcophages valent d'être examinés, soit pour l'enseignement archéologique qu'ils fournissent, soit pour leur beauté propre.

Ainsi le sarcophage de Tabnith a commencé par être taillé dans l'amphibolite des carrières de Hammamat en Égypte, vers la fin de la XXVI° dynastie et l'on y enterra une première fois un général du nom de Peneptah, comme l'indique l'inscription hiéroglyphique du couvercle. Ce couvercle a la forme d'une gaine large et courte, terminée par une figure humaine souriante, aux oreilles plates, à la

1. Antérieurement à cette découverte, il était admis en archéologie que le type sarcophage était toujours un type récent.

longue barbiche, aux cheveux tombant en deux masses des deux côtés du visage. Plus tard, le tombeau fut utilisé pour le roi Tabnith et l'on ajouta alors l'inscription phénicienne suivante : « Moi, Tabnith, prêtre d'Astarté, roi des Sidoniens, fils d'Echmounazar, prêtre d'Astarté, roi des Sidoniens, je suis couché dans la caisse que voici. J'adjure tout homme qui la découvrira : ne va pas, ne va pas ouvrir mon couvercle et ne me fais pas remuer. Car il n'y a pas d'or, il n'y a pas de trésors à côté de moi. Je suis couché seul dans cette caisse. Ne va pas, ne va pas ouvrir mon couvercle et ne me fais pas remuer, car un tel acte est une abomination aux yeux d'Astarté. Si tu ouvres mon couvercle et si tu me fais remuer, puisses-tu n'avoir pas de postérité parmi les vivants sous le soleil, ni de lit parmi les morts. »

Pauvre roi Tabnith, qui avait si peur d'être troublé dans le sommeil et qui adjurait si naïvement les voleurs de trésors avec des raisons si convaincantes, il n'avait pas prévu les archéologues et aujourd'hui son sarcophage vide est exposé à toutes les curiosités sacrilèges dans une salle de musée, tandis que, dans une vitrine, on voit, avec la planche de bois de sycomore sur laquelle reposait son cadavre, les quelques restes d'ossements qui sont demeurés de lui !...

En suivant l'ordre historique, on peut regarder ensuite d'autres sarcophages anthropoïdes, qui, tout en conservant le même mode de sépulture égyptienne, ont été visiblement sculptés par des artistes grecs, non plus dans la pierre dure et sombre de Hammamat, mais dans la blancheur du Paros ou du Pentélique. Certains de ces sarcophages ont un style archaïque que l'on a comparé à celui des métopes d'Olympie; d'autres paraissent être contemporains de Phidias?

Enfin, le regard est aussitôt séduit par les trois sarcophages les plus récents, dans lesquels la forme est athénienne comme le travail, ceux que l'on nomme : sarcophages du Satrape, des Pleureuses et d'Alexandre.

Le sarcophage du Satrape conserve, à l'intérieur de la cuve, la forme humaine, tandis que l'extérieur a déjà l'apparence d'un temple allongé à murs droits, couronné d'un toit à double pente que terminent deux frontons triangulaires. A l'intérieur, le roi de Sidon s'était fait enterrer avec sept de ses lévriers. Les sculptures dans le style ionien sont, en effet, celles qui conviennent à un chasseur : chasse au cerf; départ d'un char; banquet; jeunes gens la lance à la main. On trouve déjà ici des traces de la polychromie qui joue un si grand rôle dans les deux derniers monuments. Tout le fond a été peint en bleu foncé.

Le sarcophage des Pleureuses, où l'on croit reconnaître une œuvre de style grec exécutée par des copistes dans un atelier d'Asie Mineure, présente des personnages habituels dans la tradition attique : les pleureuses que l'on peut comparer aux moines priants et pleurants de notre sculpture funéraire du xiv⁰ siècle. Dix-huit figures semblables sont représentées sur tout le fronton du sarcophage en des attitudes diverses de douleur et de mélancolie dans des intervalles séparés par des colonnes ioniques. Les figures individuellement sont lourdes, mais l'ensemble est très décoratif. D'autres sculptures occupent : les unes, les deux frontons du couvercle qui figure le toit d'un temple avec des sphinx ailés aux quatre angles; les autres, une frise entourant le socle. Là, une centaine de petits personnages, en relief nettement découpé, archers, chasseurs, coiffés de bonnets phrygiens, vêtus de robes courtes serrées à la taille et de chlamydes flottantes, chassent les animaux les plus variés : ours, lions, panthères, sangliers, cavalcadent, rapportent leur gibier accroché à des bâtons, etc.

Enfin le sarcophage, dit d'Alexandre, est une œuvre purement attique, où sur un modèle de temple analogue, ont été représentées, en bas-reliefs peints d'un modernisme singulier, diverses scènes de bataille et de chasse qui mêlent des personnages perses et grecs, tantôt dans une attitude hostile, tantôt, au contraire, dans une relation d'amitié. Ayant remarqué sur une de ces scènes un personnage grec royal dans une attitude qui fait penser à Alexandre et avec une coiffure en tête de lion visiblement copiée sur les médailles de ce roi[1], au milieu d'une bataille où les Grecs combattaient les Perses, on a d'abord édifié sur cette base fragile un petit roman, suivant lequel ce serait là le tombeau d'Alexandre lui-même, qui aurait été, soit refusé pour Alexandre, soit utilisé après lui pour un Sidonien. Cette thèse ayant été à peu près abandonnée, il a semblé du moins aux savants qu'un petit roi de Sidon, dont leurs documents ne disaient presque rien, n'aurait pu avoir, ni la bourse assez bien fournie pour commander une œuvre aussi impor-

1. Les archéologues reconnaissent également, avec une assurance un peu surprenante, le même roi Alexandre dans un cavalier à la tête nue, aux cheveux courts ceints d'un diadème, qui figure sur la scène de Chasse au lion.

tante à Athènes, ni le cerveau assez fantasque pour ensevelir dans l'ombre cette débauche de sculpture, et le précédent du tombeau de Tabnith, acheté ou pris en Égypte, leur a fait admettre d'ordinaire qu'il s'agissait là encore d'une « sépulture d'occasion ». Peut-être ne sommes-nous pas assez exactement renseignés sur le prix courant des tombeaux à Athènes au IVᵉ siècle et sur le budget des recettes du roi Abdolonyme ou de tout autre riche inconnu qui a reposé ici, pour accuser ainsi de parti pris ce pauvre mort d'avoir acheté son sarcophage en vente publique, non pas après décès, mais après exhumation. Sans doute les sujets paraissent plutôt, comme nous allons le voir, convenir à un Perse qu'à un Sidonien et sans doute aussi le dernier possesseur n'a pas eu soin, comme Tabnith, de faire graver une inscription phénicienne; mais peut-être est-ce précisément parce que lui se sentait assez dans son droit pour ne pas éprouver le besoin de le dire. Il paraît bien difficile d'affirmer aujourd'hui, faute du bordereau d'adjudication, que le possesseur originel a été, comme le croit M. Th. Reinach, Magaros, gouverneur de Babylone, dont un riche marchand sidonien aurait acheté le tombeau pour en parer une chambre funéraire, elle-même volée à un roi du siècle précédent.

Quoiqu'il en soit, les sculptures en haut relief, qui ornent les quatre faces, sont belles malgré leur élégance un peu apprêtée et l'air de figures de cire que leur donne la polychromie. Sur l'une on voit une bataille de cavalerie (Issus ou Arbèles?) : des Grecs entièrement nus y sont singulièrement mêlés avec d'autres Grecs portant une légère chlamyde ou revêtus d'une armure de fer et tous luttent contre des

PIÉDESTAL DE L'OBÉLISQUE DE THÉODOSE.

CL. SEBAH ET JOAILLIER.

Perses au pantalon collant, à la tunique lâche, au mantelet flottant, au bas de la figure recouvert d'une mentonnière. Tandis que les chlamydes grecques sont monochromes, les costumes persans sont bariolés. A l'extrémité gauche, un cavalier grec, dont le profil reproduit les médailles d'Alexandre, fond au galop, la lance au poing, sur un Perse qui se défend péniblement du haut de son cheval abattu. Un autre personnage grec important lui fait pendant à l'extrémité droite dans une attitude symétrique. Sur la face parallèle du sarcophage est une scène de chasse au lion qu'il n'est pas sans intérêt de comparer avec toutes les chasses au lion de Rubens et de Delacroix. Au centre, un cavalier perse se défend avec la lance contre un fauve qui mord le poitrail de son cheval et deux autres chasseurs perses venus à son aide frappent le lion, l'un de sa lance, l'autre de sa massue. Un cavalier qui accourt à gauche, coiffé du bandeau royal, serait, dit-on, Alexandre. A droite, on tue un cerf. Enfin, les deux petites faces représentent : l'une, des Perses chassant une panthère très conventionnelle; l'autre, une bataille où un cavalier perse atteint de sa lance un Grec blessé. Tout cet ensemble en marbre du Pentélique était peint avec une vivacité de tons qui s'atténue de jour en jour depuis que le marbre est sorti de terre. Les figures, découpées à la suite les uns des autres sur un fond plat, manquent, pour la plupart, de vie : notamment le groupe central du cavalier et du lion. Mais les cavaliers reproduisent de nobles attitudes de la frise des Panathénées et quelques morceaux sont d'une belle exécution, comme le cavalier perse mourant qui s'affaisse, le bras pendant, au centre de la bataille.

(49)

Quand on a longuement regardé ce monument si considérable et si précieux, on devient un peu froid pour les autres sarcophages nombreux, trouvés en des endroits divers d'Asie Mineure qui sont épars dans les salles. On peut cependant jeter un coup d'œil à des sarcophages de plomb phéniciens, dont la décoration, formée de fines guirlandes, a quelque chose de notre style Louis XVI. Sur quelques-uns d'entre eux, il y a des têtes de Méduse dans des losanges ou dans des encadrements de perles, parfois des sphinx ailés, des dauphins, etc.

Dans un tout autre ordre d'idées, une des grandes curiosités du musée est la célèbre inscription du tunnel de Siloé, près de Jérusalem, que l'on a apportée ici après l'avoir détachée de la paroi où elle était difficilement visible. C'est là une des plus anciennes inscriptions hébraïques connues. Peut-être me sera-t-il permis de mentionner le double intérêt personnel qui me l'a fait soigneusement examiner: parce qu'elle commémore, pour un mineur de profession, un travail de mine particulièrement ancien et aussi parce qu'elle m'a rappelé une très passionnante leçon d'hébreu à laquelle je me suis trouvé assister, sans être le moins du monde hébraïsant. Il est difficile de mettre plus de vie dans l'interprétation d'un texte que ne le fit ce jour-là, dans sa petite salle du Collège de France, Ernest Renan, traduisant les mots hébreux et les commentant et mimant la joie des ouvriers qui foraient ce tunnel destiné à l'alimentation d'eau de la ville en marchant à la rencontre les uns des autres quand, à un moment donné, malgré une légère erreur de direction bien excusable dont le tunnel porte la trace, ils commencèrent à entendre faiblement les autres marteaux frappant de l'autre côté de la paroi...

Comme sculptures, le musée de Constantinople a encore un certain air de musée de province qui s'installe. Néanmoins on peut y admirer quelques belles pièces : en particulier deux morceaux provenant de Tralles : une Vénus et un jeune homme enveloppé dans un long manteau, très réaliste, très vivant, dans l'attitude d'un pâtre accoudé contre un arbre. Nombreuses sont les statuettes en terre cuite provenant de Myrina ou d'autres nécropoles asiatiques, sans toutefois valoir les pièces qui sont parvenues dans les musées européens. Une collection intéressante de vases rhodiens provient de Camiros. Les fouilles américaines et françaises de Nifar et de Telloh, celles du père Scheil à Sippara ont donné de précieux objets chaldéens, stèles, cylindres, tablettes, etc. Des poteries chypriotes, des objets de terre cuite ou d'or trouvés à Troie, notamment dans le fameux trésor dont nous parlerons plus tard, méritent également un coup d'œil. Il y a là toute une série de diadèmes, colliers, bracelets, pendants d'oreilles et agrafes, à côté desquels on remarque avec quelque surprise un collier turc moderne, qui a bien été fait avec de l'or provenant d'Hissarlick, mais avec de l'or refondu par les ouvriers. D'autres bijoux anciens proviennent également de divers points de l'Asie Mineure. Il faut toutefois se rappeler que beaucoup de ces objets sont venus ici après un partage qui, d'après les firmans de fouille, devait être fait entre le fouilleur européen et son surveillant turc. Il suffit d'avoir un peu causé avec des personnes ayant été mêlées accessoirement à de telles fouilles et n'ayant par suite pas de secret diplomatique à garder pour savoir que le partage avec un inspecteur turc profondément ignorant avait généralement pour résultat de lui attribuer les pièces remarquables seulement par leur dimension ou par leur banalité en conservant pour les musées d'Europe celles qui présentaient une réelle valeur archéologique ou artistique. Quant aux antiquités égyptiennes qui occupent d'autres salles, ce sont choses devant lesquelles on ne s'arrête pas très longtemps quand on a le musée du Louvre à sa disposition.

RENSEIGNEMENTS PRATIQUES

Le musée des antiquités, situé dans le vieux séraï, est ouvert tous les jours, excepté le vendredi. Il existe des catalogues en français : par André Joubin pour les monuments funéraires, les sculptures, les bronzes et les bijoux ; par le père Scheil pour les monuments égyptiens. La description et la reproduction des sarcophages ont été publiées dans un ouvrage de format démesuré : *La Nécropole royale de Sidon*, par Th. Reinach et Hamdy Bey, Leroux, 1892.

CHAPITRE III

BYZANCE

Le plan de Byzance. — Le Byzantinisme : ses caractères propres et son influence sur la civilisation occidentale. — Sainte-Sophie. — Le grand palais. — L'Hippodrome. — Les aqueducs et les citernes. — Les murailles.

LE PLAN DE BYZANCE — LE BYZANTINISME

LE jour de l'année 1453 où Mohammed II entra à cheval dans Sainte-Sophie sur un amoncellement de morts, un prêtre qui officiait put se réfugier dans la muraille miraculeusement ouverte, en sauvant la sainte Hostie. La muraille se referma sur lui. Elle se rouvrira le jour où le christianisme reprendra possession de la vieille basilique de Justinien et où il sera permis d'y achever la messe commencée il y a près de cinq siècles. Ce jour-là, le long sommeil qui a endormi Byzance, comme une sorte de Belle au bois dormant dans son palais merveilleux peu à peu envahi par une végétation touffue de lianes parasites et de ronces, prendra fin ; le règne momentané de l'Islam sera comme s'il n'avait pas été ; ses édifices fragiles tomberont rapidement en ruines, et, quel que soit le peuple qui lui succédera, la soudure de l'avenir avec le passé, de la Grèce moderne avec la Grèce antique, sera établie, malgré la submersion barbare qui a semblé un moment l'interrompre, mais qui ne l'a jamais étouffée.

La vieille Byzance ne nous apparaît aujourd'hui que déguisée et masquée sous des oripeaux asiatiques par lesquels le regard est occupé, amusé et souvent charmé. Mais on peut la prier de dévêtir un moment sa défroque bariolée, comme, en grattant le badigeon de plâtre dans certaines églises de France, on retrouve au-dessous les précieuses fresques du XIIe ou du XIIIe siècle. On peut, en supprimant cinq siècles d'inutile turquerie, tenter de revoir le passé détruit, de reconstruire dans sa pensée les édifices, les églises, les palais, imaginer qu'on est le témoin émerveillé de quelque entrée des Croisés dans l'incomparable ville encore intacte.

Le plan de Byzance. — Si nous commençons par superposer un plan de Byzance au Moyen âge sur un plan actuel de Constantinople, nous voyons que Byzance se réduisait à peu près à Stamboul : Galata[1] et Péra formant alors deux faubourgs où se trouvaient la Tour de Christ et la Colline de Saint-Théodore. A Eyoub (Cosmidion) s'élevait un joli village avec un cirque en bois. Vers l'Est, du côté du Bosphore, une chaîne, allant de la Porte de la Chaîne à l'Échelle de Timasos, barrait la sortie du Bosphore sur la Corne d'Or. Plus loin, une autre chaîne, au pied du Séraï, fermait le Bosphore lui-même. Une enceinte continue de murailles suivait tout le rivage d'un bout à l'autre, flanquée de tours, ouverte de portes. Dans le sens de la terre, une première muraille construite par Constantin le Grand et embras-

1. A Galata, les Génois avaient une citadelle entourée de murailles percées de douze portes et garnies de plusieurs tours. Le nom de Galata viendrait, suivant les uns, du lait produit par des vacheries ; suivant d'autres (mais avec fort peu de vraisemblance) des Galates ou Gaulois.

'sant seulement cinq collines, était longtemps partie du Pont Vieux pour contourner ce qui est devenu la mosquée du Sultan Selim. Une muraille postérieure, datant de Théodose II, est celle qui limite encore aujourd'hui la ville depuis les Blaquernes jusqu'au château des Sept-Tours, englobant ainsi un espace nouveau de deux collines que l'on appela Chôra (la campagne), ou Exokionion (en dehors de la colonne) et que l'on divisa en cinq quartiers numérotés du Bosphore à la Corne d'Or : Deuteron, Triton, Pempton, Hebdomon, etc.

A l'intérieur de cette ville aux sept collines, l'Acropole, dont nous avons déjà signalé l'antique passé, occupait l'emplacement actuel du Séraï. Vers le sud-ouest de l'Acropole se trouvaient Sainte-Sophie, l'Hippodrome recouvert aujourd'hui par l'Ok-Meidan et le Grand Palais qui descendait de la mosquée de Sultan Ahmed jusqu'à la mer. C'est la partie principale que nous visiterons bientôt en détail.

Par suite de la disposition triangulaire de la ville, où les bâtiments officiels occupaient la pointe du triangle, les rues principales avaient une disposition qu'elles ont gardée en forme d'éventail dont les branches, partant toutes de la pointe du Séraï, allaient aboutir aux divers points de la muraille théodosienne. Une grande rue principale, dite la Mésé, qu'empruntait toujours le cortège impérial, allait de la place de l'Augustéon (entre Sainte-Sophie et l'Hippodrome) au Forum de Constantin (Atik-Ali-Pacha), au Capitole ou Forum Tauri (Sultan Bayazid), puis au Forum Amastrianum (Chah-Zadé-Djami), à la colonne de Marcien, aux Saints-Apôtres (Fatih-Djami), enfin à l'Hebdomon (Edirné-Kapou) et aux

Blaquernes (Egri-Kapou). Comme rien n'a été profondément modifié à Constantinople, on peut encore la suivre à peu près par des rues actuelles (V. pl. 5).

Une autre, partant du Forum Tauri par le Forum Bovis (Mourad-Pacha), aboutissait à la Porte de Saint-Romain. Enfin des rues, divergeant avec les premières, menaient à des portes situées plus au sud : l'une à la Porte de Pigi (Ibrahim-Pacha); l'autre à la Porta Aurea, au château des Sept-Tours (V. pl. 5).

Quand on se plaçait au centre de la ville officielle, sur la grande place de l'Augustéon, près de Sainte-Sophie, on découvrait un large espace entouré de portiques à doubles colonnades, où s'étaient installés des bouquinistes. Vers le sud, était l'entrée du Palais, avec la grande porte de Chalké et la porte dite Monothyros. En quelques pas vers le sud-ouest on arrivait à l'Hippodrome. Vers le nord-ouest, au contraire, la Mésé, dont nous venons de parler, dallée de grands blocs de pierre, conduisait au Forum de Constantin, où se trouvait une colonne de Constantin, dite aujourd'hui la Colonne brûlée.

De ce décor byzantin, nous verrons tout à l'heure ce qui subsiste et nous essayerons alors de nous représenter les palais et les basiliques, tels qu'ils furent aux jours de splendeur, avec cette merveilleuse décoration de statues antiques et de mosaïques du Moyen âge que les iconoclastes d'abord, puis les Croisés barbares de 1204, enfin les Turcs, se sont successivement acharnés à détruire. Mais l'aspect extérieur des choses perdrait la plus grande partie de son intérêt, si nous ne tentions pas d'abord de ressusciter l'âme qui anima ce vaste corps, si nous ne cherchions pas à réveiller, à préciser l'image, l'ensemble d'images qu'éveille, plus ou moins confusément, dans notre esprit, ce grand nom de Byzance.

Le byzantinisme. — Le byzantinisme a mauvaise réputation. Des théologiens disputant sur des subtilités oiseuses tandis que l'ennemi est à leur porte, des rivalités de jockeys servant de base à des dissentiments politiques, des conspirations de harem, une confusion toute orientale d'attentats et de contre-révolutions, la décadence stérile et bavarde d'un peuple vieilli et efféminé, voilà ce que l'on a retenu d'ordinaire sur ces temps déplaisamment confondus sous le nom peu flatteur de Bas-Empire. On oublie que cette histoire a duré mille ans, pendant lesquels il y a eu successivement les phases les plus contradictoires, les unes guerrières et les autres assoupies dans la paix, celles-ci lettrées et artistes, celles-là mystiques et iconoclastes. Dans ces dernières années cependant, on a réhabilité le byzantinisme jusqu'à l'excès; on a montré son intérêt considérable qui est d'avoir établi la continuité, la seule continuité entre les temps antiques et les temps modernes, d'avoir amené, peu à peu, par son influence exercée sans cesse à distance, les barbares du Moyen âge à la Renaissance, d'avoir constitué des nations modernes héritières directes des nations antiques. La Grèce, qui a régné mille ans à Byzance et qui, pendant mille ans, à Byzance, a gouverné ce qui subsistait du monde civilisé, a présenté ce phénomène unique dans notre histoire moderne d'une nation antique parvenant à survivre, malgré les alluvions barbares dont elle était recouverte, mais avec lesquelles elle ne s'est pas confondue, comme l'ont fait les Romains occidentaux avec leurs envahisseurs barbares. Les Byzantins rattachent les Grecs contemporains de Platon ou de Démosthène aux Grecs contemporains actuels de M. Tricoupis ou de M. Venizelos, avec conservation de la même langue et, dans une certaine mesure, maintien de la même pensée. L'intérêt du byzantinisme, c'est de nous montrer cette pensée grecque, qui n'avait plus assez d'air dans la petite Athènes, émigrée au Nord à Constantinople comme elle émigrait au Sud à Alexandrie et, perpétuant là ces traditions scientifiques et philosophiques, dont on a fait souvent à tort honneur aux Arabes, simples écoliers des Byzantins. En même temps, les Byzantins ont formé le rempart, contre lequel sont venues longtemps butter les invasions. Militairement, ce noyau de la Thrace et de l'Anatolie est resté comme une île, autour de laquelle se divisaient les flots et où la civilisation parvenait à subsister...

On peut dire sans doute : « Que nous ont laissé les Byzantins? Qu'ont-ils fait pendant ce millier d'années, où leur empire s'est réduit peu à peu comme une peau de chagrin? » Répondons à cela par le mot de Sieyès : « Ils ont vécu! » Notre injustice envers eux vient de ce qu'ils n'ont été ni écrivains ni artistes, de ce qu'aucun monument littéraire ou plastique n'a perpétué leur gloire en la célébrant et l'amplifiant. Si on excepte leur art décoratif où l'influence asiatique est partout sensible, il ne subsiste d'eux que des sculptures grossières et des écrits sans valeur, avec un bruit confus de batailles, de discussions, de séditions, un parfum d'encens évaporé. Mais pourtant, pendant ces mille ans, ils ont prié, combattu, aimé, pensé, travaillé; ils ont occupé activement cette vie qu'ils défendaient contre le flot de la barbarie; ils ont eu une science technique relativement avancée, une civilisation raffinée. Au fond, leur idéal ressemblait assez, les prières exceptées, à celui d'un peuple moderne, dont il ne resterait pas grand chose de plus qu'il ne survit de Byzance si le vieux levain ancestral n'entretenait pas, au milieu du matérialisme universel, un spiritualisme anachronique : si de pauvres déshérités ne continuaient pas sous son impulsion à chercher, à lutter, à produire des œuvres désintéressées, inutiles et belles, que la populace reine dédaigne d'abord et dont elle profite plus tard pour accroître le bien-être, but suprême, non de tous ses efforts, mais de tous ses désirs et de toutes ses haines.

Puisque les Byzantins ressemblaient par beaucoup de leurs qualités et de leurs défauts à bien des peuples modernes, d'où vient donc la fâcheuse réputation du byzantinisme qui n'est pas, il faut le dire, tout à fait injustifiée ? Avant tout, du caractère asiatique qu'a pris la civilisation en émigrant sur les rives du Bosphore et de toutes les conséquences qu'entraîne ce mot d'Asie, avec un peuple ou un autre, avec une religion ou une autre. Ce n'est pas par hasard qu'on trouve, chez les Byzantins et chez les Turcs leurs successeurs, certains travers communs. Et ce n'est pas à tort non plus que les vieux Romains de la fin de la République déploraient l'invasion, à Rome, des mœurs asiatiques comme la cause de la décadence romaine. Entre l'Europe et l'Asie, la Grèce d'Athènes avait réussi à maintenir un juste équilibre. Rome avait commencé par être trop occidentale pour n'être pas un peu sauvage. La balance a penché en sens inverse et l'équilibre a été définitivement rompu du jour où l'Asie Mineure est entrée dans l'Empire, comme une part essentielle, où le centre de gravité s'est reporté vers l'Orient. La Rome impériale est devenue une Rome asiatique. Ce n'est pas seulement la Grèce vaincue qui l'a conquise : c'est, de plus loin encore, l'imprégnation syriaque ou, si l'on veut, levantine, qui, après avoir déteint sur la Grèce, a rapidement gagné Rome. Byzance en a senti plus directement encore et de plus près l'influence, parfois séduisante par certains côtés sentimentaux, mais souvent malsaine. Rappelons, en deux mots, ces caractères propres au passé de Byzance qui lui prêtent une couleur locale très particulière.

C'est d'abord le mysticisme, facilement dévié vers le fatalisme de l'Islam, qui pénètre toute l'existence d'un peuple, où la religion se mêle curieusement avec l'épicuréisme et le luxe voluptueux. Dans ce Paris du Moyen âge que fut Byzance, quand on n'était pas occupé de courses de chars, de danseuses ou de coiffeuses, on passait brusquement à l'autre pôle de la pensée et l'on se confinait dans un couvent. Il arrivait normalement qu'après avoir consacré sa jeunesse au plaisir, on allât finir ses jours dans un monastère, où souvent le mari et la femme entraient ensemble pour mener une vie pieuse sans rigidité excessive, encore mêlée au mouvement du siècle comme le fut celle de quelques couvents mondains à la veille de notre révolution.

Au sommet de cette hiérarchie compliquée et formaliste que constituait la société byzantine, le Basileus donnait l'exemple. Plus qu'un tsar, presque autant qu'un sultan ou qu'un mikado, il était le chef de la religion nationale. Sa vie se passait comme dans une église. Ses appartements que nous visiterons bientôt, étaient décorés de Christs sévères et de croix. Son attitude était celle d'une idole. Le Basileus, qui n'était pas un souverain héréditaire, mais, comme les empereurs romains, un chef élu (au moins en théorie), se défendait contre une révolution semblable à celle qui, le plus souvent, l'avait sorti de son humilité pour le porter au pouvoir, par un magnifique isolement divin. Les empereurs romains ne devenaient dieux qu'après leur mort et, pour leur assurer cette apothéose rapide, il fallait que leurs adversaires leur rendissent le service de les assassiner. Les Basileis qui, en tant que chrétiens, n'étaient plus dieux, mais seulement représentants terrestres de la divinité, avaient cet avantage de l'être dès leur vivant.

Le Basileus, l'Autocrator est donc l'image visible de Dieu. Il suffit, pour en avoir une idée, de regarder son costume. Vêtu comme un prêtre dans la vie civile, il porte, dans les cérémonies, sur une chlamyde blanche pareille à une aube ecclésiastique, une longue chasuble étincelante d'or et de pierreries, rigide et pesante comme une chappe, qui descend couvrir les bras. Sur la tête, il a une couronne surmontée d'une croix, d'une sorte de tiare, d'où descendent, le long des deux joues, des rivières de diamants et de gemmes rejointes sous le menton, les præpendulia. Comme une icone, il laisse à peine apercevoir, au milieu de l'or et des cabochons, la chair de son visage et de ses doigts. Assis raide sur son trône, les mains occupées par les insignes impériaux, il s'offre à l'adoration dans une immobilité hiératique parmi les flots d'encens et les chants d'église. Et, s'il reçoit un ambassadeur, il a soin de mettre en évidence, près de sa divinité visible, un autre dieu caché qui contribue à sa grandeur, le trône vide du Christ, roi du Ciel, sur lequel on a posé, ou un évangile ouvert, ou une image révérée.

Sa femme, la Basilissa, l'Augusta, quelle que soit son origine souvent très plébéienne, partage ces honneurs, ces adorations et figure à côté du Basileus, aussi raide, aussi solennelle que lui, dans les solennités cérémonieuses ainsi que sur les médailles.

En certains jours, cet homme donne encore davantage la représentation de Dieu. A la fête de Pâques, il se montre dans le costume de Jésus ressuscité, avec des bandelettes dorées autour du corps représentant celles du Christ dans le tombeau, les cuisses enveloppées dans un linceul, les sandales dorées aux pieds, tenant d'une main le sceptre surmonté de la croix et, de l'autre, un sachet d'étoffe de pourpre plein de la poussière des tombeaux que l'on appelle l'akakia. Alors, autour de lui, les hauts dignitaires, au nombre de douze comme les apôtres, vêtus de costumes semblables, portent aussi la croix dans leurs mains.

Toute l'existence de ce Basileus est singulière. Le cérémonial lui impose un rituel auguste et compliqué, des apparitions et des disparitions derrière un voile qui se soulève ou s'abaisse, des changements constants de diadème, de sandales, de chasuble semblables à ceux d'un pontife officiant. Les eunuques qui, seuls, peuvent toucher à sa personne sacrée, lui revêtent tour à tour des brodequins de pourpre ou des sandales dorées; il se coiffe du diadème impérial ou de la krinonia, décorée de lis en l'honneur de la Vierge. Il met la chappe dorée ou le scaramangion aux fourrures précieuses. Il passe sa vie au milieu des cantiques, des psaumes et des processions, quand il ne la passe pas dans son harem. Les portes de son palais sont des portes saintes qui ne roulent sur leurs gonds qu'à certaines heures et selon certains rites. Sa salle à manger, sa chambre à coucher sont décorées des images gigantesques sur fond d'or du Christ ou de la Panagia. Il est des jours déterminés par le cérémonial où il doit aller s'agenouiller devant telle ou telle tombe, visiter tel ou tel monastère, présider à telle ou telle fête.

A ce caractère sacerdotal du maître toute la cour se confirme et, du haut en bas, comme il arrive toujours dans un pays monarchique, l'impulsion partie d'en haut pénètre jusqu'aux profondeurs du peuple. Imaginez des moujiks russes, aux mélanges de mysticisme et de frénésie sensuelle, mêlant à tous les actes de leur vie des génuflexions, des prières devant les icones.

Et toute cette conception si asiatique du pouvoir impérial se trouve encore accentuée à Byzance par le grand rôle qu'y joue le harem, foyer de conjurations et de complots.

L'Asie, en déterminant l'isolement, la réclusion du prince, favorisait ce régime encore accentué par le caractère particulier de la femme asiatique. En Asie, la femme n'est rien; et, par cela même, elle est tout. Elle ne sort guère du gynécée; on ne la voit dehors que voilée; chrétienne ou musulmane, à cet égard, c'est tout un. Mais elle se venge en faisant passer ses amants de son lit sacro-saint sur le trône. Il est peu d'histoires dans lesquelles le rôle de la femme ait été plus considérable que celle des

Byzantins ou, après eux, des Ottomans. C'est la vieille tradition asiatique des Sémiramis, des Nitocris, des Tomiris, des Cléopâtre...

Quant à la population de Byzance, gouvernée de loin par ces souverains demi-dieux, elle était telle qu'on peut l'imaginer dans une très grande ville très pacifique, où n'arrivaient que de loin le contre-coup et la nouvelle des événements belliqueux du dehors. Byzance, on l'a souvent dit, et nous venons de le répéter, a été, pendant tout le Moyen âge, un Paris, mais un Paris asiatique et quelque peu efféminé. Il y avait là de bons bourgeois du Marais n'ayant jamais franchi les fortifications, découvrant la campagne vers leur vingtième ou trentième année. Il y avait aussi des fonctionnaires prêts à tous les serments et à tous les parjures. Il y avait encore une populace, pour laquelle ne comptaient plus que les sports. A Byzance, l'hippodrome tenait une place capitale. Par une tradition où l'on pouvait invoquer l'exemple de la Grèce antique, on attribuait aux athlètes et aux histrions, aux auriges qui sont nos jockeys, aux pugilistes qui sont nos boxeurs, aux mimes qui sont nos cabotins, une place prépondérante dans la cité.

Dans ces conditions, il n'est pas très étonnant que, pendant le millier d'années où Byzance a tenu le premier rang dans la civilisation mondiale, cette ville n'ait produit ni un grand artiste, ni un grand écrivain, ni un savant, ni un philosophe : seulement des critiques littéraires, des compilateurs et des conducteurs de chars. Elle a été frappée alors d'une stérilité, qui a continué à l'affliger pendant cinq cents ans encore sous la domination turque et qui doit bien tenir en partie à sa situation géo-

graphique, trop influencée par les courants émol-
lients de l'Asie Mineure.

Les écrivains byzantins du xe siècle sont des
raffinés semblables à ceux d'Alexandrie, des érudits, des rhéteurs, qui emploient leurs forces débiles
à discuter des textes, à ratiociner sur la gram-
maire, à composer des encyclopédies, des biblio-
graphies, des recueils d'extraits et des commen-
taires. Leur esprit critique est développé, mais sans
enthousiasme, sans élan, sans réelle curiosité scientifique.

De même, les sculpteurs copient sans se lasser
d'éternels entrelacements géométriques de rosaces
et de triangles, de monotones chapiteaux à palmes
sans reliefs et sans saillie. Les mosaïstes, les peintres, les tailleurs d'ivoire reproduisent indéfiniment,
d'après des cartons convenus, sur des patrons fixés
d'avance, comme peuvent le faire aujourd'hui les
moines du mont Athos, les mêmes figures conventionnelles sur les mêmes fonds d'or. Byzance per-
pétue les traditions, leur assure une sorte de survie
qui en fera un jour un levain puissant pour revi-
vifier l'Occident; mais Byzance n'invente guère.

En même temps, cet empire dont il ne faudrait
pas exagérer la réhabilitation, a connu, poussées
jusqu'à leur extrême limite, certaines des extrava-
gances qui donnent une si belle couleur romantique à l'histoire de la Rome impériale. L'influence
syriaque qui caractérise les folies d'un Caracalla
ou d'un Héliogabale, s'y manifeste à un degré supérieur. Ce sont là aussi des révolutions de palais,
fruit de « pronunciamentos » militaires et d'intrigues de harem; c'est un mélange semblable de
pompe extérieure, d'apparat théâtral, de boue, de

5

volupté et de sang. Il y a bien des moments où Byzance a ressemblé à une République sud-américaine.

Et pourtant, comme je le disais en commençant, l'histoire de la civilisation et de l'art byzantin est, pour nous occidentaux, d'un intérêt puissant parce que nous y trouvons la source de courants qui ont passé sur notre sol en le fécondant, le germe, la racine d'une végétation qui, une fois transplantée chez nous, y a poussé touffue.

Il n'est peut-être pas inutile d'insister sur ce point; car la question est importante et l'on se rend généralement assez mal compte de ces rapports nombreux que l'histoire de Byzance présente avec la nôtre, de même qu'on a trop de tendance à considérer les histoires de l'Asie et de l'Europe comme à peu près toujours distinctes. A certains moments de l'histoire, il semble parfois ainsi, pendant des phases séculaires, qu'il se soit établi des sortes de frontières entre des courants devenus indépendants. Deux civilisations, qui ont été autrefois en contact plus ou moins long, paraissent alors devenues totalement différentes, comme deux bras de rivière séparés par une langue de terre. L'évolution s'y effectue indépendamment. [Les deux pays ont l'air de s'ignorer. Mais, chez tous deux, ces fruits, qui mûrissent alors indépendamment, ont commencé par être alimentés par la même sève; ils ont été primitivement déterminés par les mêmes facteurs, auxquels sont venus seulement après coup s'ajouter des facteurs indépendants; à chaque instant, il continue à se produire de l'un à l'autre des communications qui échappent au récit trop rapide et trop dédaigneux des annalistes officiels. C'est ainsi que l'art de la Grèce a reçu une première impulsion de l'art asiatique et que l'art de l'Asie centrale à son tour, jusque dans l'Inde ou la Chine, a subi un choc en retour des influences grecques. De même, à partir du IVe siècle, le monde occidental ignore presque le monde oriental. Une civilisation, qui fut latine et qui, avant de devenir latine, commença par être grecque, imbibe cependant ces peuples barbares, qui lui infusent seulement un sang nouveau. Ce n'est pas là seulement un legs du passé; c'est un renouvellement de toutes les heures. Une civilisation nouvelle, encore fruste par bien des côtés, quoique nous nous fassions sur elle des illusions d'héritiers, s'est développée dans l'Extrême-Occident, au-delà même de l'Italie, en France, en Flandre, en Allemagne, en Espagne. Vaguement y arrivent les nouvelles de cette très lointaine Byzance, où pendant ce temps, subsiste un foyer plus direct, plus actif, de culture antique, de culture grecque, dont le domaine se raccornit peu à peu. Néanmoins, de Venise ou de Gênes à Byzance, les rapports commerciaux restent trop fréquents pour qu'on s'ignore, pour que l'équilibre ne se rétablisse pas, de même qu'en Espagne, les sciences et les arts byzantins arrivent par l'intermédiaire des Arabes. Il n'est pas besoin, comme on l'a trop souvent répété, d'attendre les croisades pour reconnaître une influence byzantine.

Des trois époques principales où l'art byzantin a prospéré, au Ve siècle sous Justinien, au Xe siècle sous les Comnène, au XIVe siècle sous les Paléologue, les deux premières sont antérieures aux Croisades et partout le contre-coup s'en est fait sentir en Europe Occidentale.

Sans développer tout ce qu'il y aurait à dire sur la question, voici seulement quelques indications plus précises.

A partir du IVe siècle, l'Occident a décidément le dessous : l'avènement de l'Orient est consommé. L'invention de la croix sous Constantin, la construction du Saint Sépulcre y contribuent. A ce moment, les empereurs d'Orient résident encore à Antioche. Mais, au Ve siècle, Constantinople devient, pour un millier d'années, le centre de l'hellénisme, de l'orthodoxie et de l'art, tandis que s'effacent ses rivales : d'un côté Antioche et Alexandrie, épuisées par l'hérésie monophysite; de l'autre, Rome, qui malgré le séjour des papes, se réduit bientôt à un grand nom. C'est le temps où les architectes de Justinien construisent Sainte-Sophie et de Constantinople émane alors un rayonnement lointain dont on perçoit le contre-coup jusqu'en Gaule.

Au VIe siècle, quand l'Italie se concentre dans Ravenne, c'est le même art byzantin qui continue à s'y manifester. Remarque bien topique : dans toutes les mosaïques exécutées en Italie, du VIIe au IXe siècle, le Christ bénit suivant le rite grec et non suivant le rite romain, avec le quatrième doigt de la main droite replié sur le pouce. En France, les objets mérovingiens du VIe et du VIIe siècle montrent l'influence incontestable de Byzance et même, par son intermédiaire, de la Syrie. Nous savions déjà par Sidoine Apollinaire (mort en 488) que l'on se servait de tapis de Perse en Auvergne. Le trésor de Gourdon (Côte d'Or), nous montre, avec des médailles byzantines allant jusqu'en 527, des objets, plateau, vase, etc. à décoration orientale, de verre rouge et d'or, dont on trouve ensuite la technique reproduite dans nombre de sépultures mérovingiennes. Là aussi l'étoile à six rais apparaît comme un emprunt aux Assyriens et aux Perses.

A la fin du VIIIᵉ siècle, la période des iconoclastes, qui fait, pour un temps, dominer à Byzance l'esprit particulièrement asiatique d'un mysticisme auquel tout anthropomorphisme est odieux, chasse vers l'Italie et l'Occident des tribus de moines, sculpteurs et mosaïstes. L'influence byzantine se fait alors sentir dans l'art carolingien, qui subit ce qu'on a appelé une Renaissance directement influencée par l'art grec, non par l'art romain, et cette influence byzantine va en s'accentuant dans la période florissante des Comnène au Xᵉ siècle. C'est, malgré les contradictions intéressées d'un patriotisme local trop jaloux, à Byzance qu'il faut aller chercher l'origine première de bien des formules, de bien des techniques de la France médiévale : l'usage par exemple, de l'orfèvrerie à émaux cloisonnés avec pierres serties en cabochons. Les plus anciens émaux occidentaux des IXᵉ et Xᵉ siècles sont d'une technique byzantine, avec une tendance toute orientale à la simplification qui a permis leur extension et leur succès.

Enfin, dans nos décorations romanes d'Occident, on trouve de tous côtés des combinaisons orientales : l'arbre de vie, les fleurs stylisées, les animaux affrontés, jusqu'à des inscriptions arabes copiées comme un simple motif d'ornementation.

Sainte-Sophie, Sainte-Irène, etc.

Cette Byzance, dont nous avons essayé de nous représenter l'image effacée, nous allons maintenant

en chercher les restes là où il en subsiste quelque
chose : à Sainte-Sophie qui est le monument le plus
important et le mieux conservé de l'art byzantin ;
puis au grand Palais impérial, centre de la vie officielle ; à l'Hippodrome, centre de la vie populaire ;
dans la série des aqueducs et des citernes qui formaient le réseau fécondant d'une ville antique ;
enfin le long des Murailles, où nous rencontrerons
une église qui complètera l'enseignement apporté
par Sainte-Sophie, la Kahrié-Djami. Il reste, en
outre, dans la ville, d'autres traces de monuments
byzantins, telles que les colonnes de Constantin,
d'Arcadius, de Marcien, des Goths et diverses petites
églises dont nous dirons seulement deux mots en
passant.

Sainte-Sophie est le centre religieux de l'ancienne
Byzance et l'un des édifices chrétiens les plus re-
nommés du monde. C'est l'un des plus grands.
C'est, par beaucoup de ses parties, l'un des plus
beaux. On ne peut dire cependant que la visite de
ce monument, si vanté et si connu d'avance par
ses images, réponde absolument à l'idée que l'on
s'en était d'ordinaire formée. Dépouillée par les
Turcs de ses ornements intérieurs, privée même
de tout ce qui, dans la décoration, pouvait rappeler la figure humaine, cette vénérable basilique
a eu, en outre, à subir, dans ces dernières années,
les effets désastreux de tremblements de terre,
auxquels on n'a remédié que superficiellement par
des réparations sommaires. Telle même qu'elle put
être au temps de sa splendeur, Sainte-Sophie dut
toujours évoquer l'image de la grandeur, d'une
grandeur un peu fruste, barbare et asiatique, à
laquelle il faut s'accoutumer, plutôt que de la

beauté. Le Dieu que l'on a adoré là est bien l'Autocrator rigide et sévère au regard fier et tenant la boule terrestre dans sa main, dont les mosaïques étalent l'image démesurée sur un fond d'or resplendissant. La simplicité des lignes et l'uniformité de la décoration confinent à la monotonie. Je ne saurais, pour ma part, comparer l'effet que m'a produit Sainte-Sophie à l'émotion inoubliable que j'ai toujours retrouvée en visitant une autre église bien moins ancienne, bien moins précieuse pour l'archéologue, dont les coupoles, les mosaïques d'or, les revêtements de marbre, les colonnes antiques éveillent l'idée d'une comparaison avec elle : ce merveilleux Saint-Marc de Venise, dont tous les détails s'harmonisent dans le charme et la beauté[1]... Peut-être même préférerais-je le charme plus intime de la chapelle Palatine à Palerme ou des églises de Ravenne, dans lesquelles la note discordante de l'Islam n'intervient pas. Il faut ajouter que l'on visite Sainte-Sophie, devenue musulmane, dans des conditions de sujétion désagréables, sans la liberté et la solitude qui permettent seules d'apprécier une œuvre d'art où l'on doit sentir revivre l'âme d'un lointain passé. Malgré ces restrictions, Sainte-Sophie présente, surtout dans son narthex, ses bascôtés, ses tribunes du gynécée, dans tout ce qui n'est pas la grande halle centrale, de magnifiques morceaux, dont le style imposant, à la solennité un peu froide et hiératique, évoque bien l'idée du

---

1. Saint-Marc, commencé vers 1063, consacré en 1095, offre, malgré la série de ses réfections successives prolongées jusqu'au xvi⁰ siècle, l'image la plus forte et la plus pleine du génie byzantin. On peut y joindre en Italie, Torcello, la Palatine (1132), la Martorana (1143), Cefalu (1148), Monreale (1174-1189).

culte byzantin et des Basileis au diadème, aux pendeloques, à la chasuble d'or, tels que les représentent, en leurs dessins sommaires et anguleux, les médailles du ve au xiiie siècle.

Quand Constantin éleva les premières églises de sa capitale nouvelle, il choisit, pour leur consacrer ces temples, des attributs divins impersonnels, où la philosophie alexandrine se combinait heureusement avec le christianisme, à l'exclusion des saints, trop comparables à des faux dieux, qu'invoquait ailleurs le culte reconstitué. La divine sagesse (Sophia), la divine Paix (Irène), la divine Résurrection (Anastasis) reçurent l'hommage des trois principaux sanctuaires et devinrent l'origine de « Saintes » qui ont pris une personnalité imprévue dans le calendrier. La première Sainte-Sophie fut alors bâtie sous la forme d'une longue basilique couverte en bois. Agrandie par Constance, elle brûla en 404 dans une émeute sous Arcadius. Théodose la rebâtit; sous Justinien, elle fut incendiée de nouveau en 532 dans la grande insurrection du cirque, que l'on appelle la sédition Nika. A peine le feu était-il éteint que Justinien décidait de la reconstruire avec une magnificence susceptible d'éclipser tous les autres édifices de l'Empire et l'on se mit aux études avec tant de promptitude que, quarante jours plus tard, on commençait déjà les substructions. Premier travail grandiose, dont le régime turc ne permet pas de connaître tout l'ensemble, mais dont on sait assez pour en apprécier l'ampleur. Sur d'énormes voûtes destinées à combler les inégalités du sol et formant des citernes à colonnes, fut alors établie une vaste esplanade de béton, épaisse de 7 mètres; puis 10 000 ouvriers,

SAINTE-SOPHIE : INTÉRIEUR. — CL. BERGGREN.

SAINTE-SOPHIE : EXTÉRIEUR. — CL. SEBAH ET JOAILLIER.

La Turquie que l'on voit.

PL. 7, page 72.

conduits par 100 maîtres maçons, travaillèrent avec une activité telle qu'en moins de cinq ans (532-537), ils eurent achevé l'édifice, en obérant les finances byzantines, assez peu florissantes, d'une somme évaluée à 361 millions.

Deux architectes grecs, Anthémios de Tralles et Isidore de Milet sont les auteurs d'un plan, dans lequel tout fut subordonné au désir de couvrir par une seule immense coupole, visible dès l'entrée, un espace où se rassemblerait tout un peuple. A cet effet, on établit d'abord, aux angles, quatre piliers à matériaux calcaires reliés par des crampons de fer. On les réunit par des murs de briques bien droits, dans lesquels on ne perça que de petites fenêtres. On contrebuta le tout au dehors par des bas-côtés en contre-bas, flanqués eux-mêmes de petits bâtiments secondaires, supprimant ainsi les contre-forts extérieurs habituels au gothique, devant lesquels l'art byzantin a toujours répugné. Alors, sur le socle ainsi constitué par ces quatre piliers, on commença à établir la voûte en passant des coins au centre par quatre pendentifs, et continuant à monter la partie centrale en coupole. Cette coupole fut elle-même obtenue par des assises de briques superposées, en retrait progressif les unes sur les autres. Afin d'atteindre un minimum de légèreté, on avait, raconte une tradition très ancienne (dont les matériaux examinés n'ont pas, jusqu'ici, fourni la confirmation), fait confectionner à Rhodes des briques siliceuses très légères et, pour ajouter le secours du ciel à celui de la technique, sur chaque brique on inscrivait une invocation à Dieu; de dix en douze assises, on maçonnait des reliques dans le joint avec des prières solennelles. Cette coupole centrale, assise sur ses quatre pendentifs, fut prolongée dans le sens de l'axe par deux hémisphères, eux-mêmes flanqués de plus petites coupoles latérales. Puis, quand il s'agit de décorer le plus grand sanctuaire du monde, on dépouilla à son profit tous les temples païens les plus fameux. On fit venir huit colonnes de brèche verte du temple d'Artémis à Éphèse, d'autres colonnes du temple de Baalbek (qui avaient déjà fait un premier voyage à Rome), des colonnes d'Athènes, de Délos, de Cyzique.

Le marbre, le bronze, l'or, l'ivoire furent employés sans compter. Les mosaïques à fond d'or couvrirent toutes les voûtes de leurs revêtements resplendissants. Et, enfin, en 537, l'édifice put être consacré une première fois par des fêtes qui durèrent quatorze jours... Une vingtaine d'années après, en 558, un tremblement de terre faisait écrouler la coupole trop hardie. On la reconstruisit alors telle qu'elle est aujourd'hui, en réduisant son diamètre et renforçant les piliers d'appui.

Telle était Sainte-Sophie (sauf une restauration de 975) quand, en 1453, les Turcs s'emparèrent de Constantinople. Une grande foule s'était réfugiée dans le sanctuaire. Mohammed II y entra à cheval sur un monceau de morts et la légende prétend même retrouver sur une des parois la trace de sa main sanglante, à une hauteur de 5 mètres qui ferait supposer une accumulation de cadavres tout à fait extraordinaire.

Sainte-Sophie devint alors musulmane. Ce qui consista à y ajouter quelques minarets, à bâtir tout autour, et dans l'atrium d'entrée, des bâtiments informes, à badigeonner de la peinture sur les grands chérubins en mosaïque des pendentifs et sur toutes les voûtes décorées de figures humaines, à ajouter un chœur et quelques tribunes pour la lecture du Coran, à accrocher aux parois d'immenses disques couverts de calligraphies qui semblent préparés pour un tir à la cible, à suspendre beaucoup d'œufs d'autruche et de lustres, enfin à placer sur le sol des rangs de nattes désaxées pour retrouver la direction de la Mecque. Ces dégradations ont été telles que, pour connaître aujourd'hui la magnifique décoration, dont heureusement la plus grande partie n'est que cachée et gardée en réserve pour le jour de l'expulsion des Turcs, on ne doit pas aller à Constantinople : il est bien préférable de se rendre dans une bibliothèque publique et d'y consulter les relevés faits en 1848 par l'architecte de Salzenberg, à la faveur d'une restauration où on lui permit d'enlever momentanément la couche de peinture déshonorante.

Extérieurement, Sainte-Sophie, comme tous les édifices byzantins et comme toutes les mosquées, n'a aucun caractère remarquable. Entre quatre minarets blancs, on aperçoit seulement la grande coupole assez lourde couronnée de son croissant de bronze, et, au-dessous, les murs aux assises, alternativement blanches et roses, qui émergent, comme une sorte de donjon central, au-dessus de petits bâtiments désordonnés au crépi jaunâtre (V. pl. 7).

Autrefois, pour entrer dans la basilique, on franchissait d'abord une large cour de 40 mètres de profondeur, entourée de galeries aux colonnes de marbre et aux murailles décorées de mosaïques, dans le centre de laquelle une fontaine donnait de l'eau jaillissante, un atrium à l'image de la

(75

maison hellénistique. Puis venait un premier portique, ou narthex extérieur, communiquant avec le narthex intérieur, dans lequel on doit aujourd'hui pénétrer directement, l'atrium étant maintenant encombré par les habitations basses du clergé musulman.

Ce beau narthex ombreux, long de 60 mètres et large de 10, permettait aux retardataires ou aux profanes d'approcher du mystère divin sans le troubler. Il ne faut pas le traverser trop vite. C'est, dans sa simplicité somptueuse et la raideur de ses lignes droites, avec les mosaïques dorées de sa voûte et ses parois de marbre, dont l'une percée de neuf portes de bronze, l'autre flanquée d'autant de piliers formant contreforts en redents, une des parties les plus intactes et les plus imposantes de Sainte-Sophie, l'une de celles où l'on se représente le mieux un cortège solennel du Xe siècle arrivant pour célébrer la Résurrection du Sauveur.

Les bas-côtés sont également bien beaux dans la nudité splendide d'une ornementation où n'interviennent que le marbre, le bronze et l'or, sans un tableau, sans un autel, sans une boiserie, sans un meuble : des arêtes nettes, des angles droits, des colonnes larges et hautes, qui n'ont ni l'aspect trapu et écrasé de notre roman, ni la légèreté presque inquiétante de notre gothique, mais un air de tranquillité dans la force rappelant les âges classiques et, en même temps, une complication raffinée de décors, d'entrelacs géométriques ciselés sur les plates-bandes de marbre ou les chapiteaux comme une dentelle, sans accentuations de reliefs, sans violents jeux d'ombre et de lumière, sans accidents pittoresques susceptibles d'accrocher le regard et de détourner l'attention au préjudice de l'ensemble (V. pl. 7)[1].

L'aspect du dôme central est, à coup sûr, grandiose, avec sa coupole de 32 mètres de diamètre montant à 65 mètres et prolongée en plan de telle manière qu'on peut en apercevoir toute l'extension d'un seul coup d'œil. C'est toutefois un genre de grandeur un peu trop immédiatement mensurable et définissable par un nombre de mètres, un peu trop industriel : quelque chose, si l'on veut, qui rappelle trop le mérite d'une Galerie des Machines ou d'une Tour Eiffel. C'est à cette vaste salle carrée que s'applique la restriction faite au début. On se trouve là en présence d'un espace carré limité par quatre murs verticaux, dans lesquels s'ouvrent des alignements de petites fenêtres cintrées et des vides rectangulaires, clairs ou sombres, dessinés par deux étages de colonnades superposées. Aux quatre angles sont les quatre pendentifs, où il ne reste plus, des chérubins recouverts par le badigeon, que les ailes enlacées. La fameuse coupole elle-même repose sur un rang de quarante petites fenêtres, qui y versent d'en haut une large clarté. Sur le sol nu, des nattes sont posées en travers dans la direction de la Mecque. Et des édicules musulmans, le mihrab posé dissymétriquement dans l'abside, le member avec son escalier en échelle, les mastabas, ou tribunes des lecteurs du Coran, sont pauvrement semés dans ce vide. Des pigeons nichent et volent partout.

1. Cette stylisation de motifs végétaux ou animaux, à entrelacements géométriques, qui est un caractère de l'art oriental, s'est trouvée accentuée plus tard, dans tout l'art byzantin, par l'hérésie victorieuse des Iconoclastes.

Dans le détail, on retrouve là le même caractère, simplement somptueux, que dans les bas-côtés ; mais si l'on veut vraiment apprécier Sainte-Sophie, il faut surtout s'attarder au premier étage, le long des vastes galeries autrefois réservées aux femmes, d'où l'on domine toute l'étendue du dôme et où l'on peut aussi oublier son apparat, dans le silence recueilli des vastes salles aux graves architectures régulières et dessinées par plans, qui s'ouvrent entre les colonnes de marbre sombre ou de porphyre à chapiteaux blancs, sur le vide de la nef, comme sur un lointain horizon...

Quand on a vu Sainte-Sophie, quand on est destiné à voir l'église de Kahrié-Djami, dans le Tour des Murailles, on peut passer rapidement sur les autres églises byzantines de Constantinople. Mentionnons-en toutefois l'existence.

Sainte-Irène, située un peu au Nord de Sainte-Sophie, dans l'enceinte du Séraï et transformée par les Turcs en un musée d'armes, est encore assez bien conservée. L'église, telle qu'elle est, date de Léon l'Isaurien (717-741). Elle se compose d'une nef centrale portant deux coupoles entre deux collatéraux prolongés sur toute la longueur.

Saint-Serge et Saint-Bacchus, que l'on appelle aussi la petite Sainte-Sophie, fut bâtie par Théodora, femme de Justinien, dont l'éloge se trouve sur une longue inscription de la corniche qui fait le tour intérieur de l'édifice. C'est une petite mosquée, située près du Musée des Janissaires (Kutchuk-Hagia-Sophia), composée, comme Sainte-Sophie, d'une coupole centrale sur une base carrée, avec un narthex d'entrée. Mais ici la coupole porte sur une base octogonale formée de huit piliers.

Enfin la Panhagia-tou-Libos (Méfa-Djami), du début du xᵉ siècle, a la forme d'une croix grecque comme Saint-Marc de Venise.

Le Grand Palais

Du Grand Palais de Byzance, recouvert aujourd'hui par la mosquée de Sultan Ahmed et les rues tortueuses qui descendent de là vers le Bosphore, il ne reste à peu près rien d'apparent. Jusqu'au jour où l'expulsion définitive des Turcs y aura rendu les fouilles possibles, on ne peut même en reconstituer le plan que par conjecture[1]. Néanmoins si précises sont les indications contenues dans les auteurs anciens, dans les récits des princes et ambassadeurs admis là en quelque occasion solennelle, surtout dans le curieux *Livre des Cérémonies* compilé au xᵉ siècle, par ordre de Constantin Porphyrogénète; et si intéressant aussi, si passionnant est le problème posé par cet ensemble d'édifices mystérieux où se sont déroulés sept siècles d'histoire, que l'on est arrivé à connaître le Grand Palais, à se le représenter presque comme s'il était encore debout. Pour faire cette visite en imagination, il n'est pas nécessaire de voyager jusqu'à Constantinople. Mais, quand on est à Constantinople, on ne saurait oublier ce Grand Palais, où se sont déroulés, dans le plus somptueux des décors, aujourd'hui évanoui, tant d'événements romanesques, tragiques, sanglants ou suggestifs par leur raffinement intellectuel, artistique, littéraire, théologique.

1. En 1912, un incendie qui a mis certaines parties à nu, a permis à M. Ebersolt quelques observations.

Qu'était-ce donc que ce Grand Palais? Ne songeons pas ici à la régularité de plan, à l'homogénité d'un Versailles ou d'un Escurial. Le jour où Constantin, fixé à Constantinople, voulut y édifier un palais digne de sa personne sacrée, digne du dieu dont il était le représentant terrestre, digne de l'Empire dont Constantinople devenait le centre, il dut sans doute commencer par élever un ensemble de constructions à peu près régulier, dont nous pouvons chercher l'image dans cet étonnant palais de Spalato bâti par Dioclétien, près de Salone, sur la côte Dalmate, et où, plus tard, a trouvé moyen de se réfugier toute une ville. Mais, depuis Constantin jusqu'au jour où, sous les Paléologues, vers 1300, le Grand Palais fut définitivement abandonné pour le Palais nouveau des Blaquernes, bâti à l'autre extrémité de la ville, près des murailles, sur la Corne d'Or, par Manuel Comnène (1143-1180), le Palais primitif de Constantinople a été l'objet d'une perpétuelle évolution, d'un remaniement constant, en raison duquel, si on veut essayer de s'y reconnaître, il faut absolument se fixer une date précise et ne pas s'en écarter. Sans cesse, les souverains successifs ont obéi à ce désir de la nouveauté, à ce souci de suivre une mode changeante, à ce goût de la bâtisse enfin, qui a possédé tant de princes, souvent jusqu'à la folie. Comme l'ont fait plus tard les Sultans leurs successeurs, qui, presque à chaque changement de règne, allaient habiter un nouveau palais, laissant le précédent tomber en ruines, les Basileis, Justinien, Théophile, Basile le Macédonien, etc., ont sans cesse réédifié des bâtiments nouveaux, venus en désordre s'ajouter aux précédents, ou se substituer à eux; en sorte que le ré-

sultat définitif fut une sorte de Kremlin compliqué,
de Palais de Pékin, où des églises du Mont Athos, et
de nombreuses chapelles nécessaires à la vie religieuse si absorbante des Basileis s'entremêlaient
avec des palais de brique et de marbre aux décorations somptueuses, avec des galeries, des escaliers,
des passages voûtés, des cours intérieures garnies de
fontaines. Ici des restes de la régularité primitive,
là le désordre des bâtiments appartenant à des
époques très diverses; et toujours le souci de
mettre le Basileus à l'abri d'un coup de main, de
multiplier pour lui les corps de garde, les portes de
bronze et de fer, de lui assurer, entre les diverses
parties de son palais, entre celles-ci et l'Hippodrome ou Sainte-Sophie, des passages invisibles.

On a pu compter, dans ce vaste espace : 7 péri-
styles ou vestibules, 8 cours intérieures, 4 églises,
9 chapelles, 9 oratoires ou baptistères, 4 salles des
gardes, 3 grandes galeries, 5 salles d'audience,
3 salles pour les repas, 10 appartements réservés à
l'habitation particulière des princes, 7 galeries
secondaires, 8 palais particuliers au milieu des
jardins, etc.

Supposons-nous, par un coup de baguette ma-
gique, transportés dans ce palais, vers le temps de
sa plus merveilleuse splendeur, sous la dynastie
macédonienne, à la fin du Xᵉ siècle, alors que l'Europe occidentale en était encore à la barbarie des
derniers rois carolingiens. Imaginons qu'une fois
introduits dans ce mystérieux sanctuaire, nous y
soyons conduits par un guide discret qui nous
épargne les énumérations fastidieuses et les itinéraires implacablement complets des visites de
palais officiels : quelle sera notre impression géné-

6

rale?... Malgré la disparition si complète qui a frappé la plus grande partie de l'art byzantin, malgré les ravages successifs qu'ont pratiqués, sur les chefs-d'œuvre de cette civilisation, tant de destructeurs barbares, nous gardons néanmoins, surtout dans les monuments que leur destination pieuse a un peu mieux protégés, assez de morceaux disjoints pour relever l'ensemble dans notre esprit et pour revoir, en leur cadre réel, les épisodes, souvent si colorés, si bien adaptés d'avance au mélodrame ou à l'opéra, qui marquent l'histoire byzantine.

En abordant ce monde officiel byzantin, tellement différent du nôtre, nous pénétrons dans une civilisation à la fois orientale et sacerdotale, où paraît avoir été portée à son point culminant la science de la représentation et du décor dont les souverains d'Assyrie ou de Perse dans les temps anciens, les rajahs ou les mikados dans les temps modernes peuvent donner une idée. Ici, nous l'avons vu déjà, se meut lentement une cour hiérarchisée et soumise aux lois minutieuses du cérémonial, auprès de laquelle le Versailles de Louis XIV, l'Escurial de Philippe II sembleraient la maison bourgeoise du laisser-aller et de la bonhomie. Le souverain, d'un bout à l'autre d'une vie d'apparat, assiste et prend part à une longue cérémonie religieuse déroulée dans un palais qui est une basilique, avec les gestes prévus, les groupements combinés, les génuflexions, les prosternements d'une intronisation d'évêque ou d'une messe solennelle. Rien n'est laissé à l'initiative et au libre arbitre que le plaisir des coups d'état, des révolutions de harem et des assassinats. Pas un être vivant d'une vie propre; pas une forme spontanée de la nature; pas d'hommes, d'animaux, ni de plantes, autrement que stylisés, hiératisés, sculptés et ciselés dans l'or, le métal, les pierres précieuses jusqu'à les harmoniser, à les confondre avec le décor général de marbres, de porphyres, de mosaïques, de métaux étincelants.

Autour du Basileus, il ne fallait pas que, nulle part, on pût penser avoir seulement sous les yeux une œuvre humaine. Sa demeure est le palais de l'artificiel, édifié par la baguette d'un magicien, d'un enchanteur Merlin : une magie un peu enfantine, une féerie un peu grossière, d'enfants encore naïfs sous leurs raffinements extrêmes, pour lesquels la beauté c'est, avant tout, le brillant, le doré, l'argenté, le somptueux, pour lesquels le comble de l'art c'est l'extraordinaire des arbres en or ciselé peuplés d'oiseaux mécaniques, des lions automates dressés sur leurs pattes à l'entrée des visiteurs, des fontaines coulant du vin aromatisé, des cérémonies à coup de théâtre où l'idole impériale apparaît brusquement dans son cadre d'or par l'ouverture d'une porte d'or, par le soulèvement d'un voile doré et, subitement aussi, est enlevée au ciel avec son trône par des machines comme dans une apothéose d'opéra. Et, pour animer cet apparat d'un bruit lui-même artificiel, le seul qui ait paru pouvoir dans nos églises représenter, par-dessus les bavardages humains, les profondes sonorités de la voix divine, sans cesse retentit le chant des orgues prolongeant leurs longues notes graves et se combinant ainsi avec les rugissements des lions automates, avec les gazouillements des oiseaux métalliques. L'encens, les parfums, mêlent aux chants d'église, leurs vapeurs subtiles qui portent au rêve...

Hasardons-nous maintenant à travers ces grandes salles aux murs d'onyx ou de porphyre, aux dalles de marbre, sous les coupoles dorées, du haut desquelles nous regardent un Christ sévère, des apôtres groupés autour de la croix, ou des Basileis représentés dans l'éclat de leur appareil triomphal. Errons respectueusement à travers cette foule solennelle qui ne parle qu'à voix basse, avec des gestes courts et des clignements d'yeux, dans la crainte des innombrables espions et des dénonciateurs. Nous ne parcourrons pas tous ces palais qui se ressemblent; nous ne ferons pas revivre tous les souvenirs des événements qui se sont déroulés dans ces salles : ils nous sont trop peu présents, en général, pour qu'on puisse les évoquer d'un mot et leur défilé trop rapide donnerait seulement l'aspect de la confusion. Supposons pourtant qu'à la suite du Basileus nous ayons pénétré par une des entrées qui donnaient sur la place de Sainte-Sophie, ou sur la grande rue de la Mésé, entre Sainte-Sophie et l'Hippodrome ; ou concevons simplement qu'après avoir assisté à une représentation de l'Hippodrome dans la loge de l'Empereur, dans le Cathisma dominant de haut l'arène, nous ayons vu s'ouvrir devant nous les portes de bronze multipliées destinées à garantir le palais d'une brusque invasion populaire et que, maintenant, nous nous dirigions, en suivant parallèlement la longueur de l'Hippodrome, vers la mer de Marmara.

Nous voici d'abord dans un premier bâtiment, la *Chalcé*, sorte de vestibule ayant sa façade sur la place extérieure de l'Augustéon. Là veille la première garde du palais, divisée en sept sections successives, en sept scholes. Là sont les doryphores et les hoplites à l'épée nue. Dans le sens de l'Augustéon s'ouvre une salle à la coupole resplendissante de mosaïques, où sont représentées les victoires de Justinien et de Bélisaire, le Basileus et Théodora recevant les sénateurs. De tous côtés, des statues de souverains et de personnages illustres, dominées par un grand Christ en bronze. Ailleurs, des têtes de Gorgone, deux chevaux enlevés à un temple d'Artémis à Ephèse; enfin, sur une porte de bronze, une icone représentant le Christ. Sur la droite, une galerie, par laquelle passent volontiers les souverains pour se rendre à Sainte-Sophie, contourne l'Augustéon en traversant une porte de fer.

En sens inverse, si nous nous rendons au Palais, nous rencontrons le Tribunal, le Triclinos des Excubites et celui des Candidats. Puis viennent l'Église du Seigneur, très anciennement vénérée, le Consistoire où avaient lieu les réunions du Conseil de l'Empereur et certaines réceptions d'ambassades. Là, les ambassadeurs, en se prosternant à plusieurs reprises comme pour une audience du Sultan ou du Grand Roi des Perses, arrivaient devant le trône surmonté d'un dôme étincelant d'or et soutenu par quatre colonnes, avec deux Victoires aux ailes déployées tenant des couronnes de lauriers. Groupés autour, étaient les gardes avec leur bouclier d'or, leur lance, leur hache et leur casque doré à aigrette rouge. Derrière le trône s'ouvraient trois portes, dont celle du milieu servait à l'Empereur et les autres à son cortège.

Vient ensuite le *palais de Daphné*, où vécut Constantin, dans une salle portant au plafond une croix étincelante d'or et de gemmes, qui vit un jour son cercueil doré exposé au milieu d'un cercle de lumières. Ce palais de Constantin, délaissé par les Basileis suivants, contenait l'église de Saint-Étienne et toute une série d'édifices, tels que la Salle des dix-neuf lits, où, dans les festins solennels, l'on éblouissait, par le déploiement d'un faste extraordinaire, les envoyés lombards, sarrazins, francs, etc., dont quelques-uns nous ont laissé le récit de leur réception. On employait, par exemple, pour servir les fruits, des vases d'or tellement lourds qu'il fallait les apporter sur des chariots recouverts de pourpre et, pour les soulever sur la table, y appliquer des cordes revêtues de cuir doré suspendues à des poulies cachées dans une ouverture de la voûte. Ici, également, un repas commémoratif de ceux des apôtres réunissait, pendant les douze jours de fête, de Noël à l'Épiphanie, le Basileus et ses douze amis (philoi) choisis parmi les hauts dignitaires. Étendus sur des draperies dorées, ils festoyaient dans de la vaisselle d'or. D'autres tables disposées dans la salle groupaient, en outre, 216 convives de moindre importance.

Continuant toujours dans le même sens, nous rencontrons un espace à ciel ouvert, au milieu duquel se dressait une fontaine, une phiale, qui, pendant les réceptions, versait du vin aromatisé et dont la vasque argentée était alors remplie de fruits. Un péristyle à quinze colonnes en forme de demi-cercle, le *Sigma*, nous conduit de là dans la *Triconque*, élevée vers le milieu du IXe siècle par Théophile, qui s'y était fait construire deux appartements, habités alternativement par lui pendant l'été et pendant l'hiver. C'était une construction originale, recouverte d'un toit doré et flanquée, dans les sens où le sigma ne se prolongeait pas, par trois absides. On y entrait par des portes d'argent ou de bronze poli.

Dans ce palais, la chambre à coucher de l'impératrice était célèbre sous le nom de *Mousikos* (Harmonie). Le pavage y était fait d'une mosaïque de marbre que l'on comparait à une prairie émaillée de fleurs. Le lit avait son dais soutenu par cinq colonnes de marbre. L'Augusta ou Basilissa y habitait au milieu de ses eunuques aux longues robes de soie, aux sabres nus, et de ses femmes. Sortie parfois du peuple le plus bas comme une Théodora, elle semblait revêtue d'un caractère divin, restant mystérieuse et invisible, entendant les offices du fond d'une galerie grillée, etc.

La chambre à coucher du Basileus Théophile avait son pavage en mosaïque, au centre duquel un paon faisait la roue dans un cercle de marbre, tandis que des aigles occupaient les quatre coins. Les parois y étaient ornées de plaques de verre polychromes ; au-dessus, courait une mosaïque d'or avec les figures de Basile, d'Eudoxie assis sur des trônes en costumes impériaux. Le plafond resplendissant d'or portait, au milieu, le signe victorieux de la Croix, vers lequel l'empereur, l'impératrice et leurs enfants levaient tous la main.

Plus loin, voici le *Chrysotriclinos*, ou Triclinos d'or, construit vers 570 par Justin II, embelli et décoré vers 580, encore habité au xe siècle par Romain II et qui constituait alors la partie la plus imposante de la Cour.

Ce Chrysotriclinos était un édifice octogonal surmonté d'une coupole percée de seize fenêtres que l'on peut, sans doute, comparer à Saint-Vital de Ravenne ou à l'église des Saints Serge et Bacchus à

Constantinople. Là aussi, le Basileus avait son trône recouvert de drap d'or et masqué par un grand rideau de soie, tissé d'or et orné de pierres précieuses, derrière lequel il demeurait invisible jusqu'au moment où le rideau tiré le faisait brusquement apparaître comme une idole éblouissante. Au-dessus du trône impérial, une icone représentait le Christ assis sur un autre trône supérieur à celui du souverain terrestre. Sur la porte d'entrée se dressait la Vierge en mosaïque, entourée de l'empereur et du patriarche, des apôtres, martyrs et évêques. Des mosaïques de style persan faisaient ressembler la muraille à un jardin rempli de fleurs. Les portes étaient d'argent et on suspendait, dans les occasions solennelles, des tentures d'or ou des portières, sur lesquelles étaient tissées des oiseaux et des fleurs. On amenait alors également tout un luxe de meubles dorés et argentés, de croix, de vases : enfin, ce qui semblait être le suprême du luxe dans ce palais byzantin, un platane d'or, avec des quantités d'oiseaux émettant des sons harmonieux au moyen d'une machine pneumatique...

Dans l'itinéraire que nous avons suivi jusqu'ici, nous avons laissé de côté deux palais à situation un peu excentrique, vers lesquels il faut revenir maintenant : la Magnaure (Μαγναύρα), qui fut le palais d'été de Constantin et le Boucoléon où logèrent les princes de la dynastie macédonienne.

C'est près de la Chalcé, entre celle-ci et la mer de Marmara, qu'il faut chercher le magnifique palais de *la Magnaure*, bâti, croyait-on, sous Constantin, où se dressait un trône, dit de Salomon, avec six degrés tous flanqués de lions. Ce trône impérial, dont la magnificence nous a été décrite par Luit-

CITERNE DES MILLE ET UNE COLONNES.
CL. SEBAH ET JOAILLIER.

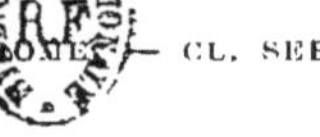

MOSQUÉE AHMED ET HIPPODROME. — CL. SEBAH ET JOAILLIER.

brand, était entouré d'arbres en bronze doré garnis d'oiseaux analogues à ceux du Chrysotriclinos. De grands lions dorés gardaient le trône. Et, lorsqu'on voulait étonner quelque ambassadeur, par un goût pour les automates qui s'est perpétué à la cour des Sultans, on voyait, à certains moments, les lions se dresser, frapper le sol de leur queue tout en rugissant, ou les oiseaux battre des ailes en chantant leurs vocalises. Alors, quand l'envoyé, après s'être prosterné devant le souverain, osait relever les yeux, il l'apercevait soulevé en l'air avec son trône près du plafond de la salle et dominant de haut l'humanité comme un être divin. Le sol était jonché de roses. Des chaînes de bronze argenté portaient de grands lustres. Des tentures réunissaient les colonnes. Enfin des orgues d'or et d'argent faisaient entendre des chants religieux. Tout l'ensemble produisait l'aspect de féerie dont Massenet nous a reconstitué l'image dans le prologue d'Esclarmonde.

Ce même palais de la Magnaure renfermait la chambre nuptiale où se rendaient les souverains après leur mariage à Saint-Étienne de Daphné et le repas de noces donné dans le Triclinos des dix-neuf lits. Autour de lui s'étendait une terrasse circulaire, où se dressaient les statues des Basileis, Maurice, Phocas, etc., et où l'on étendait de précieux tapis de Perse aux jours de réception.

Lorsqu'on veut aujourd'hui chercher la place de la Magnaure, il faut aller au siège actuel de ce Parlement turc qui, par son arrivée au pouvoir, a, dans un pays mal préparé, déclanché la chute irrémédiable de la Turquie. Les députés bavardent au détriment des affaires sérieuses là où les Basileis se laissaient entrevoir dans une splendeur d'apothéose.

En sens inverse, entre l'Hippodrome et la mer de Marmara, se dressait, au xe siècle, le palais du *Boucoléon*, bâti par Basile Ier le Macédonien (867-886), où se déroulèrent les scènes romantiques du temps de Nicéphore Phocas et de Jean Tzimiscès[1]. C'est là qu'il faut se représenter d'abord ce curieux personnage de Nicéphore Phocas, ce type à la Louis XI, énergique, avare, dur, envahissant et dévot, conduisant les intrigues compliquées de la diplomatie dans la lutte séculaire contre les Bulgares et contre les Russes. Mais Nicéphore est vieux et sa femme, la Basilissa Théofano, lui préfère un élégant Arménien aux yeux bleus, aux cheveux roux, Jean Tzimiscès. C'est donc là que, dans la nuit du 11 décembre 969, commence un beau drame de palais analogue à celui que nous avons vu récemment se dérouler à Belgrade. Une conjuration militaire éclate, conduite par les deux amants. L'autocrator est assassiné. Le palais est conquis. Puis, par une nuit de neige, à la lueur des torches, tandis qu'on improvise dans sa pompe solennelle la cérémonie hiératique du couronnement sous la coupole du Chrysotriclinos, des conjurés emportent par les cheveux la tête sanglante jusqu'à une fenêtre du palais donnant sur la place extérieure, la brandissent au-dessus de la populace hurlante, ameutée par les soldats, qui, aussitôt, s'élance à la curée dans les rues obscures de Byzance, réveillant les partisans de Nicéphore pour les exécuter...

1. Constantin et ses successeurs jusqu'à Justinien habitèrent surtout le palais de Daphné et la Magnaure. Justin II (565-578) alla au Chrysotriclinos. L'iconoclaste Théophile (829-842) construisit à l'orientale la Triconque. Plus tard, on habita entre Daphné et le Chrysotriclinos.

Et, quand le jour fut revenu, c'est encore au Boucoléon que se jouèrent, entre les amants couronnés, entre leurs partisans de la première heure
et les neutres ou les habiles nécessaires à rallier,
les scènes tragico-comiques qui suivent si souvent
les révolutions : la montée au pouvoir du paraki-
momène Basile, l'eunuque guerrier à la belle pres-
tance, fils de Basileus, hardi et corrompu, intelligent et sans scrupule, marqué d'avance par la
nature pour jouer un rôle de premier ministre
dominateur; puis l'intervention du patriarche Po-
lyeucte exigeant l'expulsion de la Basilissa adul-
tère; la facile résignation de l'amant qui, pour garder le pouvoir en paix, exile Théophano aux îles
des Princes; enfin, l'évasion de Théophano en
caïque, son arrivée à la grande église, la scène de
reprise à la Manon, tentée sur un amant moins
épris et suivie d'une déportation nouvelle...

Le décor de ce drame tout fait « des Complices »,
c'est le palais au sol de marbre, aux revêtements
de porphyre rouge, avec ses statues d'animaux,
son lion terrassant un taureau, sa fontaine de porphyre au centre de la cour, son escalier aux marches ornées de dentelures bleues, blanches et
vertes, portant des croix de pourpre, son toit à
l'arabe aux coupoles coniques d'où tombaient des
pendentifs à stalactites : une sorte d'Alhambra, où
l'art de la Perse venait compliquer et agrémenter
l'art plus sévère des anciens Byzantins.

L'Hippodrome. Les Aqueducs et les Citernes.

Byzance avait un centre officiel qui était le palais
du Basileus, d'abord au Grand Palais, puis aux

(91)

Blaquernes; elle avait un centre religieux qui était Sainte-Sophie; mais elle avait surtout un centre populaire de vie active qui était l'hippodrome. Quand, songeant à tous les souvenirs évoqués par l'hippodrome de Byzance, on cherche ce qu'il en reste, il faut aller sur la grande place nue, ensoleillée et poudreuse, que l'on appelle l'At-Meidan, ou place aux chevaux. En se plaçant à l'extrémité ouest, on voit alors en face de soi Sainte-Sophie formant le fond et, en avant, trois édifices alignés qui sont le Colosse, la colonne Serpentine et l'obélisque de Théodose (V. pl. 8). Ces édifices émergent au-dessus de puits creusés par les fouilles et qui accusent l'épaisse couche de décombres par lesquels le sol a été peu à peu surélevé. Au centre de la place, quelque chose qui ressemble à un abominable kiosque à musique de sous-préfecture arriérée ou à une buvette de station thermale, représente un cadeau, fait en 1898, aux Turcs, par leur protecteur en paroles, le « Reisekaiser » Guillaume II. La protection s'est envolée à l'heure des défaites; mais le kiosque reste. « *Unser Gott liebt die Sieger nur.* » A droite, on voit les six minarets et les coupoles de Sultan Ahmed.

Ce qu'on appelle le *Colosse*, ou colonne murée, est, en réalité, un obélisque artificiel d'environ 25 mètres de haut, auquel on a arraché son revêtement de bronze doré et qui se montre aujourd'hui dans sa lamentable nudité, avec les trous d'ombres des pierres manquantes et le hérissement de ses saillies irrégulières. Sur ses assises en petits blocs de pierre, on voit les trous des fers qui fixaient les bas-reliefs représentant les hauts faits de Basile le Macédonien. Au sommet, était une sphère de bronze.

La *colonne serpentine* est un des plus précieux trophées de l'antiquité. Intacte, elle présentait trois serpents enlacés portant dans leurs gueules ouvertes les trois pieds d'un large vase en bronze doré. C'était un monument élevé à Delphes par le général spartiate Pausanias en l'honneur de la victoire remportée sur les Perses à Platée, en 479, et l'on a retrouvé, sur les anneaux tordus des serpents, les noms, cités par Plutarque, des trente-et-une villes qui prirent part au combat. Jadis, la colonne avait 8 mètres de hauteur. Ce trophée existait encore à Delphes au temps de Pausanias. Constantin le Grand l'apporta à Byzance pour servir de centre à une fontaine. Mais les serpents qui en formaient le motif ornemental l'ont très anciennement désigné à la superstition comme une œuvre démoniaque et ont amené progressivement son état de mutilation actuelle, où il apparaît réduit à une sorte de colonne torse de 5 mètres de haut, ayant sa base au fond d'un puits. Dans les premiers temps de son transport à Byzance, on faisait verser, par sa triple gueule d'airain, du vin, du lait et de l'hydromel. Mais, déjà sous l'empereur Théophile, le patriarche de Constantinople vint une nuit briser les têtes des serpents à coups de marteau. Plus tard, une superstition inverse les fit réparer. Mohammed II, arrivant de l'hippodrome, lança à son tour une massue de fer contre cette idole et brisa une des têtes. On prétendit alors qu'il était sorti tout un fourmillement de serpents dans la ville et, pour éviter le fléau, on laissa en repos le monstre d'airain. En 1552, la colonne portait encore, à la place du trépied primitif, une statue d'Apollon entre les têtes des serpents. Mais Suleiman fit abattre le

(93)

faux dieu. Enfin, vers 1700, les têtes, contre lesquelles on avait gardé l'habitude de lancer des pierres en passant, disparurent pendant une nuit et il n'en existe plus aujourd'hui, au musée des antiquités, qu'un faible débris.

Dans l'*obélisque de Théodose*, ce qui attire aussitôt l'attention, c'est le piédestal avec ses grosses sculptures de style barbare qui, au premier abord, semblent uniquement représenter des alignements de personnages vus de face et de têtes juxtaposées. Ce piédestal de marbre (V. pl. 6), sur lequel repose un obélisque de 30 mètres par l'intermédiaire de quatre cubes de bronze, est, lui-même, formé de deux parties, entre lesquelles s'intercalent quatre blocs de granit formant des taches noires. Les quatre faces de la partie supérieure représentent quatre cérémonies officielles que préside Théodose. Par une commune fiction, le Basileus, les personnages officiels et leurs gardes y paraissent, dans une bande haute au-dessus d'un balcon, les souverains dans toute leur hauteur, les personnages accessoires au-dessus du genou. Au contraire, la populace, qui occupe toute la zone basse sous le balcon, n'a droit qu'à la représentation du buste ou de la tête. Il y a ainsi des alignements de vingt têtes juxtaposées et contiguës qui semblent préparées pour un jeu de massacre.

A l'ouest, le Basileus, assis sur son trône entre sa femme, à gauche, et ses deux fils, à droite, reçoit l'hommage de ses ennemis vaincus. A l'est, Théodose et ses deux fils, debout sous un dais porté par des colonnes, regardent une sorte de danse. Théodose tient en mains la couronne pour le vainqueur; tandis que, dans la foule au-dessous, on voit tous les musiciens porteurs d'instruments divers : lyre, hautbois, double flûte lydienne, etc. Au sud, les mêmes personnages assistent à une course de chars. Au nord, Arcadius, sa femme Eudoxie et le général goth Gaina, entourés par des soldats armés de piques, regardent élever l'obélisque.

Sur la base plus large on a représenté, d'un côté, comme sur notre obélisque de Louqsor, les travaux nécessités par l'érection du monument (en 390): les attelages aux chevaux cabrés qui tirent, les conducteurs qui les excitent, des ouvriers tournant un cabestan, une grue soulevant la pierre. Les autres faces portent les inscriptions en latin et en grec, indiquant que Théodose a dressé, avec l'aide du préfet du prétoire Proclus, cette colonne quadrangulaire auparavant gisante sur le sol.

Au sommet était jadis une sphère de bronze, qui fut renversée et brisée dans un tremblement de terre.

Voyons maintenant à quoi correspondent ces quelques débris mutilés. Essayons de reconstruire l'hippodrome dans sa splendeur.

L'hippodrome de Constantinople avait 370 mètres de long sur 60 de large. A un bout, était un hémicycle pour le peuple, qui occupait, en outre, les gradins rectilignes. A l'autre bout, était l'équivalent de notre pesage avec les tribunes officielles. La loge du Basileus, de l'Autocrator, le cathisma, communiquant directement avec le palais, formait une sorte de bastion, élevé de plusieurs étages audessus de l'arène, avec des remparts crénelés et des portes d'airain, où le souverain restait à l'abri des soulèvements populaires. Un grand velum de soie flottait au-dessus. Là, il avait son triclinium, son cubiculum, enfin sa loge proprement dite, où il siégeait sur un trône, entouré de ses eunuques portant, les uns le glaive d'or, les autres l'éventail, tandis qu'à un étage inférieur, mais très haut encore au-dessus de l'arène, sur une terrasse appelée le pi, stationnaient les gardes impériaux avec leurs étendards. Dans une autre loge, plus mystérieuse, se tenait l'Augusta revêtue d'étoffes dorées et brodées, raides comme des chasubles, avec la figure encadrée d'or et de pierres précieuses entre le diadème, les pendeloques et les colliers. Elle était là invisible et présente dans une sorte de loge grillée qui, par une singulière hypocrisie, était une dépendance de l'église de Saint-Étienne. De curieuses fresques de Sainte-Sophie de Kief, datant du XIᵉ siècle, représentent tout cela.

Sur la spina de l'hippodrome, sous les portiques, sur le promenoir élevé, partout des statues. L'hippodrome tenait lieu de musée, comme l'avaient fait précédemment les temples antiques. Rome même, après avoir pillé la Grèce, s'était dépouillée pour Byzance. Il y avait là des rangées de dieux, qui avaient été autrefois adorés et que l'on coudoyait sans respect. Il y avait les fameux chevaux de Rhodes, qui ont tant voyagé depuis vers Venise, vers Paris, puis de nouveau vers Saint-Marc. Il y avait toute une galerie de souverains, les uns à pied, les autres à cheval : toute une histoire de Rome en bronze et en marbre. Il y avait un grand bœuf d'airain qui mugissait une fois par an. Sur une des portes de l'hippodrome, on avait placé un aigle de bronze tenant, dans ses serres, un serpent. A l'autre porte, une statue tenait sa tête attristée dans ses mains. C'était, d'après Asclépiodore, l'image des derniers jours de la ville. Un Hercule avait le pouce aussi gros que la taille d'un homme. Une Hélène était si belle que Nicétas la regretta avec des larmes quand les barbares compagnons de Villehardouin la jetèrent à la fournaise. Tout un peuple merveilleux de statues resplendissait, dominé de loin par les coupoles d'or de Sainte-Sophie, les toits argentés, les dômes dorés, les arbres du Grand Palais.

Cet hippodrome a été, à proprement parler, le centre de la vie byzantine au Moyen âge. Il y a joué le rôle que purent jouer le temple à Delphes, le Forum à Rome, l'Acropole à Athènes. Construit le premier, il a déterminé, par son orientation, celle du Grand Palais, celle même de Sainte-Sophie, dont il fallut en conséquence incliner l'axe vers le Sud-Est. Byzance officielle a cristallisé, par un groupement progressif de ses molécules, autour de ce champ de courses, sur lequel avait dû se modeler l'église. Entre le cirque et la chapelle oscillait un peuple qui n'avait ni littérature, ni art, ni philosophie, pas même un théâtre. Peut-être le goût exclusif des sports passait-il déjà, à cette époque, comme un indice de régénération physique. En tous cas, les courses de chars occupaient les esprits, comme peuvent le faire aujourd'hui les courses de chevaux, les matchs de tennis et les combats de boxe.

La passion du cirque est née à Rome avec les loisirs de l'époque impériale. La République romaine avait d'autres soucis. L'empire vit apparaître et se développer les quatre factions des verts, des bleus, des rouges et des blancs, qui personnifiaient : la terre ou Cybèle; la mer ou Neptune; le feu ou Vesta; l'air ou Jupiter. On commença alors à voir un Caligula, un Néron, un Vitellius, un Héliogabale, un Commode se passionner pour des casaques vertes et conduire eux-mêmes des chars. Transportée à Constantinople, la rivalité des verts et des bleus prit une telle intensité qu'elle déchaîna, chacun le sait, des luttes sanglantes, où des milliers d'hommes périrent, des incendies, des séditions dont le contrecoup se faisait parfois sentir jusqu'à Antioche ou Alexandrie.

En face de manifestations semblables, les historiens, désireux à tort de chercher une raison logique aux mouvements désordonnés et inconscients du flot populaire, se sont parfois imaginé que cette division frivole cachait, en réalité, de profondes discussions politiques. La politique s'en emparait à coup sûr et les utilisait; mais le fond était tout autre. La vérité est que les hommes habitants d'une même ville et mis constamment en contact par les nécessités journalières, ont toujours, surtout dans les pays méridionaux, éprouvé le besoin de se diviser en deux camps hostiles surexcités l'un contre l'autre jusqu'à la haine. Cela se produit même pour les enfants dans une école et il n'est pas une commune de France où l'on n'assiste à des batailles semblables, auxquelles la politique sert aujourd'hui le plus généralement d'occasion ou de prétexte. Les Byzantins mettaient à faire triompher la faction, dans laquelle ils s'étaient engagés, un amour-propre exaspéré et, s'ils se traitaient, à cette occasion, de chiens d'hérétiques, c'était comme dans ces discussions entre cochers où l'on arrive à échanger les injures les plus inattendues, souvent les plus incompréhensibles, simplement pour épancher sa bile. Le résultat, c'était, en un jour, 40 000 cadavres jonchant le cirque sous Justinien. La psychologie des foules en certains jours de révolution explique de tels accès de folie.

Du moment où les clubs verts et bleus eurent ainsi pris la direction de la ville, il arriva, d'ailleurs, tout naturellement, que les habiles utilisèrent ces factions et les transformèrent en deux franc-maçonneries adverses. Les gens de ces factions, qui furent étymologiquement les premiers « factieux », constituaient une sorte de garde nationale ou garde civique et le Basileus était souvent forcé de se laisser protéger par eux, d'adopter leurs insignes, comme un dauphin revêtant le chaperon d'Étienne Marcel ou un Louis XVI arborant la cocarde tricolore.

Les chevaux, qui concouraient dans ces jeux solennels, étaient, on le conçoit, choyés et soignés comme peut l'être le futur vainqueur d'un Derby, leurs cochers cajolés comme le sont nos jockeys. Delphes avait déjà des places pour les statues des auriges vainqueurs. Mais, à Byzance, cette passion fut poussée jusqu'à l'extravagance. Un prélat de race impériale, Théophylacte est resté fameux pour avoir un jour interrompu les grandioses cérémonies de l'église orthodoxe afin de courir à son écurie voir sa jument favorite qui venait de mettre bas. Celui-là nourrissait ses chevaux de blé, de pistaches, de dattes, de figues et de raisins secs; il les faisait laver avec des vins précieux, parfumer avec le safran et le cinnamome.

L'empereur Michel III, digne d'un Néron, conduisait lui-même un char en casaque bleue quand

on vint lui dire que des feux allumés et transmis
de montagne en montagne, annonçaient la défaite
des armées impériales sur l'Euphrate. Il fit éteindre
ces fanaux et continua à disputer le prix.

Le cocher, l'héniochos, recevait sa fonction
comme une dignité impériale, dans une cérémonie
où on le coiffait d'une toque brodée d'argent, en lui
remettant un brevet signé de l'encre rouge impériale. Il connaissait les triomphes et les adulations
d'un toréador ou d'un ténor. Pour vaincre, il avait
recours à la nécromancie, ou du moins ses rivaux
l'en accusaient. Il suspendait des tablettes cabalistiques au cou de ses chevaux.

Le jour de la course venue, la cérémonie commençait par des prières. L'hippodrome avait commencé par être consacré aux deux païens. Un de
ses obélisques était voué au Soleil, l'autre à la
Lune. Un canal, qui suivait les gradins pour empêcher le peuple d'envahir la piste et que l'on appelait l'Euripe, était voué à Poseidon. L'église chrétienne, en face de ce paganisme, commença par
crier anathème; puis elle comprit que c'était se
heurter à une force trop grande et, au lieu de pro-
tester, elle s'associa.

On avait donc fini par bénir les courses, comme
on bénit certaines meutes à la Saint-Hubert. Le patriarche avait sa place marquée pour ces courses,
comme les flamines et les vestales dans le cirque
romain, comme le grand prêtre dans le théâtre de
Dionysos à Athènes. Les hymnes sacrées retentis-
saient dans cette enceinte profane.

Et les pouvoirs publics, eux aussi, avaient adopté
l'hippodrome comme un lieu de rendez-vous solennel, où l'on faisait défiler les prisonniers vaincus,

où l'on jugeait, où l'on exécutait les sentences. Là se réunirent, par exemple, avec les Missi Dominici de Charlemagne, les envoyés d'Haroun-Al-Raschid.

Pour les Byzantins, l'hippodrome était le dernier asile de la liberté. Quand ils étaient là réunis au nombre de cent mille, leur force était irrésistible. L'empereur, seul à seul en face d'eux, entendant directement le grondement de leurs voix, respectait tout ce qui touchait à ce lieu sacro-saint.

Mais l'hippodrome n'en gardait pas moins, avant tout, sa destination primitive; et les procès, les défilés de vaincus, les réceptions d'ambassadeurs, les révolutions se terminaient par des exhibitions de bêtes curieuses, des exercices d'acrobates, des envolées d'aéroplanes, comme le jour où, au XIIe siècle, un sarrasin volant vint s'y fracasser sur le sol, enfin par des courses carnavalesques d'hommes bridés portant un mors dans la bouche, des farces et des clowneries...

A partir du Xe siècle, la splendeur déclina. On dut économiser sur les prix à décerner. Robert de Clari, en 1204, admire pourtant ces « images d'hommes et de femmes, et de chevaux et de bœufs, et de chameaux et d'ours, et de lions et de moult manières de bêtes jetées en cuivre si bien faites et si naturellement formées ». Mais les Croisés firent des sols avec les statues. Au XVIe siècle, on vendit, on dépeça tout ce qui restait.

Actuellement c'est la mort. Mais il reste peut-être, en dessous de cette place, des débris de statues antiques, sur lesquels les Turcs ont mis du macadam.

Aqueducs et citernes. — Dans l'architecture civile, l'œuvre de destruction réalisée de tous côtés par les siècles a été particulièrement accentuée, les édifices du culte s'étant trouvés en partie protégés par leur caractère, avec une simple adaptation au culte nouveau qui en faisait seulement disparaître en partie la décoration intérieure. Parmi ces monuments civils, quelques-uns cependant, d'un usage pratique immédiat et constant, se sont trouvés souvent conservés et entretenus, en sorte que, de l'antiquité, ils ont pu parvenir jusqu'à nous ; ce sont ceux qui correspondent à cette nécessité vitale de toutes les grandes cités, de plus en plus difficile à satisfaire à mesure que leur extension devenait plus grande : l'alimentation en eau. A Byzance, Hadrien avait amené de l'eau des forêts qui longent la Mer Noire. Constantin capta celles du plateau qui s'étend entre la Corne d'Or et la Propontide. Valens construisit un aqueduc qui subsiste encore et dont les incendies de 1907 ont mis à jour des parties jusque là masquées par les maisons. L'aqueduc de Valens est visible sur 625 mètres de long à travers la vallée entre le Séraskiérat et la mosquée de Sultan Mohammed. Avec ses deux étages d'arcades, il apporte encore aujourd'hui l'eau à la ville ; et l'on peut en suivre la crête en découvrant de là-haut de beaux coups d'œil sur Stamboul (V. pl. 5).

Enfin, dans la ville même, les architectes syriens employés par Valens introduisirent l'usage des grandes citernes à ciel ouvert en briques. Puis, quand la place manqua, on revint aux citernes souterraines à colonnes du type alexandrin. On s'était, jusque-là, contenté d'un seul étage de colonnes à cause de la difficulté de creuser le sol. A l'époque de Justinien, on eut la hardiesse de reproduire les étages multiples des citernes alexandrines : notamment dans la citerne de la basilique d'Illus, Bin-Bir-Direk. Il en est résulté une série de monuments encore aujourd'hui visibles en partie, qui sont certainement parmi ceux dont l'effet est le plus saisissant et qui donnent le mieux cette impression de grandeur à laquelle on s'attend en abordant les restes de l'antique Byzance.

Ainsi, près de Sainte-Sophie, se trouve dans le sous-sol cette citerne de *Bin-Bir-Direk* ou des *1001 colonnes*, aujourd'hui asséchée. Plus de 200 colonnes de marbre, rangées sur seize lignes, sont maintenant à demi enfouies dans les décombres. On les voit confusément, à la lueur des torches, comme une profonde mosquée de Cordoue souterraine. Elles appartiennent aux époques les plus diverses et beaucoup d'entre elles portent des noms inscrits, ou des monogrammes (V. pl. 8).

Une autre citerne, aujourd'hui encore utilisée et remplie d'eau, est celle de *Yéré Batan Séraï* au Nord-Ouest de Sainte-Sophie, où l'on croit reconnaître la *Cisterna Basilica*, construite par Constantin, refaite sous Justinien. La voûte y est supportée par 336 colonnes, à chapiteaux corinthiens. Une grande citerne est aussi sous une partie de Sainte-Sophie. Une citerne avec 70 colonnes, attribuée à l'empereur Phocas (602 à 610), se trouve près de la mosquée Laleli.

Ailleurs enfin se trouvent les citernes de Pulchérie, de Modestus, de Philoxenos, de Théodose, ou d'Aspar et d'autres moins connues qui se disséminaient sur l'étendue de la ville antique, comme à Carthage, comme à Jérusalem.

Colonne de Marcien. — Stamboul dissimule encore, sous ses maisons et ses mosquées, bien des ruines byzantines : les unes que l'on arrive à voir avec peine, d'autres dont on soupçonne seulement la présence, d'autres enfin sans doute que l'on ignore. De temps à autre, les incendies, qui sévissent périodiquement sur cette ville de bois, ont pour résultat de raser, dans tout un quartier, la ville moderne pour faire reparaître au jour son passé, surpris de revoir le soleil. C'est, par exemple, ee qui est arrivé dans tout le quartier de l'Osmanié après les incendies de 1907. Ainsi est apparue de ce côté la colonne de Marcien, qui passe pour avoir autrefois servi de piédestal à la statue assise de l'empereur Marcien (450 à 456). Cette colonne en marbre blanc de dix mètres de haut porte, sur un chapiteau byzantin qui s'effrite, un cippe de marbre avec des ailes aux quatre angles. La légende attribuait jadis à cette statue la propriété de désigner dans la foule les jeunes filles dont la conduite avait été incorrecte. On prétend qu'elle désigna ainsi la belle-sœur du Basileus Justin II, qui, furieux, la fit briser.

Le Tour des Murailles

On ne connaît rien de Rome si l'on n'a pas, un soir, au soleil couchant, traversé la campagne romaine le long de la voie Appienne, au moins jusqu'au tombeau de Cecilia Metella. On n'a aucune idée de Constantinople si l'on n'a pas, à la même heure qui est celle des couleurs chaudes et doucement harmonisées, des longues ombres et des vibrantes lumières, suivi les murs théodosiens de la Corne d'Or à la mer de Marmara. Bien d'autres quartiers de Constantinople ont aussi leur séduction infinie, leur charme asiatique sur lequel nous re-

AIVAN SERAÏ.
LES MURAILLES DU CÔTÉ SUD.
CL. L. DE LAUNAY.

AIVAN SERAÏ. DESCENTE DES
MURAILLES SUR LA CORNE D'OR.
CL. L. DE LAUNAY.

AIVAN SERAÏ. COMMENCEMENT DU TOUR DES MURAILLES.
CL. DE LAUNAY.

viendrons : Eyoub, ou l'Ok-Meidan, par exemple. La traversée de Constantinople à Kadi-keui et surtout le retour de Kadi-keui à Stamboul sont d'une beauté incomparable et fameuse. Mais, je crois que, si l'on m'imposait, dans un voyage à Constantinople, de tout sacrifier pour une seule course, c'est le Tour des Murailles que je choisirais.

Je comparais tout à l'heure cette excursion à celle de la voie Appienne. Le rapprochement entre les deux paysages est moins accidentel qu'il n'a dû sembler au premier abord. Dans les deux cas, c'est un charme, au sortir d'une très grande ville, d'échapper aussi absolument à la ville, de voir aussi complètement disparaître soudain toute trace d'humanité vivante et agissante. Ce que la malaria a produit à Rome, les Turcs l'ont réalisé aux portes de Byzance : une solitude. Ce sont des artistes incomparables pour produire cette beauté unique qui appartient en propre au désert. Dans les deux cas aussi, la plantation pittoresque des ruines antiques et des vieux murs de briques en décombres, où la lumière joue à son aise sur des surfaces inégales, parmi des reliefs et des trous, se marie également bien avec la végétation. Aux grands aqueducs dressés sur le ciel dans la majesté calme de la savane, parmi les troupeaux de buffles solitaires, on peut comparer les murailles roses que longent les grands cyprès des cimetières et le chemin cahoteux aux bords herbeux, où l'on rencontre parfois des montreurs d'ours. Bénissons les Turcs quand il s'agit de réaliser par leur seule présence la composition colorée d'un paysage. Le long des murs de Constantinople, le charme oriental de Stamboul, des costumes colorés, des turbans verts ou rouges, des femmes voilées, des pierres tombales aux dessins teintés d'azur et d'or, s'associe merveilleusement avec les souvenirs du Moyen âge byzantin qui remontent en foule à l'esprit.

Pouvoir rêver d'histoire et de passé, pouvoir se recueillir tout à son aise, pouvoir se souvenir et songer dans le plus merveilleux des décors qui se renouvelle à chaque pas, avec des occasions constantes de s'arrêter et de saisir ses crayons ou ses pinceaux, cela dans la solitude et le silence le plus absolus, c'est le plaisir que l'on avait autrefois au Forum quand il s'appelait encore le Campo Vaccino, sur les bords du Tibre quand il n'y avait pas un pont de fer et des quais de pierre au château Saint-Ange, dans le temps regretté où un Corot peignait la capitale romaine avant que les ingénieurs et les archéologues s'en fussent emparés. C'est ce qu'on éprouve aussitôt qu'on a franchi l'une des portes délabrées ouvertes dans les murailles en ruines de Stamboul.

A la place où les grandes villes modernes entassent toutes leurs horreurs, leurs abattoirs, leurs équarrissages, leurs usines de poudrette, leurs champs d'épandage et leurs réservoirs à gaz, Byzance, qui a eu, jusqu'ici, le bonheur d'échapper à la civilisation, nous offre des sujets de tableaux constants. Et, sans doute, ces ruines périssent chaque jour. Le grand tremblement de terre de 1894 en a encore fait tomber des pans entiers. Mais, comme, heureusement, on n'a eu ni le goût ni l'activité nécessaires pour les réparer, le dommage est mince. Il en restera longtemps encore assez pour composer le décor. Et, le jour où la dernière pierre en aura disparu, — ce qui se produira sans doute quand, depuis longtemps, Constantinople sera, elle aussi, déshonorée par le progrès, — il restera le souvenir d'une belle chose morte de sa mort naturelle, comme toutes les belles choses doivent mourir et non l'affreux spectacle d'un cadavre que l'on a essayé de conserver en le momifiant hideusement dans les falsifications d'une trop savante restauration et les ignominies d'un gardiennage officiel à tourniquets.

Pour faire le tour des murailles, nous nous sommes transportés un après-midi en caïque à Aïvan-Séraï, sur la Corne d'Or (V. pl. 9). Chemin faisant, nous avons aperçu, sur la muraille maritime de la Corne d'Or, la porte de pierre (Petri-Kapou), par laquelle se fit, en 1204, l'entrée des Croisés, représentée dans le tableau de Delacroix. En escaladant la pente, nous nous trouvons là aussitôt en pleins souvenirs byzantins, dans le glorieux quartier des Blaquernes, que les Basileis adoptèrent depuis le XIe siècle pour leur résidence, au lieu du Grand Palais délaissé. L'endroit était aussi bien choisi, que celui du Grand Palais et il était difficile de trouver un plus beau panorama pour réjouir les yeux du souverain lassé et de l'impératrice voluptueuse.

La muraille de la ville, flanquée de tours rondes ou pentagonales, à laquelle s'adossent quelques bicoques turques, grimpe le long du cimetière planté de cyprès, dominée par ce qui reste du palais de Constantin Porphyrogénète. Cette muraille, c'est ici celle d'Héraclius, construite en 640, mais refaite au XIIe siècle par Manuel Comnène, dont elle porte habituellement le nom : un mur crénelé, long de 1 kilomètre, épais de 3 m. 70 et beaucoup plus élevé que la muraille de Théodose qui, vers le Sud, la prolonge. En sens inverse et du dehors, cette muraille apparaît sur le penchant de la colline et se dessine admirablement dans les arbres, au-dessus de la nappe bleue de la Corne d'Or.

Là se trouvent les Tours d'Isaac et d'Anémas, avec la prison d'Anémas, où fut enterré le fils d'un roi de Candie sous Alexis Commène : prison, où l'on croit avoir reconnu les substructions du palais des Blaquernes. Ce coin des Blaquernes avait été laissé en dehors des murailles théodosiennes. Il ne fut incorporé dans la ville que sous Héraclius et l'on détruisit alors en arrière les murs devenus inutiles. Le palais fut d'abord une maison de plaisance jusqu'en 1143, où Manuel Comnène Ier s'y établit en abandonnant le Grand Palais. C'était donc là que se trouvait la résidence du Souverain quand les Croisés prirent Constantinople. Comme le Grand Palais antérieur, situé au sud de la pointe du Séraï, cette résidence était une sorte de Kremlin compliqué : un ensemble d'édifices, avec des cours à portiques et des jardins. De nombreuses terrasses, dont on peut reconnaître les ruines, rachetaient la pente très abrupte au-dessus d'une vallée qui existe encore.

Le palais, où Isaac l'Ange reçut en 1204 les Croisés émerveillés, était adossé à la Grande muraille, sur laquelle s'ouvraient des fenêtres et s'avançaient des balcons dominant la campagne. On y retrouvait le même décor somptueux que dans le grand palais, les mosaïques à fond d'or, les cours pavées de marbres, les fontaines, les ruisseaux et, dans la réception, le même luxe étonnant de vaisselle d'or, d'étoffes de soie, de broderies. Le palais des Bla-

LES MURAILLES VERS LA KAHRIÉ DJAMI. — CL. L. DE LAUNAY.

TEKFOUR SERAI. — CL. L. DE LAUNAY.

quernes fut la résidence des empereurs latins ; il fut aussi celle des Paléologues jusqu'à la chute de Constantinople. Auprès de ce palais se trouvaient l'église célèbre des Blaquernes et un cirque. Les deux tours d'Isaac l'Ange et d'Anémas lui servaient de défense. Celle d'Anémas contient de curieuses prisons, récemment découvertes, avec une série de salles obscures, dans l'une desquelles s'ouvre un puits béant.

Palais de Constantin et Tekfour-Séraï. — Un peu plus loin, nous passons devant les tours de Basile et d'Andronic Paléologue et nous entrons par la porte pittoresque d'Égri-Kapou pour aller voir, à l'intérieur des murailles, la place du palais de Constantin et Tekfour-Séraï. Cette porte d'Égri Kapou, ou porte oblique, flanquée de deux tours octogonales et précédée d'un coin de cimetière en pente raide, est celle par laquelle Justinien fit son entrée triomphale et par laquelle Alexis Comnène pénétra aussi plus tard pour s'emparer du trône.

On voit, au delà, le mur de Manuel Comnène flanqué de tours carrées, faites d'assises alternantes de pierres calcaires (aux dimensions variables suivant les assises) et de briques rouges plus épaisses que celles du mur Théodosien. Le palais de Constantin Porphyrogénète, ou de Bélisaire, ou de l'Hebdomon, était situé un peu au sud, à l'intérieur de la muraille Théodosienne ; restauré par Justinien, il a été appelé aussi Palatium Justiniani.

Un palais encore existant sous le nom de Tekfour-Séraï, que l'on prend parfois pour ce palais de Constantin, devait se rattacher au palais des Blaquernes.

Dans son état actuel, c'est une belle ruine à

trois étages, très importante et très richement décorée sur sa façade, avec des combinaisons géométriques de pierre blanc jaunâtre et de brique rouge (V. pl. 10). Il y a, par exemple, des arcades cintrées que divisent les traînées roses de briques posées suivant les rayons; dans le triangle compris entre deux arcades semblables et la plate-bande superposée, des cercles au centre marqué par un carré rouge s'entrelacent de manière à disposer ces points rouges en carré. C'est, comme motif architectural, le même parti-pris d'associer la pierre blanche avec la brique qui caractérise, en France, l'époque Henri IV ou Louis XIII, mais cela datant de l'an mille et avec cette différence essentielle que les lignes courbes sont appelées à jouer ici un rôle dont elles sont exclues dans le style Louis XIII. A l'intérieur, on voit qu'il a existé à chaque étage une grande salle ayant près de 17 mètres de long. Dans l'angle rentrant près de Tekfour-Séraï, s'ouvrait la Kerkoporta, ou porte du cirque, qui fut la première porte forcée par les Turcs dans l'assaut du 29 mai 1453.

Kahrié-Djami. — Un peu plus loin et toujours à l'intérieur des murailles (V. pl. 10), se trouve la très jolie petite église byzantine de Kahrié-Djami, à peu près abandonnée en tant que mosquée et, par suite, plus facile à étudier que les autres édifices religieux comme monument historique. C'est, avec Sainte-Sophie, l'église de Constantinople où les mosaïques anciennes sont le plus complètes; malheureusement elles ont bien souffert des tremblements de terre dans ces dernières années et on en a remplacé des pans entiers par des badigeons peinturlurés d'un goût tout à fait turc.

(110)

Dans une visite rapide, ce qui y frappe d'abord, c'est la merveilleuse décoration des narthex (Noces de Cana, Résurrection de Lazare), avec ses couleurs très simples, très peu variées, bleu, vert, blanc et or, pas de rouge ; ce sont les deux grandes mosaïques de l'entrée représentant deux énormes têtes du Christ et de la Vierge ; ce sont aussi les fresques de la chapelle latérale. Mais la Kahrié-Djami mérite qu'on s'y arrête et qu'on en recherche un peu l'histoire.

Le nom de cette mosquée est, comme cela arrive parfois, un simple calembour. L'origine, c'est χώρα (la campagne), autrement dit : fuori le muri. Le premier monastère, antérieur à Théodose (ve siècle) était en dehors des murailles ; englobé dans celles-ci dès Théodose, le nom n'en fut bientôt plus compris et l'on en fit chora, la terre, la source, l'origine, qui s'est plus tard altéré en Kahrié. Sur les deux mosaïques du narthex, le Christ est appelé la terre des vivants, ἡ χώρα τῶν ζώντων et la Vierge, la terre ou la source de l'immortel, de l'intarissable, ἡ χώρα τοῦ ἀχωρήτου (un double jeu de mots).

Rebâti somptueusement par Justinien après le grand tremblement de terre de 557, le monastère formait, au ixe siècle, « une ville close séparée de la vie et du contact du monde, une imprenable citadelle assise sur une montagne et qui touchait au ciel par la hauteur de ses constructions ». Les chroniqueurs vantaient la beauté de ses marbres multicolores et de ses mosaïques d'or. Une reconstruction eut lieu à la fin du xie siècle par la belle-mère d'Alexis Ier Comnène, Marie Ducas et, au début du xive siècle, Théodore Météochite, ministre d'Andronic l'Ancien, fit refaire la décoration des deux narthex, qui avait souffert de l'invasion latine. Ces mosaïques représentent donc, comme celles de Mistra et de l'Athos, un témoin important de l'art du XIVe siècle, contemporain de la Renaissance toscane.

Pour qui n'étudie pas spécialement l'histoire de l'art byzantin, le plus curieux peut-être dans ces mosaïques est le rôle historique du donateur Météochite, dont le portrait, figuré sur une d'entre elles, vient illustrer si heureusement l'aridité de l'histoire. Agenouillé et présentant au Christ impassible son petit modèle de basilique à trois coupoles, il a tout à fait l'air d'un mamamouchi, avec son énorme turban de soie blanche à raies rouges, sa tunique dorée et son manteau vert, sur lequel un rang de fleurs rouges, semblables aux cœurs d'un jeu de cartes, alterne avec des trèfles de même couleur. Son type est très arménien : les sourcils et la barbe bien noirs, les yeux bridés, le long nez étroit, la lèvre épaisse. L'inscription ne laisse pas de doute sur son rôle de constructeur ou plutôt de restaurateur (bien qu'on ait fort discuté sur l'âge de certaines parties de l'église). Lui-même, du reste, décrit, dans ses poésies, les deux narthex élevés par lui. Dès lors, l'histoire de ce personnage, dont nous pouvons nous représenter l'attitude et les traits, prend pour nous un intérêt tout particulier.

Météochite, né à Nicée vers 1260-1270, venu à Constantinople à 20 ans, s'y fit bientôt une réputation d'orateur et appela ainsi sur lui l'attention d'Andronic II qui était un souverain lettré. On l'appelait le beau Météochite. On vantait ses yeux rieurs. Très intelligent, d'esprit ouvert, il avait une

curiosité toujours en éveil, une puissance de travail et une mémoire prodigieuses. Ses amis le con-
sidéraient comme une bibliothèque vivante. Homme
de goût et fin lettré, il déclarait que « quiconque ne
tient pas pour chose admirable la sagesse de Platon et d'Aristote est proprement un fou. Car ce
qu'ils ont écrit, comme on le disait jadis des or-
ganes de la Pythie, suffit à tout résoudre et il n'est
pas besoin d'en chercher davantage. » Il voulait
ramener la langue grecque à la pureté antique. A
43 ans, il s'était appliqué aux mathématiques et y
excellait, dit-on, ainsi que dans l'astronomie. En
même temps, il trouvait le loisir d'être ministre et
homme politique. C'était, malgré le byzantinisme et
l'archaisme de son costume qui trompent d'abord,
un homme de la Renaissance, l'émule des Italiens
qui étaient à peu près ses contemporains. Et cela
à tous égards : libre-penseur tout en décorant des
églises, tolérant quoique ministre à Byzance, mêlant l'astrologie à l'astronomie, etc.. « Du matin au
soir, écrit un contemporain, il administrait les
affaires publiques ; tout entier à sa tâche, il y ap-
portait un tel zèle qu'il semblait entièrement étranger aux lettres. Le soir, rentré chez lui, il se donnait tout entier à la littérature, comme s'il n'était
qu'un pur savant absolument étranger aux affaires. » Nous connaissons, par ses traités, ses idées
en politique. Ce Logothète de la liste civile et du
trésor, ce Panhypersébaste des Basileis n'aimait pas
plus le gouvernement aristocratique que le démo-
cratique dont il voyait un exemple fâcheux dans
l'histoire de Gênes et son idéal était une sorte de
monarchie constitutionnelle. C'était, avant la lettre,
un ministre orléaniste. Autour de lui, ses enfants

l'imitaient : ses quatre fils et surtout sa fille Irène, très instruite, très lettrée et destinée à jouer un grand rôle dans l'État.

Sa fortune politique avait débuté par une ambassade heureuse. Chargé de trouver une femme au fils de son maître, il lui en avait trouvé, non pas une mais deux, les deux filles du roi d'Arménie, qu'on lui confia pour que le prince pût choisir... Sa carrière se termina comme celle de tous les favoris. Le 22 mai 1328, Andronic le jeune détrôna son grand-père. Le ministre fut destitué, jeté en prison, ses biens confisqués, son palais rasé jusqu'au sol, ses fils incarcérés. On l'envoya en exil et il obtint difficilement, quatre ans après, de revenir mourir dans le monastère de Chora (1332), tandis que son ancien empereur Andronic mourait de son côté misérablement.

Le plan de son église est assez particulier : d'abord, comme à Sainte-Sophie, deux vestibules d'entrée successifs, deux narthex couverts de mosaïques, où Théodore Météochite se présente comme ὁ κτήτωρ λογοθέτης τοῦ γενικοῦ, puis la coupole centrale et une galerie latérale, le parekklesion. Là sont toute une série de scènes évangéliques racontant les deux vies étroitement associées du Christ et de la Madone. On sait le rôle joué, dans la religion byzantine, par la Vierge mère, depuis le concile d'Éphèse qui, au ve siècle, l'avait solennellement reconnue comme θεοτοχος ou mère de Dieu. Elle est aussi la miséricordieuse ἐλεοῦσα, l'immaculée παναχραντος, la victorieuse νιχοποῖος, la conductrice ὁδηγητρια, etc. : toute une litanie inspirée des religions antiques ou indoues et qui, aujourd'hui encore, demeure florissante en Espagne. La Vierge avait pris, depuis le ive siècle, une place prépondérante dans toute une littérature d'évangiles apocryphes, tels que le Protévangile de Jacques, qui ont beaucoup inspiré la plastique de l'art chrétien. La vie de Marie est racontée en grands détails à la Kahrié-Djami. Le Christ y apparaît surtout comme celui qui donne la vie ζωοδότος, comme la terre des vivants ή χωρα τῶν ζῶντων et son histoire est spécialement celle de ses miracles.

Artistiquement, tout cet ensemble a tant de rapports avec l'art du Giotto que, lorsqu'on a un peu couru l'Italie, il suscite peu de surprise. Les archéologues ont noirci beaucoup de papier à ce sujet. Est-ce une influence italienne qui s'est fait sentir au XIVᵉ siècle dans l'empire d'Orient ; ou plutôt Giotto n'a-t-il pas été un byzantin de génie ? Pourquoi pas les deux ? Assurément l'équilibre de vases communiquants qui se produit entre contemporains de diverses nationalités dans le monde moderne n'existait pas au même degré pendant le Moyen Âge ; pourtant nous avons rappelé combien les relations sont restées constantes entre les deux mondes oriental et occidental. Les artistes appelés par les souverains devaient voyager de l'un à l'autre et ce n'est pas par hasard que les deux Renaissances de l'art byzantin et de l'art italien au XIVᵉ siècle ont été contemporaines.

Murs théodosiens et siège de Constantinople. Château des Sept-Anges. — Après la Kahrié-Djami, nous reprenons le tour extérieur des murailles Théodosiennes. Ces murs de Théodose, qui vont de Tekfour-Séraï à la mer de Marmara, ont 5650 mètres de long, 94 grandes tours, 71 tourelles et 7 portes. La plupart de ces tours sont carrées, en pierre avec assises de briques.

Édirné Kapou est la porte Polyandria ou de Charinos, attaquée par les Avares sous Héraclius en 635 dans une guerre qui décida à entourer de murs le quartier des Blaquernes. Puis viennent la Fontaine de Beylerbey et la tour de l'aqueduc ou Soulou-Koulé, à l'endroit où pénètre dans la ville l'aqueduc de Justinien venant de Halkali, au nord de San-Stefano. Il y a là un pittoresque quartier de tziganes.

La zone suivante, où se trouve *Top-Kapou* (la porte du Canon), qui fut autrefois la porte Saint-Romain[1], est celle où eut lieu le principal effort de l'attaque pendant le siège de 1453 et, sans raconter longuement une histoire qui se trouve reproduite dans tous les livres, c'est peut-être néanmoins le moment d'en rappeler les principaux épisodes, dont le dénouement, où s'écroula l'Empire byzantin, se produisit ici.

Le siège de Constantinople par Mohammed II eut lieu du 6 avril au 29 mai 1453. Quand on en lit le récit, on est frappé de voir combien un événement, si considérable pour toute l'histoire de la civilisation, fut facilité par la faiblesse des diplomaties européennes qui, alors comme aujourd'hui, comme dans tout le développement de la question d'Orient, au lieu de rester unies devant l'ennemi commun, se divisèrent, hésitèrent, temporisèrent au bénéfice des Turcs, et non seulement ne surent rien empêcher, mais accélérèrent le désastre. Les transfuges, les renégats chrétiens, les traîtres

1. Les anciennes portes de Constantinople sont bien conservées et leur emplacement est facile à repérer; mais il est plus difficile d'identifier leurs noms qui ont souvent varié dans les plans et ouvrages anciens.

LA TRIPLE ENCEINTE DES MURAILLES DE CONSTANTINOPLE.
CL. G. BERGGREN.

PORTE D'OR AU CHATEAU DES SEPT TOURS. — CL. E.-A. MARTEL.

La Turquie que l'on voit.

vendus à l'Islam, firent le reste en fournissant aux Turcs des engins, des procédés tactiques que ceux-ci étaient aussi, alors comme aujourd'hui, incapables de trouver sans eux. Comme on a vu des officiers allemands conduire l'armée turque en 1912, il y eut alors : des Génois pour vendre les secrets de Byzance; un Hongrois, Urbain, pour fondre les canons colossaux de Rouméli Hissar et de Top-Kapou; et un Bulgare musulman, Balta Oglou Suleiman Bey, pour commander la flotte ottomane.

Au début de février 1453, l'investissement de Constantinople commença à la fois par terre, au moyen d'une armée venue d'Andrinople, et par mer : le Bosphore étant barré par les Tours de Rouméli Hissar et d'Anatoli Hissar, l'Hellespont étant bloqué par la flotte turque qui l'avait forcé. On avait amené notamment, devant la porte Saint-Romain, le fameux gros canon fondu par Urbain, qu'il fallut 50 paires de bœufs et 700 hommes pour tirer. De son côté, le Basileus Constantin Dragacès avait accumulé, dans Constantinople, des vivres pour six mois et il comptait sur l'appui des Latins, qui d'abord le marchandèrent contre un retour des Grecs au rite catholique, puis se désintéressèrent à peu près de la question. La grande chaîne, qui barrait la Corne d'Or, mettait les vaisseaux grecs, parvenus dans ce port, à l'abri de l'ennemi.

Le premier mois du siège se passa avec les péripéties ordinaires dans les guerres de cette époque : attaques et contre-attaques; construction de tours mobiles, approchées peu à peu des murs; coups de bélier contre les portes; galeries de mines; assauts où l'on jetait sur les assaillants d'énormes blocs et du feu grégeois, etc. Un moment, les assiégés semblèrent même remporter un succès. Des vaisseaux vénitiens et génois parvinrent, après une bataille navale, à entrer dans la Corne d'Or avec 5 000 hommes de renfort. Mais une manœuvre hardie des Turcs rétablit l'avantage en leur faveur. Ne pouvant arriver à forcer la Corne d'Or, ils réussirent à tourner la difficulté en transportant toute une flottille, par voie de terre, derrière les collines de Galata, jusqu'au fond de ce golfe. Le long d'une route de 8 kilomètres, allant de Dolma Bagtché à Kassim Pacha, on plaça des madriers enduits de graisse et d'huile, sur lesquels, par une nuit de bon vent, on plaça les bâtiments aux voiles déployées. Des milliers d'hommes les tirèrent au son des tambours, à la lueur des torches et, le lendemain matin, les Byzantins virent avec effarement les navires ottomans mouillés dans le fond de la Corne d'Or où, par suite d'une trahison des Génois, les Byzantins ne purent réussir à les couler.

Enfin, un soir, Mohammed commanda pour le lendemain l'assaut décisif. Toute la nuit, l'armée assiégeante fut en fête. Sur les hauteurs, sur les galères, des feux brûlaient de tous côtés; les soldats brandissaient des torches. On dansait, on chantait comme si la ville avait été prise d'avance. Le lendemain, le bruit courut qu'il arrivait une armée de secours et, pendant quelques jours, on resta dans l'attente. Mais, le 29 mai, dès l'aube, le signal fut une seconde fois donné et la bataille décisive commença, perdue d'avance par les Byzantins. A un moment, cinquante soldats turcs parvinrent à pénétrer par la petite porte, dite Kerkoporta, un peu au nord de la porte Saint-Romain, qu'on avait négligé de murer. Arrivant sur les derrières, ils provoquèrent une panique, à la faveur de laquelle le gros de l'armée entra par la brèche. Constantin Dragacès fut tué, et la ville fut livrée au pillage.

Près de *Silivri-Kapou*, se trouve le petit monastère de Baloukli, avec la source de Saint-Démétrios, où se passa ce jour-là le miracle des poissons. Un moine grec, pendant l'assaut, faisait frire des poissons. « La ville est prise!... lui crie-t-on. — Bah, répond-il, je le croirai quand mes poissons sauteront de la poêle... » Et les poissons, à moitié frits, bruns d'un côté, rouges de l'autre, sautèrent en effet. Leurs descendants sont toujours restés pareils dans la fontaine.

Un brave savant turc, qui a publié récemment un livre sur Constantinople, remarque à ce propos que l'histoire est invraisemblable... « parce que les prêtres grecs avaient à ce moment autre chose à faire que de se livrer aux soins de la cuisine. »

A côté également, sont les tombes où furent enterrées les têtes d'Ali de Tébélen, pacha de Janina, de ses trois fils et de son neveu, après avoir été accrochées à la porte du sérail. La porte Melandesia (Mevlevi Hané Kapou) est celle où Igor fixa son bouclier en 912 comme signe que les Ross moscovites auraient le droit d'entrer dans la ville.

Enfin voici *Yédi-Koulé*, le Château des Sept Tours, ou Heptapyrgion, l'équivalent turc de la Bastille de Paris, bâti par Mohammed II en 1458, mais en reproduction du Cyclobion des Grecs terminé un siècle auparavant par Cantacuzène et tombé en ruines. Ce château ayant servi de prison d'état, sept sultans y sont morts. C'est là également que les Turcs enfermaient les ambassadeurs des puissances avec lesquelles ils étaient en guerre : par exemple, les ambassadeurs vénitiens en 1600 et 1704. Puits du sang et place des têtes pour les amateurs de mélo ; mais surtout fort belle vue sur les deux lignes de murailles qui se branchent ici et sur la mer de Marmara.

Là se trouve la porte Dorée (Yaldizli-Kapou), qui était autrefois la porte d'un arc de triomphe à trois arcades, par lequel se faisaient les entrées solennelles des Basileis (V. pl. 11). L'entrée de cette porte était ornée de statues et de bas-reliefs (Heraklès, le supplice de Prométheus, etc...). Une grande rue triomphale allait de là à l'Augustéon.

RENSEIGNEMENTS PRATIQUES

Si l'on veut se faire une idée de Byzance, il faut lire d'abord les ouvrages de Schlumberger sur *Nicéphore Phocas* et l'*Épopée byzantine*; puis ceux de Charles Diehl : *Études byzantines*, (1905), *Figures byzantines* (2 séries); et de Rambaud : *Études sur l'Histoire byzantine* (1912). On peut encore consulter : Ebersolt : *Le Grand Palais de Constantinople et le Livre des Cérémonies* (1910); Djel al Essad : *Constantinople. De Byzance à Stamboul* (1909). On trouvera également, sous une forme romanesque, une image curieuse dans la *Byzance* de Lombard.

Le Tour des Murailles terrestres (environ 7 kilomètres) demande une demi-journée. On peut le faire en voiture si l'on ne craint pas les cahots. Généralement, on préfère louer un cheval, que l'on envoie d'avance à l'une ou l'autre des extrémités, où l'on se rend soi-même, soit en caïque ou en voiture si l'on veut commencer par la Corne d'Or, soit en chemin de fer si l'on commence par le château des Sept Tours (Yédi-Koulé). Il est, en outre, intéressant de voir les murailles maritimes de la mer de Marmara en mouche à vapeur ou, si le temps est très calme, en caïque.

CHAPITRE IV

STAMBOUL

LA VILLE TURQUE ET LES MOSQUÉES

Constantinople vue de la mer. — L'installation et le grand pont.
— Le bazar. — La Tour du Seraskiérat. — Les mosquées : la
Suleimanié, la mosquée de Bayazid, l'Ahmed-Djami, le turbé
de Sultan Sélim, la Roustem Pacha Djami. — Les quartiers
musulmans. — La Corne d'Or. — Eyoub et ses derviches tourneurs. — L'Ok-Meidan. — Le Bosphore et les environs de Constantinople : Scutari, les îles des Princes, etc.

Jusqu'ici, il faut bien l'avouer, nous avons surtout
cherché, dans Constantinople, ce qui n'y est plus
qu'à l'état de ruines et de souvenirs. Byzantium est
mort, Nova Roma est morte, Constantinopolis est
morte. Il est peut-être temps de voir enfin ce qui
existe aujourd'hui, de le voir bien vite ; car la ville
turque, à son tour, est, hélas, près d'expirer pour
faire place à la grande ville européenne et industrielle, dont l'insouciance et le fatalisme des musulmans n'ont pu retarder l'avènement que d'un
siècle. Il y a, dans cette Constantinople moderne,
telle qu'elle apparaît à tous les touristes de passage, deux parties encore momentanément bien
distinctes : une ville européenne, ou plutôt levantine et officielle, à Galata et Péra, dans laquelle
nous passerons le moins de temps possible et
dont nous ne dirons que quelques mots en termi-
nant, car son odieuse banalité la rend à peu près
semblable à toutes les villes et, de l'autre côté de
la Corne d'Or, une ville orientale, une ville turque,

Stamboul, qui nous retiendra, au contraire, long-temps.

Il faut, disions-nous, se hâter d'admirer Stamboul, car Stamboul se meurt; et ce n'est pas l'écrasement définitif des Turcs par les alliés balkaniques qui lui infusera une vie nouvelle. Malgré le drapeau du croissant qui flottera encore quelque temps sur ses murailles, Stamboul va émigrer peu à peu en Asie. Déjà, depuis longtemps, grâce aux incendies réitérés, — volontaires comme le prétend la légende du pays, ou seulement motivés par l'incurie dans ces quartiers inflammables aux maisons de bois, — l'expropriation des masures condamnées s'effectue progressivement sans frais pour l'État, et l'interdiction de reconstruire autrement qu'en pierres ou en briques substitue aux aspects anciens des formes nouvelles, où se complaisent des « édilités » aussi ennemies du pittoresque que toutes les édilités du monde. Sans doute, il reste, et il restera toujours, malgré l'homme, la situation incomparable créée ici par la nature. Mais que sera la nature sans les mosquées, sans la verdure des cimetières, sans les vieux murs?...

Constantinople vue de la mer. — Ce qu'il y a peut-être de plus fameux à Constantinople, c'est le panorama de l'arrivée. Jusqu'à ces dernières années, le voyageur le plus indifférent et le plus paresseux, alors même qu'il négligeait ensuite Sainte-Sophie et le Tour des Murailles, ne pouvait, quand le seul accès de Constantinople se faisait par mer, manquer d'avoir vu ce décor incomparable, et il était rare qu'il n'en gardât pas un souvenir émerveillé. Aujourd'hui, la plupart des globe-trotters descendent du train à la gare de Constantinople sans avoir rien vu et se rendent bien vite de là à un hôtel de Péra, en traversant le Pont de bois au grand trot et échappant de suite à Stamboul. Il doit donc s'en trouver quelques-uns qui repartent de Constantinople sans avoir soupçonné comment on y arrive. Mais, pour la plupart, les courses à Kadi-keui, à Scutari, aux îles des Princes, à Brousse, au Bosphore, fournissent des occasions multiples de voir, sous des éclairements divers, les mosquées de Stamboul, la pointe du Séraï (V. pl. 2) et la Tour de Galata se profiler sur le ciel.

Je n'apprendrai rien à personne en disant qu'une telle vue constitue un spectacle incomparable ; mais il faut peut-être, pour aller au-devant de certaines désillusions, préciser en quoi et comment elle est belle. Ce n'est nullement, ainsi qu'on se le figure souvent, à la façon d'un tableau de Ziem, avec des intensités de couleurs rutilantes, des contrastes violents d'orange et de bleu, mais dans une gamme de tons très douce, très claire, enveloppée et fondue par cette légère brume, qui prête toujours un charme particulier aux paysages lumineux des pays baignés par la mer.

Combien ai-je vu de gens déçus à Stamboul comme à Venise en trouvant, au lieu des palais de marbre resplendissants, des voiles dorées et du ciel au bleu intense qu'ils attendaient, des maisons délabrées de briques ou de bois, des immondices dans les rues ou sur l'eau, des bateaux à vapeur et un ciel clair, souvent très occidental, avec de la fumée, de la brume, souvent de la pluie, parfois de la neige. En particulier, l'idée d'un ciel d'azur foncé découpé à la Marilhat est une des plus fausses que l'on puisse concevoir. Le ciel d'Orient, précisément parce qu'il est très lumineux, parce qu'il est imbibé de soleil, reste, d'ordinaire, très clair, tout en étant très vibrant, très profond. Et, s'il est généralement pur, la présence de la mer y répand toujours assez de vapeur d'eau pour donner cet assouplissement, ce moelleux, cette harmonie des plans, sans lesquels notre œil éprouverait une impression de sécheresse et de dureté. La lumière de Venise est, on le sait, d'une qualité particulièrement exquise. Il n'est rien de joli comme la simple coupole de la Salute aux reflets de métal irisés et changeants, se détachant sur la finesse d'un ciel d'automne. On retrouve à Constantinople un charme comparable...

Pour donner quelque idée de l'arrivée à Stamboul, ce n'est pas une simple description qu'il faudrait, c'est toute une série de vues prises du même point à des heures diverses : quelque chose comme ces expositions des cathédrales, des meules, des nénuphars, des peupliers, où se complait, dans sa dernière manière, le maître Claude Monet.

Ici, comme partout au monde, c'est aux heures du soleil oblique et des longues ombres, le matin et le soir, que le décor s'anime, joue dans la lumière frisante et devient incomparable. C'est l'un de ces aspects que l'on a le plus souvent quand on vient d'Europe à Constantinople par mer, en entrant dans le port au soleil levant. Voici, par exemple, les notes relatives à mon premier voyage, reproduites dans la sincérité d'une impression neuve, où se mêlait alors un peu de surprise :

« ... L'heure tant attendue approche. L'aube point ; un temps moite, embrumé ; un soleil bas, pâle, jaune, paresseux ; une atmosphère grise, somnolente. Nous avions pourtant attendu au large le point du jour pour faire une entrée triomphale dans la ville blanche et rose éclairée par les feux du levant. Ce qui devait être une telle joie se réduit-il donc à ce spectacle de tristesse?... Ah! cette apparition là-bas; au milieu de la brume d'un rêve, sur la colline, cette forêt de minarets, ces dômes, cette ville immense qu'on devine!... Constantinople, c'est Constantinople!... Et ce que mon imagination avait essayé de prévoir se réalise soudain. Quel étrange et merveilleux décor de théâtre! Il est impossible de ne pas croire que tout cela a été peint sur une toile gigantesque par quelque artiste prestigieux pour le seul plaisir de nos regards! Autrement, pourquoi toutes ces coupoles, ces flèches blanches, ces cyprès profilés sur le ciel, qui n'ont évidemment d'autre but que d'agrémenter le paysage?.,. Et nous avançons vers la pointe du Séraï. La vision se précise. Là-haut, c'est Sainte-Sophie qui a quatre minarets, l'Ahmedié qui en a six, la haute tour du Séraskiérat sur la colline; en bas, dans les cyprès, le Séraï... Nous avançons toujours; nous doublons la pointe du Séraï. Devant nous, en amphithéâtre, une ville nouvelle se découvre; c'est, en valeur plus sombre, un peu à contre-jour, Galata; c'est Péra au-dessus; c'est le port encombré de bâtiments; et, dans le fond, toujours baignée d'une brume légère qui lui donne quelque chose d'irréel de fantastique, la profondeur infinie de Stamboul s'enfonçant le long de la Corne d'Or... »

Mais, plus encore peut-être qu'à l'aurore, la grande féerie se joue au soleil couchant sur la Corne d'Or. Alors le soleil descend tout au fond de ce lac derrière Eyoub, tout le ciel se dore et, sur ce fond de mosaïque byzantine, Stamboul et Galata ressortent également en sombre...

Toutes les fois aussi que l'on quitte Constantinople en bateau à vapeur, l'inexactitude des départs, habituelle dans tous les ports de mer, qui atteint son paroxysme en Orient, permet, en attendant sur le pont, de voir longuement un autre aspect de Constantinople, un aspect londonien, dans lequel les panaches de fumée blanche ou noire lancés par tous les navires à l'ancre, par tous les petits vapeurs amarrés le long du Grand Pont, à destination d'Haïdar Pacha, de Kadi-keui, de Scutari, du Bosphore, forment une dominante, à travers laquelle transparaît un profil sombre étonnamment dressé en hauteur, celui de Stamboul surmonté par la Validé-Djami et la Mosquée de Sélim : un profil compliqué de coupoles, de minarets et de rectangles, qui se découpe sur un ciel peint par taches horizontales de bleu et de jaune. Cette masse de Stamboul, dont l'orientation générale est à peu près est-ouest et qui regarde vers le nord-nord-est, est ainsi, pendant une grande partie de la journée, éclairée à contre-jour, dès que le soleil levant a passé derrière la pointe du Séraï. L'aspect que l'on en a le plus communément n'est donc pas celui d'un panorama coloré, lumineux, éclatant, mais celui de masses sombres dans la gamme des gris, des bruns et des bleus, avec des taches plus foncées sur les coupoles, des parties plus claires sur les murs des mosquées ou des minarets et, en avant, les fortes vapeurs sombres du Grand Pont, des bateaux noirs aux cheminées rouges. Tant que le soleil est un peu haut, le Grand Pont reste éclairé, les minarets et les coupoles gardent des luisants clairs du côté de l'est ; mais, à mesure que le soleil, en descendant, s'éloigne vers le fond de la Corne d'Or, Stamboul s'assombrit de plus en plus et, le soir, c'est en silhouette noire qu'il finit par se dessiner sur un fond d'or.

Souvent aussi à la fumée, à l'ombre, s'ajoute la brume et Constantinople disparaît presque, ne laissant plus voir que des formes vagues à peine esquissées comme à travers une sorte de verre dépoli opalescent (V. pl. 3). Des effets de brume à Constantinople, voilà qui ne ressemble guère à la physionomie conventionnelle de la ville. Mais pourquoi nous peindre en Orient un ciel immuablement bleu, qui n'est pas plus vrai à Constantinople qu'au Caire, qui probablement serait fort ennuyeux à la longue ? On oublie que Constantinople est un port de mer et sous un climat relativement septentrional. Il y a bien des jours où Stamboul se dessine comme un croquis de Whistler dans une demi-brume londonienne, qui prête du lointain aux plans, qui simplifie et harmonise les contours, qui fait envoler les profils de coupoles et de minarets dans la légèreté d'une vision lumineuse.

L'installation et le grand pont. — Une fois entré dans le port, on débarquait autrefois au large, comme dans la plupart des ports de Turquie ; et c'était alors, autour du vapeur, un gai remue-ménage où les barques encombrées de fez rouges, de culottes roses et de turbans, dansaient au-dessus du bleu intense de la mer, sur les reflets violents du navire noir et des cheminées peintes au minium. Puis venaient les manœuvres compliquées du débarquement, les conseils insinuants des Juifs ou des Arméniens empressés au-devant des voya-

geurs novices, les bakchichs aux douaniers ottomans, qui, suivant la tradition connue, pour un
medjidié négligemment empoché, laissent tous
passer un chameau sans le voir; enfin, l'empoi-
gnement des colis par les hamals et la montée
dans les rues escarpées, mal pavées, de Galata.
Ces opérations se sont quelque peu simplifiées
aujourd'hui, depuis la construction des quais; et
l'arrivée par la gare, où l'on trouve des landaus
pour monter à Péra, ressemble naturellement un
peu à celle d'une ville quelconque. On voit alors
une Constantinople à la mode franque, où subsiste
seulement du passé le grand pont de bois, vers
lequel nous reviendrons bientôt et le cimetière de
Péra, qui, le long de la grande rue, plonge à l'ouest
vers Kassim Pacha. Mais, aussitôt installé, n'est-ce
pas le premier mouvement de redescendre bien vite
par la rue Iskander qui mène au Pont Vieux, ou
par le « Tunnel » du funiculaire qui aboutit au
Pont Nouveau et de se replonger dans l'animation,
moitié orientale, moitié levantine, du port?

Le Grand Pont de Constantinople (V. pl. 4) est un
des endroits les plus amusants du monde et les plus
caractéristiques, comme le pont de la Tamise à
Londres, comme le Rialto à Venise, ou comme devait
être autrefois notre Pont-Neuf de Paris, avec ses
maisons des deux côtés, ses saltimbanques, ses
racoleurs, ses filous et ses mendiants. Lorsqu'on
ne connaît pas encore la Turquie, on peut passer
là quelques bons moments à regarder le double
flot humain qui se rend incessamment de la ville
turque à la ville européenne ou d'Europe en Asie.
Deux grandes villes n'ont pour ainsi dire que ce
lien entre elles : l'autre pont, le Pont Vieux, étant

STAMBOUL. RUE AVOISINANT LE BAZAR.

La Turquie que l'on voit.

écarté et peu fréquenté. Là, bien plus que sur le Bosphore, est la frontière réelle des deux continents. A Galata et à Péra, l'Europe se prolonge ; même les bâtiments officiels, le palais du Sultan à Yldiz-Kiosk, l'arsenal de Top-Hané, l'arsenal maritime, portent, sur cette rive, un masque européen. Les quartiers juifs, arméniens et grecs se souviennent, eux aussi, de l'Europe. De l'autre côté de la Corne d'Or, c'est, au contraire, malgré l'anachronisme d'un chemin de fer venant de Paris, qui y enfonce sa griffe, la vieille Asie cramponnée à l'existence : Stamboul, à travers le détroit, tend les bras à Scutari.

Sur l'emplacement actuel du Grand Pont, un premier pont, dont il existe encore des restes, a été construit en 1845 par la mère d'Abdul Medjid. Le pont actuel a été établi, en 1877, en posant un tablier de bois, que l'on voit se délabrer de jour en jour, sur des pontons de fer et de bois insubmersibles. Il est question, depuis longtemps, de le remplacer par quelque pont de fer à poutrelles ; c'est là une éventualité fatale, à laquelle on ne saurait échapper bien longtemps, mais qui sonnera le glas de Stamboul. Un pont de fer, à cet endroit, sera pis encore que l'abominable pont posé par les Italiens au Château Saint-Ange, sur le Tibre, endigué par eux comme un égout à ciel ouvert. Il faut, pour concevoir la barbarie que représenterait une telle œuvre, supposer un pont jeté sur le grand canal de Venise, entre la place Saint-Marc et San-Giorgio Maggiore...

Le grand pont de Stamboul, dont on ouvre la partie centrale la nuit pour laisser pénétrer les navires, est gardé tout le jour à ses deux extrémités par des individus en blouse blanche qui réclament à chacun les dix paras du péage. Grâce à ce contrôle, on peut calculer qu'il y passe souvent, dans un jour, 150 000 personnes.

Dès qu'on s'y est installé à regarder, on ne peut manquer de remarquer ce qui fait, jusqu'ici, l'une des originalités de Stamboul. Presque autant qu'à Venise, où les quatre chevaux dorés de Saint-Marc sont les seuls animaux de ce genre représentés dans les rues, la locomotion hippomobile et, à plus forte raison, automobile, est à peu près inconnue dans la capitale de la Turquie. Assurément, l'odieux progrès sévit ici comme partout; et l'on commence à voir quelques voitures, ou même quelques premiers tramways; mais, en général, on circule, dans Stamboul, à pied, ou, parfois, comme on pouvait le faire dans le Paris de Louis XIV, à cheval et, exceptionnellement, en litière. Cette particularité donne à la ville, malgré le mouvement continu de tant d'êtres humains, malgré le tumulte qu'apportent nécessairement tant de méridionaux, dont la plupart ne sont pas turcs, un air de calme relatif et de silence, dont on est de plus en plus frappé quand on s'éloigne des quartiers européens pour plonger dans les quartiers de l'Islam. Un vrai Turc, comme un Arabe ou un Persan, ne se presse pas; il n'a aucune raison de se presser, puisqu'Allah a fait le compte de ses jours et des œuvres que, dans ces jours réglés d'avance, il doit accomplir. Il ne se déplace qu'avec des gestes nobles, souvent majestueux. A côté des Turcs, il est vrai que la plupart de ces hommes à fez, réputés ottomans (même, et je dirais presque surtout les fonctionnaires), n'ont, au fond, rien d'oriental; ce sont des métis de

Grecs, de Juifs, d'Arméniens, d'Albanais, de Levantins et de renégats de toutes les nations. Mais quelque chose des habitudes orientales déteint sur eux aussi : l'habitude de parler sans gestes, sans éclats de voix, avec beaucoup de clignements d'yeux et d'insinuations silencieuses; le déplacement sans fièvre apparente; l'affectation de l'impassibilité. Et puis, dans cette foule, les femmes sont rares. Les femmes turques n'ont que peu de raisons pour venir à Galata et ne traversent guère le pont que pour gagner les vapeurs d'Haïdar Pacha ou de Scutari; les européennes, en dehors des étrangères de passage pour quelques jours, retournent rarement à Stamboul, dont les curiosités ne les intéressent plus et dont les magasins ne valent pas le « Louvre » et le « Bon Marché » de Péra. C'est donc, avant tout, un long défilé d'hommes noirs à fez, une masse sombre pointillée de vermillon, qui circule sur ces planches boîteuses, le long de ces appontements où stationnent les bateaux à vapeur fumants. Pourtant il s'y mêle assez de Turcs, d'Arméniens, de Persans, pour bigarrer le tableau. Et ce sont des cavaliers, des soldats, des portefaix maintenant en équilibre sur leur dos le plus extraordinaire édifice; quelques femmes enfin plus ou moins voilées, les vieilles avec un épais voile noir sur tout le visage, les jolies avec une simple mousseline blanche, suffisamment transparente, sur la bouche...

Le bazar. — Le grand pont une fois traversé, le marché aux poissons d'Emin Ennou, avec ses stations de tramways et de voitures, ne nous arrêtera guère. Voici la Validé-Djami, la mosquée de la Sultane Mère (v. pl. 4 et 13), devant laquelle on repasse chaque fois que l'on vient à Stamboul, et que l'on aperçoit d'abord au-dessus du port, à chaque embarquement ou débarquement. De là nous pouvons, à notre gré, choisir l'une ou l'autre des rues qui montent à Sainte-Sophie, au bazar, à la mosquée de Bayazid, au Séraskiérat, à la Suleimanié.

De tant de monuments qui attirent ici la curiosité, de tant d'itinéraires que l'on peut suivre, je ne veux pas ici, rivalisant avec les guides Joanne, donner une énumération détaillée. Il vaut mieux, je crois, aller seulement à quelques édifices, dont la visite s'impose et, pour le reste, essayer de traduire cette physionomie propre de la ville qui, dans un pays neuf comme celui-ci, en est la partie la plus intéressante et qui, cependant, disparaît absolument dans la nécessaire aridité des guides.

Par exemple, aujourd'hui, puisque nous avons déjà visité Sainte-Sophie en étudiant Byzance, un instinct naturel nous conduira du Grand Pont, par une rue quelconque enfilée au hasard, dans la direction du Bazar (V. pl. 12). Pendant les derniers temps d'un séjour à Constantinople, lorsque la curiosité des mosquées et des vieux murs s'est émoussée, c'est le trajet que l'on suit le plus souvent pour aller s'exposer et céder aux tentations multiples du bric-à-brac et du bibelot. Dès notre entrée dans Stamboul, nous pouvons commencer par nous y précipiter. Au bout d'une rue, on franchit une porte comme si on entrait dans un passage et l'on se trouve, en effet, dans un réseau de galeries voûtées, dont l'ombre est fraîche au sortir de la grande lumière extérieure. C'est le commencement, assez décevant, de ce fameux Bazar, que les descriptions présentent parfois comme une sorte de palais des mille et une nuits. En réalité, le Bazar est une

INTÉRIEUR DE LA VALIDÉ DJAMI. — CL. L. DE LAUNAY.

MOSQUÉE VALIDÉ. FAÏENC.... SEBAH ET JOAILLIER.

halle, un Temple, dont les commerces multiples tendent de plus en plus, à mesure que les incendies amènent des changements forcés dans les vieilles mœurs, à prendre un aspect européen. Des magasins de cotonnades, de mercerie, de chaussures, de parapluies n'ont rien qui puisse nous retenir... Mais, en flânant à travers ce dédale de galeries montant et descendant dans un désordre qui semble d'abord inextricable, nous arrivons peu à peu en des quartiers plus turcs,—ou du moins d'apparence plus turque, car la plupart de ces marchands, auxquels des Juifs et des Arméniens servent de rabatteurs, n'ont eux-mêmes de turquerie que ce qu'il en faut pour échapper à l'antisémitisme des Européens. — Voici : le bazar des chaussures aux innombrables babouches pendues; le bazar des soies, des tapis d'Orient, des broderies; le bazar de la vieille ferraille ou des chiffonniers; enfin le bazar de la curiosité, aux carreaux de faïence persane, aux cuivres ornés de turquoises, aux pierres gravées d'inscriptions cabalistiques. Ces marchands, nous en avons le pendant, et même généralement la succursale, à Paris, rue de Rivoli ou ailleurs. Mais ici, le marchandage fait partie de la couleur locale et, quand on n'est pas pressé, amuse un moment. Dans quelque boutique sombre, toute large ouverte sur la rue, où quelque vieux Turc majestueusement accroupi semble attendre impassible, un compère à fez rouge qu'un hasard a amené là, vous fait entrer par les promesses les plus féeriques, par les descriptions les plus suggestives dans un mauvais français mêlé de sabir. Alors on vous déploie tous les tapis, on vous ouvre toutes les vitrines, on vous étale tous les vases. Cela ne suffit pas, on vous entraîne dans un arrière-magasin ou à un étage supérieur et la tentation recommence. On est résolu à résister. Pour se débarrasser d'un marchand qui vous demande cent francs d'un objet, on finit par en offrir vingt. Le marchand se lamente, s'arrache les cheveux de désespoir, continue à déployer ses tapis et ses étoffes, vous fait asseoir comme un ami pour prendre une tasse de café, déclare qu'il est ruiné à tout jamais s'il cède et, finalement, par amitié pure pour vous, pour vous encourager à revenir, accepte le prix proposé, sur lequel il vous vole encore de moitié...

Les tableaux multiples ou bariolés, les Delacroix, les Decamps, ou simplement les Gérôme et les Pazzini, que l'on rencontre ainsi à chaque pas, sont familiers à quiconque connaît un peu la peinture du XIXᵉ siècle. Mais c'est un tout autre plaisir de voir les choses en leur réalité changeante, colorée, lumineuse, avec l'impression de la vie et de composer soi-même, en se déplaçant un peu, le sujet à peindre que de le regarder figé, immobilisé dans l'œuvre la plus habile. On peut donc passer sans ennui de longues heures au Bazar. Et l'on trouvera une distraction analogue en allant visiter, près du Pont Neuf, le petit *Bazar égyptien*, ou Balouk Bazar, où il y a surtout des marchands de matières colorantes, safran, ocre, etc., comme ceux auxquels Flaubert a donné une large place dans Salambô, des droguistes, des marchands de cages d'oiseaux, etc.

Tour du Séraskiérat. — Après avoir lié connaissance avec l'orientalisme du Bazar, il est logique, avant d'aller plus loin, de faire ce par quoi l'on doit toujours commencer dans une ville nouvelle pour s'orienter : monter sur un point culminant, d'où l'ensemble de la ville apparaît en plan, avec la physionomie propre à ses quartiers divers et à ses édifices principaux. Deux tours à Constantinople conviennent à une ascension semblable : la *tour de Galata* construite autrefois par les Génois, et, dans Stamboul, la *tour du Séraskiérat*, bâtie par Mahmoud II, qui s'élève à peu près à même hauteur. Toutes deux sont des postes de pompiers, avec, en haut, une grande salle vitrée, servant de poste d'observation, qui fournit, dans les deux cas, un beau panorama circulaire. Les incendies sont, en effet, dans une telle ville, aux maisons de bois sordides, un fléau perpétuel, contre lequel il est généralement difficile de lutter, d'autant plus que, d'après les dires des habitants, les pompiers sont toujours plus à craindre encore que le feu.

Les mosquées. — En descendant de la tour du Séraskiérat, on se trouve entre deux belles mosquées, la Sultan-Bayazid-Djami et la Suleimanié. La *Suleimanié*, la grande mosquée aux six minarets, qui se reconnaît immédiatement quand on regarde Stamboul d'un point quelconque de la Corne d'Or, « la splendeur et la joie » des poètes turcs, est bâtie dans une situation merveilleuse et sa grande terrasse en esplanade, d'où l'on domine tout le golfe, est un de ces endroits tranquilles et ombreux, presque tout le jour abrités du soleil et peu fréquentés par les passants, où, parmi les vieux Turcs aux mouvements graves, dans le blanc tourbillon des pigeons, au murmure des fontaines, on goûte le mieux, en regardant à ses pieds l'horizon tranquille, ce charme propre à l'Islam, qui est fait d'apaisement, de solitude, de silence et pourtant de lumière, de chants d'oiseaux et de fleurs...

Sur cette enceinte extérieure donne, au nord-ouest, une cour, un atrium, un « harem », où l'on accède par trois belles portes surmontées d'écritures arabes et qui est aussi un endroit délicieux. C'est un vaste parvis, flanqué aux quatre angles de quatre minarets, entouré tout autour d'une galerie de cloître à arcades et au centre de laquelle est, sous un dôme, la fontaine aux ablutions, le « chadrivan », entouré d'un grillage de bronze. Les colonnes de granit, de marbre, ou de porphyre, ont été prises à des monuments antérieurs ; elles sont patinées par de longs siècles ; la cour tout entière est dallée de marbre blanc. On voit, en face de soi, la grande porte de la mosquée en forme de mitre aux arêtes dorées. Et les Turcs, silencieusement, font glisser leurs babouches sur les dalles, s'approchent de la fontaine, accomplissent les rites sacrés, tandis que jouent des enfants avec des mouvements légers et de joyeux gazouillements d'oiseaux.

Il y a ainsi, dans l'enceinte des mosquées, des endroits, où l'on revient toujours avec le même plaisir : ce sont ceux où coule sans cesse l'eau des ablutions. A l'intérieur de l'édifice, ce bruit d'eau courante donne, quand on sort du grand soleil extérieur, une impression de fraîcheur, qui invite au recueillement, surtout si l'on est assez heureux pour être arrivé à une heure tranquille, où les prières s'interrompent, où les fidèles se font rares, où l'air n'est traversé que par le vol léger des hirondelles familières. A l'extérieur, les mosquées, comme les temples et les églises de toutes les religions un peu anciennes, occupent volontiers un point culminant, d'où l'on découvre, à la fois, le large ciel et l'éten due de la plaine. En écrivant ceci, j'ai, par exemple, présentes à l'esprit, la terrasse de la mosquée d'Omar à Jérusalem, celle de la mosquée verte à Brousse, celle de la Suleimanié à Stamboul... Partout, en pays musulman, c'est une jolie chose que ces calmes enceintes des mosquées pavées de larges dalles et encloses de murs bas, ces « harems » autour des « djamis » de marbre, avec leurs fontaines aux ablutions, leurs aliziers et leurs cyprès. Leur charme de rêverie paresseuse et de silencieuse méditation est celui qui s'exhale de tous les lieux consacrés au culte, des couvents grecs ou des temples antiques comme des cimetières chrétiens, surtout quand ils sont isolés sur les lieux hauts, les « Acropoles » et regardent les lointains horizons...

A la Suleimanié, l'enceinte extérieure, plantée de beaux arbres, est ornée d'un parapet d'où l'on aperçoit à ses pieds la ville et la mer. C'est un des meilleurs endroits où l'on puisse, échappant à la poussière et au grouillement de Constantinople, sortant des rues étroites ou des bazars obscurs, monter respirer, voir le ciel et rêver en pensant à ce que pouvait être cette Byzance si complètement disparue.

Quand nous nous décidons enfin à entrer, nous voyons, sur la façade latérale de la mosquée, les deux étages d'arcades qui la décorent, les petites fontaines aux ablutions le long du mur et, au haut de quelques marches, la porte à trois arcades surmontée de petites coupoles.

L'intérieur n'est pas sans beauté et les Turcs en font même très grand cas; mais ce n'est guère qu'un pastiche et une copie. Sinan, le plus célèbre des architectes turcs, a bâti cette mosquée au plus beau temps de notre Renaissance, de 1556 à 1566, sur le modèle de Sainte-Sophie, avec des matériaux pris à l'église Sainte-Euphémie de Chalcédoine. La grande coupole, qui s'élève à 71 mètres, est portée par quatre piliers massifs, entre lesquels se dressent, de chaque côté, deux énormes colonnes en porphyre de plus d'un mètre de diamètre et de 20 mètres de haut, que l'on suppose avoir été prises à l'ancien temple d'Ephèse. Ces colonnes portent des arcades décorées de bandes radiées polychromes, comme dans les églises toscanes, sur lesquelles repose à son tour une galerie. Tout ce grand carré vide, sous cette très haute coupole, avec ses piliers d'angles et ses colonnes entre lesquelles on aperçoit les nefs latérales, a fort grand air. Sur le sol couvert de tapis, les musulmans sont en prières et d'innombrables lampes pendent de la voûte. Au fond, dans une paroi décorée de faïences et ouverte de fenêtres aux vitraux anciens, est le mihrab en marbre sculpté, près duquel se dresse le member à la balustrade de marbre ajourée et sculptée. Il manque seulement les belles mosaïques des églises byzantines, remplacées ici par une peinture quelconque, verte et or sur un enduit blanc.

A la porte de la mosquée donnant sur le harem, on montre, au milieu du dallage blanc, une plaque ronde en porphyre rouge. D'après la légende, un ouvrier grec y aurait sculpté une croix, à l'insu des musulmans, pour consacrer malgré eux l'église au vrai Dieu. Découvert, il aurait été décapité sur la pierre même. La légende, qui fâche les Turcs je ne sais pourquoi, n'a peut-être aucun fondement; mais elle est jolie.

La *mosquée du Sultan Bayazid*, bâtie en 1498,

est extérieurement d'un aspect tout différent, très pittoresque aussi, très oriental, mais bien moins silencieux et tranquille. Dans une cour plus resserrée, plantée de très vieux arbres aux troncs noueux et bordée d'une galerie à arcs ogivaux rouges et blancs, se tiennent des vendeurs placides déroulant les grains de leur chapelet. La fontaine, avec son toit en dôme porté par des colonnes, est au centre comme toujours. Et, de tous les côtés dans la cour, ce qui en fait la note caractéristique, s'agitent, se mêlent, s'envolent, comme un blanc poudroiement de lumière, d'innombrables pigeons pareils à ceux de Saint-Marc (V. pl. 14). Une tradition, dont il est inutile de vérifier l'exactitude, les fait provenir de deux ramiers que Bayazid aurait achetés à un pauvre. Une dotation spéciale permet de leur distribuer du grain. Et, dans cette même mosquée, avec ce respect, cet amour des animaux qui est un des côtés aimables de l'Islam, on a aussi, pendant longtemps, distribué tous les vendredis du pain aux chiens errants, qui y arrivaient par centaines.

Pendant que nous visitons les mosquées, il faut encore aller voir, près de Sainte-Sophie, dominant l'hippodrome de sa haute coupole et de ses minarets, l'Ahmédié, qui n'est peut-être pas la plus fameuse, mais qui m'a paru la plus belle de toutes par l'impression d'ensemble qu'elle réussit à produire avec des moyens extrêmement simples.

L'*Ahmed-Djami*, dont la construction est relativement récente (1610), a été pour moi, la première fois que j'y suis entré, une de mes grandes admirations, une de mes vives surprises. Je suis resté alors en extase devant la très simple grandeur de cet édifice, où quatre piliers principaux de marbre blanc portent une coupole couverte d'ornements peints et où la lumière joue gaiement sur les revêtements de faïence. On est arrivé là, par une formule architecturale toute byzantine, à donner de la divinité une idée qui contraste avec celle de nos cathédrales gothiques, comme notre esprit occidental, toujours impatient et douloureux, contraste lui-même avec la placidité fataliste des musulmans. Notre dieu est tout en hauteur, élevé d'un tel jet dans un élan impatient des âmes qu'il participe un peu de la fragilité humaine. On vient le chercher dans les pleurs, dans le tremblement, dans l'extase du rêve mystique; on ne semble pas l'avoir trouvé. Ici Allah est présent et dressé de toute sa masse formidable au-dessus des âmes résignées; il est écrasant comme la fatalité...

A une visite ultérieure, j'ai été frappé davantage par la faible hauteur des voûtes en coupole, par l'aspect aplati de ces quatre piliers géants que les proportions mêmes de l'édifice font paraître petits, par la trop grande clarté pénétrant sur ces parois claires, qui leur donne quelque apparence d'édifice industriel. Pourtant on peut passer là un bon moment à écouter les Turcs psalmodier leurs prières sur un air de ténèbres avec des prosternements, ou à errer, en faisant glisser ses babouches sur les tapis d'Orient qui couvrent tout le sol, le long du mihrab flanqué de deux énormes cierges où est, dit-on, incrusté un morceau de la pierre noire de la kasba, ou du member en pierre sculptée. Elle est vraiment grandiose, cette mosquée carrée, dont les quatre piliers centraux portent la coupole principale, avec sa décoration de faïences persanes divisées en carreaux rectangulaires comme autant de tapis de

VUE PANORAMIQUE DE LA MOSQUÉE BAYAZID.
CL. SEBAH ET JOAILLIER.

PIGEONS DANS LA COUR DE LA MOSQUÉE DU SULTAN BAYAZID.
CL. SEBAH ET JOAILLIER.

fleurs variés. On regrette seulement de penser que, sous ses fondations, se trouve enfouie une grande partie du palais des Basileis, avec les monuments d'art qui pouvaient y subsister.

Auprès, quelques turbés, les tombeaux du sultan Ahmed et de ses frères, aux murs couverts de faïences de Brousse, renferment chacun vingt ou trente catafalques recouverts d'une étoffe verte au vert d'arsenic très particulier et coiffés pour la plupart d'un turban : ceux du sultan, de ses femmes, de ses enfants.

D'autres turbés sont également près de là dans l'enceinte de Sainte-Sophie : ceux de Sélim II, de Mourad III, etc.

Le *Turbé du Sultan Sélim* est une petite salle hexagonale, ornée de belles faïences jusqu'à hauteur d'homme et, au-dessus, de peintures qui imitent la faïence. (Ce trompe-l'œil, ce mélange des objets les plus rares avec les plus banals et les plus modernes, est un défaut avec lequel il faut se familiariser en Turquie, qu'il faut commencer par accepter comme un trait caractéristique du pays.) Là-dedans sont rangés côte à côte un grand nombre de cercueils de pierre couverts d'une housse verte à dessin rouge et dont quelques-uns sont flanqués à la tête, comme des animaux à la silhouette étrange, d'un gros turban posé sur un bâton. Ces turbés, ces chapelles funéraires, sont parmi les plus beaux monuments de l'Islam, parmi ceux qui ont le plus de grandeur simple et tranquille, le plus de poésie. Ici sont enterrés le Sultan, ses femmes et dix-sept de ses fils, étranglés suivant l'usage à l'avènement de son successeur. Auprès de Mourad III reposent également dix-neuf de ses fils étranglés de même par suite de la même pieuse coutume. La poésie de ces turbés a de telles notes bien orientales.

Enfin, parmi toutes les mosquées de construction musulmane et en laissant de côté les anciennes basiliques byzantines dont il a déjà été question, celle qu'il faut peut-être le moins oublier, bien que les guides la signalent avec quelque indifférence, c'est la petite *Roustem-Pacha-Djami*, difficile à découvrir au milieu d'un amas de maisons, mais resplendissante à l'intérieur des plus belles faïences, presque à l'égal des mosquées de Brousse. La mosquée de Roustem-Pacha est du XVIe siècle, c'est-à-dire de la belle époque de cet art que les Ottomans revendiquent à tort comme national, tandis qu'il est, en réalité, arabe ou persan. Ici, c'est la Perse qui a fourni cette merveilleuse décoration de faïences couvrant toute la hauteur des murailles, avec ses entrelacements de fleurs roses et de rinceaux bleus ou verts, semblables à des plumes d'oiseaux diaprées qui s'étaleraient sur un linge blanc, dans le genre popularisé par les faïences rhodiennes. Le mihrab, surmonté, comme d'habitude, de sa voûte à stalactites et, comme d'habitude, accompagné de deux énormes cierges, est encadré d'une décoration pareille, dans laquelle se détache une bande d'inscriptions arabes. A droite, le member au clocheton pointu, flanqué de son escalier à balustrade de marbre ajourée, s'adosse lui aussi contre une autre paroi de faïence, pareille à quelque tapis somptueux et semblant, dans sa rigidité, garder quelque chose de la souplesse d'une étoffe. Il faudrait, pour rendre cela, non des mots impuissants, mais les artifices d'un pinceau très subtil; car toutes ces fleurs, ces vases, ces épanouissements de bouquets, ces arabesques semées d'yeux colorés sont vivantes et mobiles dans les jeux de la lumière.

De semblables faïences existent également à la mosquée Validé, à l'entrée des appartements du Sultan (V. pl. 13); on en retrouve aussi au Séraï, dans le kiosque des faïences. Partout, c'est le même émerveillement.

Les quartiers musulmans. — Et maintenant, pour nous délasser de tant de monuments, faisons ce qu'il est si doux de faire à Stamboul; flânons au hasard à travers ces rues, si souvent silencieuses, descendant vers la mer de Marmara ou la Corne d'Or, remontant par les rues en pente et mal dallées vers quelque terrasse, d'où la vue se découvre au loin, regardant au passage quelque jolie fontaine aux grillages de bronze, au toit de bois en auvent, aux arabesques de pierre dorée, entrant dans les jardins des turbés ou les cours extérieures des mosquées, nous arrêtant sous quelque tonnelle de verdure, où le cafédji nous apporte une petite tasse de café et de l'eau claire, près de Turcs qui fument lentement leur narghilé. C'est là, c'est dans ces libres courses que l'on apprécie vraiment l'attrait de ce pays méconnu par les Européens trop pressés, dont le gîte est là-bas, de l'autre côté de l'eau, dans le tumulte de Péra et de Galata.

Il y a, surtout dans une très grande ville comme Constantinople, des Orients très divers, presque sans rapport entre eux. Il y a, d'abord l'Orient bruyant, grouillant, agissant, des quartiers que l'Européen fréquente le plus, de ceux où le mouvement commercial est le plus actif et où cette activité est, plus que par les Turcs, entretenue par les Levantins, les Arméniens, les Juifs, les Grecs, par tout ce peuple de trafiquants, grâce auxquels le Turc qui, sans eux, n'y penserait même pas, se trouve alimenté, habillé, fourni des objets les plus nécessaires à la vie et, en même temps, exploité, pressuré, utilisé comme bête de somme. Cet Orient-là, que nous avons déjà trouvé, c'est celui du Grand Pont de Stamboul, des alentours du port et des rues qui conduisent au Bazar, à la gare, à la douane, à la Sublime Porte, à Sainte-Sophie. Là, c'est un pêle-mêle bruyant et bariolé de couleurs éclatantes, de rouges, de verts, de jaunes éclatants, avec des nègres aux tons de bronze, vêtus de blanc ou de tons clairs, et des passages discrets de femmes voilées.

Mais il y a aussi le Stamboul de plus en plus calme des rues étroites qui s'éloignent du Séraï vers les murailles extérieures (V. pl. 15). Là, surtout aux heures chaudes de la sieste où seul l'étranger se hasarde dans les rues, c'est le silence, à peine troublé par des glissements muets de babouches. Pas de magasins ; des maisons turques hermétiquement closes sur le dehors, où, seuls, les moucharabiés, munis de grillages en bois, laissent deviner l'espionnage des yeux curieux...

Le plaisir d'un séjour à Constantinople, c'est d'aller voir tout à fait au hasard ces quartiers inconnus, que ne banalise pas le troupeau des touristes Cook, heureux de découvrir les coins où une glycine en fleurs passant par-dessus un mur d'ocre, où des moucharabiés brunis dans une façade surplombante sur la rue ombreuse, où les grillages ouverts dans un vieux mur sur la végétation touffue de quelque cimetière délaissé, fournissent le coin de tableau tout fait, devant lequel on s'arrête lon-

STAMBOUL. MAISONS TURQUES DERRIÈRE LA BAYAZID DJAMI.
CL. E.-A. MARTEL.

EYOUB. LES TURBÉS DU CIMETIÈRE. — CL. L. DE LAUNAY.

guement à jouir de la lumière et de l'harmonie des couleurs.

Constantinople est, chacun le sait, admirable de loin, de la mer; c'est alors un superbe décor d'Opéra. Mais Constantinople, vue de l'intérieur, malgré les déceptions injustifiées qu'elle a causées à plus d'un, présente aussi un charme bien pénétrant, bien particulier. Sa beauté vient en grande partie de ce que Stamboul occupe une crête assez escarpée entre deux mers. Il en résulte aussitôt le nombre de rues à pente raide, qui, des deux côtés, plongent directement sur la Corne d'Or ou sur le Bosphore... Il suffit de se laisser volontairement égarer en partant de la rue centrale qui est relativement horizontale et de suivre la pente pour arriver assez vite sur le bord de cette espèce de alaise, où quelque terrasse de mosquée fournit un point de vue admirable, soit sur les quartiers européens de Galata et de Péra, accidentés par la grande tour blanche de Galata, soit surtout sur d'autres quartiers de Stamboul, sur les coteaux de l'Ok-Meïdan, sur Has-keuï, sur Eyoub lointain.

On éprouve alors, en errant dans ces quartiers excentriques de Stamboul à l'abri du grouillement juif et levantin, le charme propre à l'Orient, charme fait de tranquillité paisible ou résignée, de solitude, de silence, mais d'un silence et d'une solitude auxquels le soleil toujours proche, même quand on le fuit dans l'ombre la plus épaisse, auxquels la fête de la lumière qui est la vie, fête continuée à travers toutes les destructions et les cimetières, prête une joie inconnue de l'Occident. L'Orient, c'est le pays où l'on oublie à la fois la vie et la mort, où l'on vit sans se regarder vivre, sans compter les heures

(145)

10

écoulées, sans s'accrocher à elles, sans résister à l'inévitable flux de la destinée, jouissant des instants qui s'écoulent, à mesure qu'ils passent, comme du parfum d'une rose bientôt fanée, ou de l'éclat d'un ciel que ternira momentanément le soir...

Mais, plus encore que l'intérieur de Constantinople, j'aime les quartiers situés en dehors de la ville, où nous irons bientôt échapper à la fois aux maisons et aux hommes, où les habitations humaines se réduisent à des taches de couleurs sur un fond de clarté, où du tumulte des rues on n'entend plus qu'une sorte de grondement lointain et continu comparable à celui du vent ou de la mer, où Stamboul devient matière à tableaux sans cesse variés, avec les pointes blanches de ses minarets et les pointes sombres de ses cyprès donnant des notes extrêmes de valeurs claires et sombres sur la jolie teinte moyenne à la Corot des briques et des tuiles roses. Là surtout (car il faut bien montrer Constantinople telle qu'elle est), nous éviterons les ennuis qui, dans la ville même, assaillent à chaque pas l'artiste arrêté pour faire un croquis ou fixer quelques tons. Là, plus de ces espions et de ces policiers qui, lorsqu'on ne se contente pas de suivre les bras ballants, sous la conduite d'un drogman, les itinéraires consacrés, viennent sans cesse vous heurter et, suivant une jolie expression grecque, déchirer le beau silence... Si j'aime Constantinople, si, après Venise, c'est un des coins du monde où je me retrouve avec le plus de plaisir, c'est surtout à la condition de m'enfuir bien vite au bout de la ville ou en dehors, à Eyoub, à Has-keui, à l'Ok-Meidan, à Scutari.

(146)

La Corne d'Or — Eyoub et l'Ok-Meidan

L'attrait si prenant, si attachant à la longue de Constantinople, réside surtout, je viens de le dire, dans les quartiers éloignés, où, loin du tumulte, on retrouve le silence, la solitude, l'Orient paisible et lumineux des mosquées aux terrasses claires, des vallons plantés de cyprès, des ouvertures lointaines sur la mer bordée de collines et semée de caïques légers... Là, bien plus que dans les monuments fameux ou les musées, on apprécie la beauté, la grâce toute particulière de cette ville que j'ai déjà comparée plus d'une fois à Venise pour la façon dont elle se fait aimer. Mais, entre tous les quartiers de Constantinople, ceux qui exercent la séduction la plus vive, ceux où l'on est le plus tenté de se réfugier lorsqu'on commence à être las du Grand Bazar et des rues qui entourent Sainte-Sophie et la Validé-Djami, sont ceux qui longent, dans sa partie la plus profonde, cette large rivière de 6 à 800 mètres que l'on appelle la Corne d'Or : c'est d'abord Eyoub, exquis entre tous ; c'est, presque autant, les hauteurs moins connues au-dessus de Has-Keui, vers l'Ok-Meidan. Et je ne parle pas ici des Eaux Douces d'Europe, trop européanisées, trop banalisées, trop encombrées de foule, où il suffit d'aller une fois le vendredi, pour en avoir vu le coup d'œil.

Sur la Corne d'Or, vers Eyoub, les caïques, mêlés aux vapeurs, remplacent les gondoles de Venise ; et c'est ici un plaisir semblable de se laisser flotter sans effort, paresseusement, en s'abandonnant à la fantaisie des bateliers, devant un merveilleux panorama qui se déroule. Une route de voitures conduit également à Eyoub par le quartier grec du Fanar et de Balata; et, par les hauteurs de l'Ok-Meidan, on regagne aisément à pied les ravins de Kassim Pacha, qui touchent aux hôtels de Péra. Il faut essayer tour à tour ces divers modes de locomotion pour voir le pays sous toutes ses faces. Tantôt, c'est un grand lac bleu, bordé d'un merveilleux entassement de maisons brunes en amphithéâtre, où l'on aperçoit, à mesure que l'on avance, les minarets de Sultan Sélim ou de la Suleimanié, les murailles d'Aivan-Séraï dégringolant dans les arbres jusqu'au rivage, les pentes nues et jaunâtres de l'Ok-Meidan, les ruines du quartier Arménien. Tantôt ce sont les rues austères et graves du Fanar, entre leurs hautes murailles droites et nues semblables à celles des docks de Londres, qui soudain s'ouvrent par une brèche sur la clarté lumineuse des eaux. Et, si l'on revient le soir par les hauteurs d'Has-keui, c'est le plus admirable effet de soleil couchant sur Stamboul aux allures de féerie.

Eyoub et les derviches tourneurs. — Eyoub est admirable dans toutes ses parties. C'est là qu'il faut chercher l'Orient des descriptions enthousiastes, l'Orient des artistes et des poètes, l'Orient coloré, bariolé, superbe. Par un beau jour d'avril, quelle fête de la lumière dans ces rues restées vraiment turques, où la joyeuse verdure des cimetières se mêle à chaque pas, d'une façon si simple, si naturelle, dans une telle harmonie de couleurs et de pensées, avec l'animation, le remuement, l'activité des vivants! Au bavardage des petites boutiques en plein vent, où les femmes turques achètent des confitures, des amandes, des

EYOUB. AVENUE DU CIMETIÈRE. — CL. L. DE LAUNAY.

FONTAINE ET TOMBEAU DES SULTANS A EYOUB.
CL. SEBAH ET JOAILLIER.

bonbons à grignoter, aux grésillements de la friture où cuisent des poissons en se recroquevillant, au cliquetis des vendeurs d'eau faisant tinter leurs verres et sonner leurs sonnettes, répond, par les gazouillements de ses oiseaux et le bruissement de ses feuilles, le jardin des morts, qui ne sont pas tristes, ainsi associés encore au mouvement de leurs successeurs terrestres. Des grilles ouvragées, aux fers forgés et dorés, s'ouvrent, à travers un mur, sur une poussée exubérante d'herbes fleuries et d'arbres désordonnés qu'entretient et féconde la sève des disparus. Les monuments aux toits de bois surplombants sont étincelants de blancheur et de lumière. L'or, qui y dessine des arabesques, contribue à leur donner un air d'élégance coquette, à évoquer l'idée de notre XVIIIe siècle. Nous avons là des turqueries de Lancret ou de Liotard, des pantomimes de Watteau, surtout des frottis légers de Fragonard, avec leurs larges masses d'arbres si voluptueuses, si complaisamment inclinées sur l'amour et les jeux des vivants, sur la mélancolie souriante des départs.

En Orient, le mot cimetière, que l'on rencontrera souvent dans ces pages, prend une sonorité toute différente de celle qu'il a pour nous. Ce n'est plus, aux limites de la ville, à l'écart, le lieu douloureux où les longues pluies d'hiver tombent sur les pierres envahies de mousse, où la bise de janvier glace le cœur; c'est le beau parc, dont les ombres lumineuses ne font que mieux ressortir la joyeuse clarté du soleil toujours présent. Chez nous, aux terreurs de la danse macabre, on n'a trouvé, pour réponse, que le bas épicuréisme de la Renaissance, où l'on semblait avoir besoin d'ivresse pour oublier.

(149)

A Orcagna ne répondent que les gros rires bedonnants de Pantagruel ou de Falstaff. La jouissance même de la vie prend des airs de protestation, de réaction, de défi. La volupté n'est pas un abandon, mais un combat. La sensualité la plus exaspérée aime à se compliquer par une affre de péché. La débauche s'associe à une terreur angoissée de ce qui doit en faire le terme. Nous nous reconnaissons plus ou moins dans les raffinements malsains de tel ou tel styliste, cherchant frénétiquement à se fuir lui-même, à fuir l'approche de la déchéance et de la vieillesse sous les fards, les déguisements, les masques, au moyen desquels il espère ne plus reconnaître dans les miroirs la transparence croissante du squelette à travers sa peau ridée. En Orient, on vit et l'on meurt bien plus naturellement, sans tant se débattre contre le destin et sans transformer les jours terrestres en convulsions d'une lente agonie. Pour les Grecs, la mort était une envolée dans la flamme ; pour les Hindous, c'est un départ ailé dans le ventre des vautours sacrés : pour les musulmans, c'est un passage dans le jardin délicieux, peuplé des houris de Mohamed. Là où repose le corps, il ne reste qu'un souvenir. Et ce souvenir est plus vivant ailleurs, dépouillé des images funèbres, par lesquelles nous nous plaisons à l'enlaidir. Chaque cimetière turc est un prétexte à superbes arbres, à grandes herbes folles, à fontaines, à kiosques couronnés d'auvents, à grillages de bronze orfévré ou de fer forgé...

Et, dans ces rues où la mort et la vie font si bon ménage, on peut regarder sans se lasser le grouillement pittoresque des costumes, les échappées par une porte ouverte sur quelque cour de mosquée où picorent les pigeons. Sur toute la longueur, si l'on est venu un vendredi, jour de pèlerinage et de fête, ce sont des boutiques en plein vent, dont chacune est disposée à souhait pour « former motif ». Là, sur une haute estrade (pourquoi, si ce n'est parce que cela fait bien ?...) dans l'intérieur même du logis obscur, sont des marchands de fromage. Les restaurateurs ont de hautes broches verticales couvertes de viandes qui tournent devant le feu à la devanture. Des reflets luisent sur des pots de faïence bariolés, sur des jouets d'enfant rudimentaires, peinturlurés, pour le goût des Orientaux, des couleurs les plus voyantes. Entre les Turcs à turban et les jolis enfants aux yeux noirs habillés d'orange ou de rose, passent des marchands de raki, qui constamment font tinter leurs verres, des aveugles menés par des fillettes roses ou jaunes qui tendent leur main racornie, des vendeurs de bonbons ou de pistaches avec leur marchandise sur une petite table qu'ils portent devant eux par des bretelles, des femmes turques enveloppées d'un voile blanc, chaussées de pantoufles et couvertes de l'inévitable ombrelle, des négresses bronzées, des mendiants aux invraisemblables loques...

La Grande Mosquée d'Eyoub a longtemps été considérée comme trop sainte pour que les chiens de chrétiens pussent être autorisés à y pénétrer. Elle fut construite par Mohammed le Conquérant en l'honneur du porte-étendard du Prophète, Eyoub, tué pendant un siège de Constantinople par les Arabes et dont le tombeau fut retrouvé là, grâce à une vision. On y conserve l'épée du Prophète que doit ceindre le Sultan à son avènement.

(151)

Du dehors, c'est un monument de marbre blanc couvert de coupoles que précède une cour avec de grands cyprès et un énorme platane, où l'on peut jeter un coup d'œil en passant. Plus loin, sont les turbés, les chapelles funéraires des grands dignitaires, des Cheik-oul-Islam, bordant des sortes de rues pavées, aux murs blancs qu'égayent partout la verdure et les fleurs (V. pl. 15 et 16). La plus jolie, qui se dirige droit vers la colline boisée et qui a pour fond toute cette verdure, est bordée de murailles en marbre blanc percées d'ouvertures cintrées et grillagées formant une série d'arcades avec des chapelles en saillie, dont les degrés et les balustrades de marbre, les belles grilles artistement ouvrées, les panneaux décorés d'écritures arabes, les toits en auvent et les coupoles d'une plantation élégante, offrent de jolis contrastes d'ombres portées et de clartés.

Montant plus haut, on arrive dans le grand cimetière, qui domine, sur sa rive occidentale, tout le fond de la Corne d'Or dans la direction des Eaux Douces d'Europe (V. pl. 17). Les morts sont si bien ici qu'on leur envierait leur demeure ; et j'ai passé des heures bien douces, assis là sous les cyprès, parmi les pierres penchées en tous sens, peintes et ourlées de dessins ou de lettres d'or, un album sur les genoux, à regarder, à essayer de rendre et de fixer les aspects de Constantinople lointaine, de la Grande Muraille, toute rose d'ici dans la verdure claire avec les tons des premiers Corot d'Italie. Les fortes valeurs des cyprès s'enlèvent en sombre sur des fonds clairs, vaporeux, indiqués de quelques coups de pinceau dans la lumière ; et, aux premiers plans, c'est la plus amusante variété de marbres penchés en tous sens, assez dégradés pour donner des jeux d'ombre, assez colorés pour fournir la matière de quelques notes bleues, vert pâle ou jaune d'or, mais sans violence et sans heurt, le tout harmonisé dans cette jolie gamme de tons que prennent les choses usées, patinées par le temps, affranchies de la raideur trop neuve qu'elles ont au sortir du ciseau humain...

A Eyoub, on ne manque généralement pas d'aller voir la cérémonie des derviches tourneurs de Bakarié, à moins qu'on n'ait déjà assisté, dans un cadre moins propice, à la cérémonie semblable des derviches de Péra. Ici, le décor est fort joli. Les fenêtres ouvertes de la salle laissent voir l'eau de la Corne d'Or qui clapote sous une légère brise et les caïques qui glissent silencieusement vers les Eaux Douces. Tandis que chante la musique légère des fifres et des tambourins sur un rythme de galoubet, tandis que tournent élégamment les derviches aux longues robes, aux bonnets persans, il y a, dans ce mouvement muet du dehors, dans cette fuite des barques ensoleillées qui traversent un moment le cadre de la fenêtre, un effet de décor artificiel, une impression de théâtre, qui complètent bien le dépaysement causé par le contact de ces âmes asiatiques, dans une de leurs manifestations les plus particulières, *les plus* étrangères à nos âmes occidentales : l'adoration de Dieu par la danse, la recherche mystique du bonheur dans l'évanouissement de la personnalité, dans le vertige.

Les derviches tourneurs ont été jadis merveilleusement décrits par Théophile Gautier; et l'on n'oserait pas en recommencer la description après lui. Je donnerai seulement ici quelques notes rapides. Mais ce qu'il faudrait, pour rendre le caractère gracieux et doucement poétique de la scène, ce serait une jolie musique provençale de fifres et de tambourins jouant un continuel mouvement de danse, avec des cadences et des accents marqués faisant alterner les instruments graves et les instruments clairs, tandis que, les bras en croix, sur le parquet bien ciré, dans la coquette salle ronde, les derviches tournent sur eux-mêmes avec un sourire extatique...

D'abord deux entrées de derviches. L'un après l'autre, ils arrivent et, sur un pas de maître à danser, saluent le mihrab; ils ont tous des robes de couleurs différentes, des bonnets persans aux tons jaunes et les pieds nus.

Leur salut fait, ils vont s'accroupir sur un rang dans un coin de la salle; tout autour, il y a une large galerie où la foule est entassée. Le chef est assis devant le mihrab, l'air ennuyé et mauvais, face à tous les autres derviches, et, au-dessus, dans une tribune, on chante, on joue du fifre, puis du tambourin. Les derviches se mettent en marche tout autour de la salle en mesure. Chaque fois que l'un d'eux arrive devant le mihrab, il fait un demi-tour, salue le chef gravement, les bras ramenés avec le manteau sur la poitrine, tourne de nouveau et continue. Cette cérémonie, qui se passe sur un petit air grêle de flageolet, rythmé par des coups plus sonores de gong, avec de brusques passages d'un octave à l'autre, est absolument comique. On dirait un pas de ballet du Bourgeois gentilhomme et le fait est qu'avec leur haut bonnet et leur grande robe, ces derviches, qui exécutent de si profonds saluts, ressemblent assez à des médecins

STAMBOUL.

QUELQUES PHRASES MUSICALES DES DERVICHES TOURNEURS.

(155)

de Molière ou à des mamamouchis. Comme toujours, au début d'une cérémonie religieuse à laquelle on ne s'associe pas par une communauté de piété, on commence par être frappé du côté étrange ou même risible qu'elle présente. Un, deux, trois, cinq tours semblables, et il y a bien une vingtaine de derviches, cela fait au moins cent saluts...

Ils retirent alors leur pelisse et apparaissent en blanc ; le tambourin joue toujours. Ils font le tour de la salle ; en arrivant devant le mihrab, chacun d'eux se met à tourner sur lui-même en suivant le rythme de la danse, tandis qu'un supérieur, errant au milieu d'eux, semble exercer sa surveillance.

Bientôt tous tournent à la fois, pas très vite, d'un mouvement ordinaire de valse, quelques-uns les bras en croix, d'autres les bras levés au-dessus de la tête. La musique est gracieuse ; ils valsent avec élégance sans se rencontrer jamais, quelques minutes, puis font le tour de la salle à la file pour reprendre haleine ; et, arrivés devant le mihrab, recommencent à tourner... Comme les derviches hurleurs de Scutari, que nous visiterons plus tard, ceux-là cherchent Dieu dans le vertige...

Has-keui et l'Ok-Meidan. — D'Eyoub, une jolie traversée en caïque sur la Corne d'Or mène à Has-keui. Là c'est une impression originale. On tombe dans un quartier juif ; et, comme les Juifs de Salonique, comme beaucoup des Juifs de Turquie, ce sont ici des Juifs espagnols, rattachés par un lien plus ou moins direct à des ancêtres chassés d'Espagne par Philippe II. Il en résulte que, dans les rues, on entend, de tous côtés, la langue du Cid et de Cervantès débitée par des individus au nez crochu, au sourire insinuant, au geste peureux, par

(156)

VUE DE CIMETIÈRE D'EYOUB, STAMBOUL. — CL. L. DE LAUNAY.

La Turquie que l'on voit.

Pl. 17, page 156.

de grosses femmes sans âge, ou par de ravissants enfants habillés de longues robes rouges ou oranges comme de petits mages. Ce ne sont que rues étroites, à maisons de bois, où, quand la richesse existe, elle se dissimule.

Au-dessus est le plateau de l'Ok-Meidan, avec ses colonnes blanches indiquant les points qu'ont atteints jadis les flèches des sultans s'exerçant à tirer à l'arc et celles des plus fameux archers. Sur l'herbe rare et jaune poussent de grands pins noirs aux formes solidement dessinées et carrées, entre lesquels on aperçoit au loin, sur le ciel déjà rose, les coupoles et les minarets de Stamboul. Des bandes de chameaux broutent entre les pierres tombées des cimetières (V. pl. 18). La première fois que j'y suis venu, quelques enfants juifs s'étaient groupés autour de moi, prenant des attitudes pour que je fisse leurs portraits. Et ces attitudes étaient, comme il arrive si souvent aux Orientaux, comme c'est surtout le cas ordinaire pour les enfants aux mouvements souples, aux grâces de jeunes animaux robustes, très noblement élégantes. Ils étaient charmants, ces jeunes garçons, éclairés par le soleil du soir sur ce décor de féerie que terminaient les profils de Stamboul aux coupoles flanquées de minarets, avec leur robe de dessous rose recouverte d'une sorte de dalmatique rouge et la note également rouge de leur fez. Ils parlaient avec la même facilité le français, l'espagnol, le grec, le turc et ils avaient sept à huit ans.

De l'Ok-Meidan le retour en caïque à Péra est délicieux, comme une promenade sur le grand Canal ou sur la Giudecca. C'est un canal un peu plus large seulement et plus abandonné à la nature, où les **deux** rives, au lieu des palais de briques aux fenêtres de dentelle, portent des champs déserts, des cyprès et des échafaudages de maisons basses aux toits de tuiles. Le soir, on y voit le soleil descendre tout jaune au fond de la Corne d'Or et les barques qui passent sur l'eau sont noires, comme dans le décor pareillement orienté de la Giudecca, tandis que le soleil, avant de disparaître, illumine un ciel d'or pareil à la coupole d'une mosaïque byzantine... On glisse ainsi doucement en se rapprochant du port, où, peu à peu, l'on est entouré par le mouvement d'autres barques de plus en plus nombreuses, animant ce grand lac qu'encadrent les collines aux maisons blanches, brunes et roses.

Mais l'on peut aussi profiter de l'occasion pour aller voir l'ancien quartier des Arméniens, partie de Constantinople qu'il est le plus nécessaire de visiter après avoir lu les poétiques digressions de Loti sur la bonhomie aimable des Turcs, si chers au non moins aimable Kaiser Wilhelm. On voit là une ville entière dont toute la population a été massacrée ou déportée comme au temps d'Alaric ou de Gengiskan : une ville en ruines, dans laquelle il ne reste plus personne que des Juifs venus prendre possession à vil prix des maisons désertes.

Relisons ici les récits d'un témoin. Ce n'est pas inutile pour pouvoir répondre aux turcophiles, qui, par haine de la croix, regrettent l'attitude si nette prise par la politique française en 1912 contre le Croissant. Il s'agit d'événements qui se sont passés, non il y a plusieurs siècles, mais le 26 août 1896 et celui qui les raconte est un officier français embarqué à bord du Sidon.

« ... Les Turcs massacraient tous les Arméniens qui se trouvaient sur leur passage. A la hauteur du pont de Stamboul, il y avait une foule énorme, et les soldats qui circulaient m'empêchèrent d'approcher. Des Turcs, armés de matraques énormes en bois de hêtre, parcouraient des groupes en tous sens. Tout à coup je vis un rassemblement se produire près du poste, à l'entrée du pont, et aussitôt se lever les bâtons. Ce furent alors des cris de terreur, d'épouvante et d'angoisse. Un pauvre diable tombe assommé. J'en vois traîner un autre, tout couvert de sang et auquel, au passage, chacun donne un coup de talon sur la tête. Et, tandis que les scènes de ce genre se multiplient, la troupe est immobile, baïonnette au canon. Elle semble indifférente à ce qui se passe. Les officiers de police ne s'occupent même pas de ce qui vient d'arriver. Cependant, aux coups sourds des matraques, est venu s'ajouter le bruit d'une fusillade ininterrompue.

« Je rentre à bord où tout le monde est consigné. Quelques personnes affolées sont venues y demander asile. De la dunette où nous sommes rassemblés, mes camarades et moi, nous pouvons suivre les péripéties de la tuerie. Dans une petite ruelle de Galata, nous voyons, descendant d'une masure en planches, quelques hommes, une femme et un enfant. A leur costume, je les reconnais pour des Arméniens... Tous disparaissent dans la foule... Sur leur passage, une bagarre se produit, un homme parvient à se dégager et s'échappe en courant du côté du bord. Il a sans doute l'idée de se réfugier à l'abri du pavillon français. Mais les Turcs le poursuivent avec acharnement, et il n'a pas fait vingt pas qu'il reçoit des coups de matraque. Le malheureux néanmoins ne tombe que quelques pas plus loin, à une vingtaine de mètres du bord! Les Turcs alors s'acharnent sur lui, la tête est littéralement brisée, et le sang coule sur les plaies béantes. Puis les Turcs qui passent frappent le cadavre à coups de talons de botte... »

Il faut vraiment avoir de la compassion de reste pour s'apitoyer sur le peuple dont le Gouvernement a organisé sciemment, ouvertement, ces horreurs. Les massacres de Chio qui soulevèrent d'indignation toute l'Europe pensante de 1824, sont déjà bien vieux. Les massacres d'Arménie, en 1896, se sont passés bien loin de nous. Mais il s'agit là d'un événement contemporain, qui a eu lieu sous les yeux de toute une population européenne plus inquiète qu'étonnée : ces choses-là rentrant dans la catégorie de celles auxquelles il était logique de s'attendre sous le sultan rouge. Ne connaîtrait-on rien de cette histoire qu'on éprouverait encore une singulière impression en se promenant, dix ans après le crime, dans cette ville systématiquement dévastée, parmi ces ruines aux portes enfoncées, aux fenêtres brisées, parmi ces déserts où parfois tout a été rasé jusqu'aux fondations, et sur lesquels personne n'a osé reconstruire encore.

LE BOSPHORE ET LES ENVIRONS DE CONSTANTINOPLE
SCUTARI — LES ILES DES PRINCES, ETC.

C'est dans les courses en mer sur le Bosphore et sur la Corne d'Or qu'on apprécie peut-être le mieux le régal offert aux yeux par Constantinople, de même que, pour connaître et aimer Venise, il faut

CHAMEAUX DANS LE CIMETIÈRE DE L'OK-MEIDAN.
CL. L. DE LAUNAY.

L'OK-MEIDAN ET GALATA. — CL. L. DE LAUNAY.

se laisser conduire au hasard sur la lagune. Ces deux lacs qui se rencontrent à angle droit apparaissent bordés, dans toute leur longueur, de villes en amphithéâtre; et, des deux côtés de la mer calme et bleue comme un lac, les deux rivages restent toujours en vue, se montrent fleuris, verdoyants et lumineux.

La traversée que j'ai faite le plus souvent est celle de Kadi-keui. En vingt minutes, on est rendu à cette petite ville de plaisance, où bien des commerçants et des fonctionnaires européens de Constantinople viennent le soir se réfugier à la campagne après le tumulte de la journée, comme on va de Paris à Auteuil ou à Colombes. Ce court trajet, fait à différentes heures du jour, en des saisons diverses, sous des ciels changeants, permet à lui seul de voir le panorama de Constantinople sous mille aspects incessamment modifiés par les jeux de la lumière.

Quels beaux effets de clarté matinale quand toute la pointe du Séraï, toutes les blancheurs de Sainte-Sophie et de l'Ahmédié s'éclairent dans la lumière intense! Le Bosphore est sillonné de barques, de bateaux, de vapeurs de toutes formes et de toutes grandeurs, auxquels de blancs troupeaux de mouettes font souvent cortège avec des cris stridents.

Et parfois, le soir, au retour, quels étranges effets de fumée à la Manchester sur Stamboul à contrejour : les hauts minarets profilés en noir, les coupoles des mosquées apparaissant seules en silhouette à une hauteur démesurée, sur une colline qui semble vidée de ses maisons disparues dans la brume, au-dessus de l'eau sur laquelle remuent ou flottent les grosses masses noires des navires!... Dans un nombre d'années que je voudrais espérer un peu

(161)

11

long, mais qui est fatalement limité par une échéance inévitable, les Turcs ayant disparu de Constantinople, ou ayant été prussifiés, on aura ici, en effet, un Liverpool ou un Swansea, à côté de l'immense bassin houiller d'Héraclée, avec des cheminées au lieu de minarets et des ateliers bruyants de forgeurs de fer au lieu des placides mosquées. Que le Dieu des chrétiens protège à Stamboul la survivance de son confrère et concurrent Allah !...

Scutari. — L'excursion de Scutari est une de celles qu'un étranger ne manque guère de faire, au moins pour aller voir le grand cimetière et les derviches hurleurs.

Scutari, le prolongement asiatique de Constantinople, en forme aujourd'hui comme un grand faubourg que des services de bateaux à vapeur constants mettent à moins d'une demi-heure de Stamboul (V. pl. 19). Le caractère en est toutefois un peu différent. Les rues de Scutari ont, comparées à celles de Constantinople, l'attrait d'un faubourg provincial au sortir d'une grande ville bruyante et affairée. Au mois de mai, ce ne sont que glycines aux fleurs violettes, arbres fruitiers ou faux ébéniers aux fleurs roses, mimosas aux fleurs jaunes passant par-dessus quelque mur, dont les baies grillagées laissent apercevoir un fouillis de verdure sur des tombes.

En montant vers les derviches hurleurs qui sont une des attractions cataloguées de Scutari, on passe devant le turbé de Gulnouch Sultane, qui est charmant, comme la plupart de ces turbés, que ce soit à Stamboul, à Eyoub, à Scutari, ou à Brousse. C'est une petite enceinte ronde, entourée d'une grille à jour et pleine de beaux arbres dorés par la lumière.

Au milieu de cette joie verdoyante et fleurie, quelques pierres blanches ou bleues marquent des tombeaux. Une autre jolie petite mosquée couverte de faïences bleues à l'intérieur, la Tchinli-Djami est tout en haut de la ville.

La comédie des derviches hurleurs vaut-elle bien le temps que l'on y passe? Je l'ai revue deux fois à vingt ans de distance. D'une expérience à l'autre, — est-ce ma foi qui avait baissé, sont-ce les derviches qui avaient changé? — j'ai trouvé un singulier progrès du cabotinage, une fâcheuse diminution de l'enthousiasme fanatique. A mon second passage, en 1905, il y avait peut-être là cent étrangers payant leur entrée, contre vingt-cinq ou trente Turcs. J'ai été frappé alors de voir à quel point ces derviches restaient maîtres d'eux au milieu de cet exercice de gymnastique énergique. L'un d'entre eux même, un gros énorme, qui semblait travailler à se faire maigrir, était particulièrement amusant avec ses contorsions de mitron exaspéré. Évidemment, dans cette cérémonie baroque répétée à heure fixe, comme un spectacle, en présence de chrétiens payants, on est tenté de croire à une pantomime de bateleurs...

Et pourtant, qui sait? L'âme de ces asiatiques est tellement différente de la nôtre. Ils ont un tel mépris pour nous. Peut-être, quand ils font leurs prières devant nous, ignorent-ils totalement notre présence, comme ces grandes dames du XVIII° siècle qui sortaient du bain, sans prendre garde à la présence de leur laquais plus qu'à celle d'un meuble ou d'un animal domestique. Comme, en pareil cas, il vaut toujours mieux être dupe que trop sceptique, ce sont mes plus anciennes notes que je reproduis.

Une salle carrée aux murailles couvertes de

petits cadres accrochés en désordre à la muraille, des pancartes avec des lettres turques, un pêle-mêle singulier de bric-à-brac exposé, d'armes, d'œufs d'autruche; des galeries à colonnes pour le public; voilà le décor... Les derviches hurleurs sont sept ou huit. Ils ont une grande robe noire, nouée par une corde à la taille, la plupart noire, quelques-uns rouge. Les uns portent un turban noir et blanc, les autres une sorte de grand bonnet persan. Un chef les dirige et ils commencent par appeler dix ou douze fois de suite quelque chose qui ressemble à « Allah, Samullah, Laballah! » Ils font cela en criant très fort par moments et, brusquement, leur chant s'interrompt pour se continuer à voix basse : ce qui produit des effets burlesques analogues à ceux qu'emploie volontiers l'opérette. En même temps, ils se prosternent constamment le front à terre et se relèvent. Les mouvements sont encore d'une extrême lenteur. Beaucoup ont le sourire aux lèvres, comme s'ils se moquaient d'eux-mêmes ou de nous : un surtout jeune et très pâle, une figure de poitrinaire encadrée d'une longue barbe noire, qui a quelque chose de bien étrange avec ses yeux brillants d'une joie intérieure.

Ils se groupent à six ou sept dans un coin de la salle; ils chantent une longue, interminable litanie, qui ne paraît se composer que du seul mot Allah et ils inclinent le corps en avant, à droite, à gauche...

Puis le chef s'accroupit sur un tapis devant sa niche; à sa droite, deux autres assis; à sa gauche, un grand, debout, en bonnet persan, dit les prières devant le mur couvert d'armes bizarres, de fouets, de tableaux. En face de lui, sur une rangée, cinq ou six sont également accroupis. D'autres derviches, placés dans divers coins, chantent un long chant monotone et, tout le temps, sans désemparer, les six derviches de front (on se demande comment ils y résistent), en poussant un éternel « allah il allah », s'inclinent, se redressent, s'inclinent encore. A chaque instant, il en vient d'autres les rejoindre... Ils n'ont plus du tout l'air de plaisanter maintenant. Tout autour de la salle, les Turcs, assis sous la galerie, paraissent aussi prendre la chose fort au sérieux. Leurs corps suivent les mouvements de ceux des derviches, s'inclinent à droite, à gauche, en cadence...

Les derviches sont toujours de front contre le mur de gauche; ils disent sans cesse trois mots, toujours les mêmes, qui sonnent à l'oreille comme le han du vanneur ou du boulanger : i-ok-buk... i-ok-buk... i-ok-buk; et, successivement, se prosternent à droite, à gauche, à droite, à gauche, vite, vite, vite... I-ok-buk... I-ok-buk... En même temps, devant eux et se faisant face, sont venus s'accroupir sur le tapis deux derviches, dont l'un a une sorte de chemise de nuit, psalmodiant quelque chose qui ressemble un peu à la lecture de nos évangiles dans la semaine sainte... I-ok-buk... I-ok-buk... Des spectateurs ont revêtu une robe et sont entrés se joindre à eux; toute la foule tourne la tête à droite, à gauche, s'incline, se redresse. On a envie d'en faire autant; on commence à sentir un peu de vertige; il y a déjà plus d'une heure et demie qu'ils s'agitent et la cérémonie commence à peine. Maintenant, on a apporté aux derviches du fond des bonnets blancs qu'ils ont mis sur leur tête; les deux psalmodieurs face à face continuent toujours en chantant aussi fort qu'ils peuvent, et les mouvements des derviches à bonnet blanc deviennent frénétiques.

A droite, à gauche, à droite, à gauche, ils se prosternent en chantant toujours : « la-il allah... la-il allah, la-il allah. » C'est étrange que leurs corps ne se brisent pas; je compte quarante prosternements par minute...; « la-il allah, il allah » vociféré toujours; et les autres qui psalmodient, les douze ou treize derviches de front se prosternant, se redressant sans interruption, tous les assistants dont les corps suivent le mouvement, dont les têtes s'ébranlent. On se sent le cœur pâmé rien que d'imaginer la souffrance qu'ils s'imposent par une sorte de folie mystique. Ils sont là s'agitant dans ce mouvement frénétique; ils ne doivent plus penser à rien, ils doivent être plongés dans le néant du vertige. Leur cœur a dû cesser de battre comme dans une glissade folle, une valse trop rapide, le galop d'un cheval emporté. Ils doivent être perdus dans l'anéantissement d'un nirvana analogue à celui que poursuivent par d'autres moyens les Hindous!... Non, ce n'est pas une comédie qu'ils nous donnent là. Ils s'inquiètent bien de nous, pauvres étrangers, chiens de chrétiens. Ils font aujourd'hui ce que faisait le fondateur de leur secte en l'an 1200; ils s'imaginent adorer Dieu... « la-il allah, il allah... la-il allah, il allah... »; quarante prosternements par minute. Je regarde mon poitrinaire; il n'a plus son sourire aux lèvres, il est encore plus pâle. Combien, après des prières pareilles, ont dû être transportés tout droit dans la mort!... Voilà une demi-heure, trois quarts d'heure, une heure que cela dure à cette vitesse. Cela donne l'impression d'une folie vertigineuse à un degré que les

descriptions ne permettent guère de concevoir...
Et la psalmodie se poursuit toujours. Les derviches
commencent à haleter, mais ils n'arrêtent pas. Ce
ne sont plus maintenant que des cris qui s'échappent
de leur bouche, des cris de fauve, toujours rythmés,
en même temps qu'ils se prosternent à droite, à
gauche, quarante fois par minute. D'un coup de
pied, d'un battement de main, l'un marque la
mesure. Certains sont devenus hideux, la tête
convulsée tournant comme une boule mal équi-
librée dans tous les sens... « Hou hou... hou!... » Ils
se redressent enfin, mais ils n'arrêtent pas pour
cela; ils sautent sur place, hochant et baissant la
tête, comme des magots chinois, avec une rapidité
folle; ils ont repris un peu de souffle et les prosternements recommencent. Cela pendant près d'une
heure et demie. Quelques-uns lâchent prise; mais
c'est singulier : après une semblable orgie, ils ne
sortent pas en titubant comme des hommes ivres;
endurcis par un long entraînement, ils semblent,
au contraire, presque calmes. Et les autres continuent : « la-il allah, la-il allah... » Enfin, c'est fini,
tous se redressent... Et, dans l'enceinte, on apporte
des enfants, des bébés de quelques semaines, des
fillettes de dix, douze ans. Tous, successivement,
on les étend par terre à plat ventre, même les bébés;
et le chef des derviches monte sur eux tout debout
pour dire une prière. Les bébés pleurent; mais
l'éternel chant couvre leur voix. Cette foule turque
a assisté à cela comme à une cérémonie religieuse;
ces enfants et leurs mères croient avoir fait un
acte méritoire en se mettant sous les pieds du
derviche, comme d'autres en se jetant sous le char
de Jagernaut. On sort de là la tête troublée et

avec une singulière opinion de l'espèce humaine...

Quand on se retrouve à l'air libre, on est heureux de gagner le calme apaisant du grand cimetière de Scutari. Ce cimetière est immense ; sur des kilomètres de long, il couvre une montagne entière de ses cyprès et de ses tombes en désordre (V. pl. 20). Chez les musulmans, on ne connaît pas notre affreux marchandage de concessions, où le mort n'est qu'un locataire, vite expulsé comme encombrant. Toutes les tombes sont perpétuelles et la ville des morts est bientôt plus grande que celle des vivants : celle-ci surtout où, le plus possible, les Turcs de Constantinople se font enterrer en terre d'Asie. Mais cette perpétuité contribue sans doute, avec le fatalisme musulman, à l'air d'abandon que prennent ces cimetières dont les morts sont trop anciens pour s'imposer au culte affectueux de descendants qui les ignorent. Les disparus y subissent vite et très visiblement cette seconde mort plus complète, plus définitive que la première, qui est celle de l'oubli.

Le cimetière de Scutari est une merveilleuse forêt de cyprès qui s'étend au loin, percée de chemins ombreux, tantôt dominant la mer et découvrant des aperçus sur la nappe claire du Bosphore, tantôt sombre et mystérieuse avec des demi-teintes claires qui dessinent la colonnade des troncs, et des blancs plus marqués sur toutes ces pierres tombales, ou ces colonnes inclinées en tous sens, comme lassées, déjetées par le travail lent des pluies et finissant par s'écrouler dans l'herbe pour y disparaître.

On y est absolument seul et, à diverses reprises, nous nous asseyons sur quelque tombe pour esquisser un croquis, jusqu'à l'heure où la faim nous

UNE RUE DE SCUTARI.
CL. L. DE LAUNAY.

SCUTARI. RUE ALLANT
A LA TCHINLI DJAMI.

EMBARCADÈRE DE SCUTARI. CL. L. DE LAUNAY.

chasse vers les hôtels européens de Haïdar Pacha.

Au-dessus de Scutari, on peut encore monter à cheval au mont Boulgourlou (Tchamlidja). La montée a peu d'intérêt; mais la vue d'en haut est superbe : tout le Bosphore comme un lac, Constantinople en perspective, la mer de Marmara, et, en sens inverse, par derrière, les profondeurs de l'Asie mystérieuse avec une grande route blanche qui s'y enfonce tentatrice vers tout l'inconnu...

Cependant, lorsqu'on ne tient pas essentiellement aux vues tellement vastes qu'elles ressemblent à une carte de géographie, on a peut-être des effets plus jolis et des tableaux mieux composés, avec des premiers plans, en restant à mi-hauteur, sur la route de voiture de Beylerbey, au-dessus de la grande rivière bleue du Bosphore qui s'enfonce de plan en plan, entre ses collines plantées de maisons roses.

Fanaraki. — Un autre jour, nous allons en caïque, de Kadi-keui à Fanaraki. Fanaraki, où se trouvait autrefois un temple de Vénus, est aujourd'hui un lieu de promenade pour les belles dames de Scutari, d'Haïdar-Pacha ou de Kadi-keui. Elles viennent là faire leur tour du lac, lentement, dans une série de coupés qui se suivent, où il n'y a jamais un homme et dont les plus élégants sont escortés d'un eunuque nègre. En même temps, d'autres femmes turques, accroupies sur des matelas posés sur l'herbe, les regardent passer en fumant des cigarettes. Les femmes de Constantinople ne craignent pas du tout de se laisser voir. Elles ont, suivant l'expression de Loti, soulevé le voile d'enchantement qui les enfermait dans son prestige en leur dissimulant le monde réel. Il y a loin d'elles à ces larves informes que l'on rencontre dans les provinces, enveloppées d'un sac de bure jaune et qui, à la rencontre d'un passant, commencent par aller se coller face au mur le plus voisin. Celles d'ici ont simplement une mousseline blanche autour de la tête et sur le menton, comme une cornette de religieuse, quelquefois même rien ; elles nous regardent, elles plaisantent, d'ailleurs toujours fardées, les yeux allongés à l'antimoine, les lèvres rougies, l'air de filles.

Celles qui sont assises ont généralement déposé leurs pantoufles auprès d'elles sur le matelas, sans lequel une Turque ne voyage pas et où elle reste ainsi des heures entières immobile. Celles qui marchent sont vêtues, sous le voile blanc qui leur enveloppe tout le corps en même temps que la tête, d'une sorte de robe de chambre sans taille et sans corset. Comme elles sont d'ordinaire assez épaisses et qu'elles marchent en pantoufles, leur aspect est tout à fait disgracieux. Même par les temps les plus sombres, elles portent toujours leur ombrelle ouverte, c'est une habitude ; et elles cheminent en traînant les pieds avec une sage lenteur...

En même temps que les élégants coupés, on voit arriver à ce Ranelagh asiatique de grands chars traînés par deux bœufs à la mode antique, où des vingtaines de femmes babillent et rient comme une volière d'oiseaux.

Le Bosphore. — Un autre jour, nous suivons le Bosphore dans la direction de la Mer Noire en nous arrêtant d'escale en escale, comme sur un lac de Suisse ou d'Italie, ou, pour prendre une comparaison plus proche, comme sur la Seine entre Paris et Saint-Cloud. La course est jolie, mais, comme toutes les navigations du même genre, paraît bientôt monotone.

Voici Dolma-Bagtché, qu'habitait Abd-ul-Asiz, le dernier sultan suicidé par un concurrent ; puis Tchéragan, où fut enfermé comme fou Mourad V, son successeur... Il n'est guère de palais, de pointe, d'îlot sur le Bosphore qui n'ait ainsi, un jour, servi de lieu d'internement ou d'exil à quelque souverain détrôné, à quelque ministre en disgrâce... Plus loin, voici les Eaux Douces d'Asie, où habita l'impératrice Eugénie se rendant à l'inauguration du canal de Suez...

A côté de nous nagent des bandes de marsouins passant l'un sur l'autre et sautant à moitié de l'eau comme de grandes roues noires toujours tournantes.

Au printemps, toutes ces côtes sont d'un ravissant coloris, avec le mélange des arbres verts très foncés, des pêchers aux fleurs roses et des maisons de bois, tantôt brunes, tantôt peintes en vert, mêlées de quelques façades blanches éclatantes...

Des deux côtés du Bosphore, nous apercevons maintenant deux grosses tours avec des chaines de remparts crénelés... C'est ici Rouméli-Hissar et là Anatoli-Hissar (V. pl. 21). Rouméli-Hissar, où nous abordons, est une petite ville aux maisons basses, brunes, bleues ou blanches, entassées et serrées le long de la côte. On voit, sous les toits de tuile bruns, dans l'étage en surplomb qui finit toutes ces maisons turques, les taches vertes des contrevents, les trous noirs des fenêtres ouvertes et, sous la façade en avancée, de larges pans d'ombre, sur lesquels glissent les silhouettes colorées et claires des passants ; au-devant, des bateaux noirs à l'escale ; par derrière, la côte assez raide, contre laquelle les maisons sont accolées dans une rue étroite, qui, couleur à part, fait penser à certains villages du lac de Lugano. La côte est grise et verte, coupée de cyprès sombres, sur laquelle escaladent deux lignes de remparts allant d'une tour sur le rivage à une autre grosse tour en silhouette sur le ciel. Le tableau se compose bien et ses aspects changeants le font vivre, quand, s'éloignant, on contourne la pointe, en regardant s'allonger le cordon des maisons du rivage et grandir sur le ciel les silhouettes des deux tours.

C'est à peu près ici que Darius établit, dit-on, son pont de bateaux, lors de son expédition contre les Scythes. C'est ici aussi que campa Mohammed II sur la rive européenne en 1452.

Ce château de Rouméli-Hissar a joué un rôle important dans les préliminaires de la prise de Constantinople. Quand Mohammed II fut monté sur le trône en 1451 après la mort de son père, il voulut construire, en ce point, une forteresse pour assurer à ses troupes le libre passage entre ses deux possessions d'Anatolie et de Roumélie. Sans s'arrêter aux vaines défenses de Constantin Dragacès, il mit à l'ouvrage 2 000 maçons et 4 000 manœuvres, en même temps qu'il faisait réparer, sur la rive asiatique, Anatoli-Hissar. En travaillant nuit et jour, on eut fini le fort en quatre mois, et on l'arma d'une façon formidable pour l'époque (1452). On y installa le premier canon fondu par le traître hongrois Urbain. Le canon fit ses débuts en tirant sur un vaisseau vénitien qui voulait forcer le Bosphore et le coula à la grande joie du Sultan. Peu après, c'est de là que Mohammed se rendit à Andrinople pour préparer le siège de Constantinople.

(172)

Plus loin, voici une série de stations d'été élégantes. A Yéni-keui, nous visitons le parc du vice-roi d'Égypte, un parc un peu abandonné comme beaucoup de choses en Turquie, mais placé dans une situation superbe sur cette Côte d'Azur que forme le Bosphore.

Thérapia (guérison), qui s'appelait autrefois Pharmakia (poison), est une petite ville grecque, dont l'origine remonte, paraît-il, à la légende de Médée, mais qui est surtout connue comme séjour d'été des diplomates. Là se trouvent les palais d'été des ambassades de France, d'Angleterre, d'Italie, etc. Le palais de France, donné en 1807 par le Sultan Sélim, a de beaux arbres sur des jardins en terrasse, avec une vue merveilleuse sur les deux rives d'Europe et d'Asie.

Sur la même rive, Bouyouk-Déré est également une station de plaisance où se trouve l'ambassade de Russie. C'est de là que l'on part pour l'excursion de la forêt de Belgrade et celle de la vallée des Roses, aux sources abondantes et ombreuses.

Au delà de Bouyouk-Déré, les côtes, plus basses et plus nues, sont à peu près désertes avec de grandes coulées de roches volcaniques. Nous y sommes passés un soir par un effet de couchant superbe et tragique, avec des reflets jaunes ou rouge violacé tachetant à la Besnard une mer d'encre : des clartés bleu gris passant au jaune dans le bas du ciel sous des nuages très noirs, etc... La sortie sur la mer Noire est particulièrement belle dans sa grandeur sévère, qui contraste avec l'aspect riant et la coquetterie claire des rives voisines de Constantinople. Les falaises volcaniques, dont les tons oscillent dans la gamme des gris plus ou moins bleutés ou violacés, se détachaient en sombre ce soir-là sur les deux clartés de la mer aux reflets pourpres et du ciel, coupé de nuages alternativement noirs, gorge de pigeon ou incandescents.

Ile des Princes. — En sens inverse de la course du Bosphore, l'excursion classique aux Iles des Princes est d'un intérêt médiocre. Ce qu'elle offre de plus plaisant, ce sont les deux panoramas de Constantinople à l'arrivée et au départ. Mais il suffit de traverser à Kadi-keui pour les voir. Les petites îles où l'on touche jouent à la Corniche ou au golfe de Naples sans les égaler; elles sont assez basses et nues, avec des maisons blanches ultra-civilisées. Ce sont de ces endroits où l'on peut se plaire infiniment, comme sur une de nos plages françaises, quand on y séjourne, mais qu'il n'est pas nécessaire d'aller voir au bout de l'Europe, alors que nous avons beaucoup mieux dans notre pays. Cependant, les îles des Princes, qui sont des îles grecques, ont, là où les Européens ne les ont pas trop envahies, des coins qui m'ont amusé par la façon dont ils me rappelaient mes chers Grecs des îles, mes « Grecs de Turquie » et tout ce qu'il y a d'aimable dans leur pays. En outre, les souvenirs historiques y abondent.

A cet égard, ces îles sont surtout connues pour avoir servi je ne sais combien de fois de lieux de déportation et d'exil aux princes détrônés : par exemple, à l'impératrice Irène détrônée par Nicéphore au moment où elle projetait de s'unir à Charlemagne, ou encore à la pauvre Théophano qui, après avoir aidé son amant Jean Tzimiscès à devenir empereur, se vit noblement sacrifiée par lui aux exigences du patriarche et de la morale.

C'est par là seulement que nous connaissons Halki, Antigoni, Prinkipo ; et, de ce passé, nous ne trouvons pour ainsi dire plus une trace. A Prinkipo, ce qu'on voit, ce sont des hôtels de plage à la mode, des processions de voitures, de chevaux et d'ânes. Nous y sommes venus un jour de fête grecque où toute la population des environs était accourue en pèlerinage au couvent de Saint-Georges, qui se dresse sur la principale hauteur de l'île. Quand on a quelque temps respiré l'atmosphère d'espionnage et de délation, avec le relent de Turquie hostile et méchante, qui est propre à Constantinople, c'est un plaisir d'entendre parler grec tout autour de soi. Cette montée a de jolis coins où, à travers les pins, on plonge de haut sur la mer semée d'îles et bordée de côtes, mais de ces coins que l'on trouve tout naturel de rencontrer dans l'Esterel. Au sommet, se trouve une porte surmontée d'un Saint-Georges en cuivre, dont les Grecs, en passant, baisent dévotement un coin quelconque, celui qui se trouve le plus à leur portée : généralement le dragon qui a l'avantage d'être en bas.

CONSTANTINOPLE OFFICIELLE ET MODERNE
LE SELAMLIK
LE VIEUX SERAÏ — LE MUSÉE DES JANISSAIRES

Nos courses dans Constantinople nous ont montré déjà une ville antique, une ville byzantine, une ville turque. Nous avons pu cependant faire abstraction de la ville moderne et officielle, comme s'il n'existait à Constantinople ni café-concert à gramophone assourdissant, ni cinéma, ni Péra-Palace, ni ministères, ni sultan. Il est cependant impossible de pousser cette abstraction jusqu'au bout et, si l'on revenait sans avoir au moins une fois visité les palais du Gouvernement, le vieux Séraï, Dolma-Bagtché, et perdu quelques heures au Sélamlik, on se perdrait de réputation vis-à-vis de ses amis. Tout le monde n'a pas vu Roustem-Pacha, le Tour des Murailles, l'aqueduc de Valens, la colonne de Marcien, ou les grappes de glycines et les pêchers en fleurs passant par-dessus quelques vieux murs de Stamboul. Mais tout le monde est forcé d'avoir admiré les vitrines poudreuses, les vieilles pendules à musique et les meubles du faubourg Saint-Antoine entassés dans le palais et d'avoir médité sur le masque blafard d'Abd-ul-Hamid... Il faut donc nous résigner. Inclinons-nous !

Si le peuple turc a des qualités et surtout s'il constitue, dans un paysage oriental, avec ses plantations de minarets et de cyprès, ses maisons de bois, ses cimetières aux pierres tombales en désordre, un élément précieux de pittoresque, la Turquie officielle, que nous abordons maintenant, est odieuse ; et, surtout quand on s'est trouvé quelque temps en contact forcé avec elle, dans les provinces, où le vernis européen est plus écaillé, où le fonds de sauvagerie innée s'étale davantage, quand on a dû subir quelque temps ce mélange d'hypocrisie, de corruption, de bassesse féline et d'inertie ; quand on a passé des heures à parlementer avec un moudir ou un caimakam pour ne pas obtenir la chose la plus simple, la plus élémentaire, comme l'autorisation de voyager à peu près librement à travers la campagne ; quand on s'est

CIMETIÈRE DE SCUTARI. — CL. L. DE LAUNAY.

CIMETIÈRE TURC A SCUTARI. — SEBAH ET JOAILLIER.

heurté à des gens qui, sous prétexte de confondre dynamos avec dynamite, s'opposent à l'introduction de la lumière électrique ; quand on a pataugé dans cette paralysie sénile, qui, depuis cinq cents ans, n'a réussi qu'à détruire, on évite, avec un soin scrupuleux, la racaille des gens à redingote boutonnée et à fez, renégats de toutes les nations, parlant français et professant la philanthropie, qui peuplent les ministères de Constantinople. Vieux Turcs ou jeunes Turcs, Comité Union et Progrès ou séides d'Abd-ul-Hamid, c'est tout un ; et il faut vraiment l'ignorance extraordinaire où l'on est en Occident des choses de l'Orient pour que les diplomaties aient pu prendre au sérieux cet étalage de rites parlementaires, et de canons de bois sur des remparts en carton-pâte, pour qu'on ait eu l'idée de traiter la Turquie comme un pays civilisé ou civilisable, pour qu'on ait cru à cette accumulation de mensonges éhontés qui représentent la parole turque, pour qu'on ait conçu quelque illusion, à Paris ou à Londres, sur la révolution de 1909, et pris pour un équivalent de notre Révolution Française ce pronunciamento, cette conspiration de palais, aboutissant à un simple déplacement de « l'assiette au beurre ». Les événements ont suffisamment prouvé quel était le degré d'honnêteté et de capacité de tous ces hommes modernes, Albanais, Levantins, Arméniens, etc., décorés du nom d'Ottomans ![1]...

1. Type de la dépêche officielle de Constantinople, annonçant les défaites successives de la guerre de 1912-1913 : « Nos braves troupes attaquées par l'ennemi ont été partout victorieuses. Conformément à un plan arrêté d'avance, elles se sont le soir retirées en bon ordre... »

Depuis ma dernière visite à Constantinople qui ne remonte pas très loin, on a changé quatre ou cinq fois de gouvernement. Je n'essaye cependant pas de moderniser la cérémonie du Sélamlik telle que je l'ai vue pour la dernière fois en 1905, au temps du Sultan Abd-ul-Hamid. Il y a quelque intérêt historique à présenter, dans son apparence réelle, ce couard sanglant, ce sultan massacreur qui, en plein XIX⁰ siècle, a fait revivre, par affolement de peur, plus encore que par férocité ou par bêtise, les temps les plus honteux des bas Césars Romains.

On sait que le Sélamlik est la visite obligatoire à la mosquée faite par le Sultan le vendredi et dans laquelle il doit montrer à son peuple fidèle qu'il continue à exister, qu'on ne l'a pas encore suicidé avec un lacet de soie, ou une tasse de mauvais café, interné comme fou dans un palais sur le Bosphore, ou déporté à Salonique. Jadis, c'était l'occasion d'un grand déploiement de costumes et le Sultan à cheval pouvait avoir grand air. Sous Abd-ul-Hamid, on va voir exactement à quoi cela se bornait.

Le Sultan étant réfugié à Yldiz-Kiosk dans le tremblement et l'épouvante sous la garde de ses fidèles Albanais, qui sont, par parenthèse, le peuple le plus sauvage de la Turquie, il s'agissait uniquement pour lui de traverser une rue en se cachant le plus possible, afin de gagner une petite mosquée voisine.

Pour assister à cette promenade qui durait exactement de une heure à une heure vingt, on devait commencer par arriver une heure et demie d'avance, ainsi que pour une réception d'académicien sous la Coupole... Nous voici donc rendus et admis après un examen minutieux. On nous enlève nos ombrelles, nos appareils photographiques, nos lorgnettes, etc. ; et on nous parque sur une terrasse, au milieu d'une étonnante nuée de mouchards et d'agents en bourgeois, entre de véritables corps de troupe déployés pour parer à toutes les éventualités d'une démarche aussi scabreuse, aussi hardie, aussi aventurée que cette promenade de quelques pas. D'abord, au bas du mur, un double rang de soldats albanais ; en haut, deux rangs de policiers encadrant notre rang d'étrangers, l'un devant, l'autre derrière, surveillant tous les mouvements, prêts à bondir dès qu'on met la main à sa poche pour en tirer son mouchoir, empêchant tout accès à la balustrade, trop proche du passage du Sultan : juste ce qu'il faut pour donner à un Français le désir, sinon de commettre lui-même un attentat, au moins d'en voir commettre un au nez de toute cette police insupportable !

Puis la parade du cirque commence. Première entrée de clowns, dressés par M. Loyal (pas en liberté) : une vingtaine de voitures de sable arrivent au galop ; chacune d'elles vide son contenu et l'on couvre, en un instant, de sable, la montée boueuse, sur laquelle vont se faire les manœuvres. Alors on entend la musique militaire jouer un petit air de cinq à six mesures, qu'elle va ensuite répéter indéfiniment et l'on voit arriver, les uns après les autres, les régiments, se suivant et tournant en rond comme à l'hippodrome : tout ce qu'il y a en Turquie de soldats à peu près vêtus, possédant des souliers, équipés et manœuvrant à la prussienne, de quoi faire illusion aux étrangers sur l'organisation merveilleuse de l'armée germano-turque ; des espèces de zouaves à turbans verts, des fantassins pareils à une landwehr coiffée d'un fez et, dans le fond, des cavaliers à fanion rouge. Tout cela défile devant le public, tourne à droite ou à gauche et va se placer de manière à occuper entièrement ce qu'il peut y avoir d'avenues d'accès en tous sens. Avec cela, des officiers, des généraux, qui, vus à distance, ont assez bon air, beaucoup pourtant vieux, ventrus, avec des nez dignes de Cyrano, et des lunettes.

Puis descendent du palais des coupés fermés, dans lesquels on aperçoit des paquets d'étoffe rose, blanche, bleue, qui sont les femmes du Sultan, quelques-unes en voiles très transparents, certaines, affirme-t-on, très européennes et même très parisiennes ; derrière chaque voiture, les deux eunuques, des noirs indéfiniment longs et dégingandés, les mains tombant au-dessous du genou, comme celles des singes, le corps décarcassé, monté en fil d'archal et semblant fléchir du genou à chaque pas, grotesques dans leur redingote noire indéfinie, avec leur fez rouge qui complète leur tournure de chimpanzés habillés pour un travail de saltimbanques. Les voitures arrivent dans la cour de la mosquée. On les dételle ; mais les femmes ne descendent pas !...

Puis, par le même chemin, défilent deux longs rangs de généraux bleus à épaulettes d'or qui s'engouffrent à leur tour dans la cour de la mosquée. A distance, ils auraient presque l'air d'européens ; mais il faut voir porter, à côté de leurs rangs chamarrés, des sacs de nuit élimés, de vieilles valises trouées, des boîtes à chapeau, dans lesquelles sont

(180)

leurs décorations et leurs insignes, pour se rendre compte de ce que recouvre cette apparence européenne, sous laquelle subsiste toujours l'enfant vicieux et baroque, amateur de livres pornographiques, de femmes grasses, de confitures au miel et de pendules à musique, qui reste au fond de ces hommes élevés dans nos écoles européennes..

Enfin, après un très long intermède pendant lequel toute la police s'est mise en branle, on voit descendre une victoria découverte, attelée de deux beaux chevaux, au fond de laquelle se cache, sous la capote à demi relevée, Abd-ul-Hamid en uniforme brun et en fez, avec, en face de lui, un général bleu. La voiture descend environ 200 mètres au milieu de toutes ces troupes. Le Sultan a, comme sur ses portraits, l'air à la fois affaissé et regardant beaucoup par en dessous, un type juif très prononcé qui tient, paraît-il, à sa mère, un grand nez entre deux yeux très noirs, la figure plutôt intelligente. Il arrive dans la cour, il entre dans la mosquée, sans même qu'aucun touriste se découvre ou que personne esquisse un geste de salut quelconque sur son passage... Quand il a disparu, la police et l'armée semblent faire ouf! et tout le monde se débande un moment. La cérémonie dans la mosquée dure vingt minutes. Au bout de dix, les régiments repartent, toujours sur le même air de fanfare, qui semble constituer toute la musique militaire turque; il en reste seulement assez pour bien garder les abords. La police reprend ses places. On mène à la mosquée une petite voiture basse à deux chevaux, une sorte de victoria dont le devant est fermé par un grand tablier de cuir et la capote baissée. Quand le Sultan sort, on enlève rapidement le tablier, on ouvre un instant la capote. Il entre et s'asseoit. On le recouvre : apparemment parce qu'il s'imagine, comme un enfant, être ainsi mieux à l'abri des attentats. Et il part alors seul, conduisant lui-même ses chevaux, tandis que ses trente généraux bleus et or, bedonnants et encombrés de leurs sabres, courent derrière lui comme des larbins. En passant, il adresse à quelques personnes du monde diplomatique un vague sourire. Puis les femmes remontent par le même chemin. Une bousculade de voitures vient chercher les invités et l'on s'en va, satisfait de respirer un air qui n'ait pas passé par la poitrine de vingt espions.

Quand on vient de voir cette Turquie de la décadence et de la défaite, cette Turquie » de la réforme », il est curieux d'aller voir, comme contraste, au Musée des Janissaires, la Turquie officielle d'autrefois, la Turquie victorieuse et puissante, devant laquelle tremblait l'Europe, avec laquelle nos rois négociaient des alliances, la Turquie des mamamouchis enturbannés, qui a passé par les éclats de rire de Molière, pour finir par les exécutions sanglantes de 1826, mais qui, avant d'aboutir au Bourgeois gentilhomme et à Mahmoud II, avait commencé par Mohammed II le Conquérant.

J'extrais d'abord, d'une vieille correspondance, le récit d'une réception devant le Sultan à une époque qui n'est pourtant pas bien éloignée de nous, à la fin du XVIIIᵉ siècle[1].

1. La correspondance inédite d'AUGUSTE MAREUX dont je publierai prochainement la curieuse partie relative à la Révolution

Constantinople, 24 avril 1786. — «... J'ai été il y a quelques jours à l'audience que le Grand Seigneur a donnée à l'ambassadeur de Venise. Il n'y a rien de plus injurieux que ces sortes de cérémonies. Je vais t'en donner une petite description et tu verras comme on traite à Constantinople les représentants des souverains. D'abord l'ambassadeur est obligé de se lever au milieu de la nuit pour être au lever du soleil à Constantinople, où il attend fort patiemment dans la rue qu'il plaise au vizir de passer. Après quoi, il suit le vizir jusqu'au séraï. Là, autre humiliation. Le vizir entre au divan (c'est la salle où se rend la justice) et l'ambassadeur est obligé de rester debout dans la cour à l'injure du temps sans pouvoir trouver d'autres sièges que quelques pierres que le hasard lui présente. Ensuite de quoi vient un homme du vizir lui annoncer qu'il peut entrer. Alors l'ambassadeur entre avec sa suite et est le seul à qui on fasse la grâce de donner un tabouret pour s'asseoir. On plaide devant lui quelques causes, auxquelles il ne fait pas plus d'attention qu'on n'en fait à lui. Ensuite de quoi, le vizir écrit une lettre au Grand Seigneur, dans laquelle il lui annonce que le divan est fini et qu'il lui demande la permission de dîner. Le capidgibachi, qui est chargé de cette lettre, la porte dans sa main qu'il tient élevée afin que tout

française*!* On sait que, sous Louis XIV, la France fut en état d'hostilité latente avec la Turquie. La cérémonie du *Bourgeois gentilhomme* est une réponse au séjour d'un envoyé de Turquie à Versailles. Les ambassadeurs de France étaient maltraités ou emprisonnés à Constantinople. Au contraire, au xviii° siècle, la Turquerie fut à la mode et ses costumes peints par Lancret, Cochin, Parrocel, Lemoyne etc., tinrent une grande place dans l'art rococo.

le monde la voie et chaque individu a soin de se prosterner à la vue de cette lettre. Le Grand Seigneur reçoit la lettre et dit pour toute réponse : « Ainsi soit fait! » Alors le capidgibachi (cette charge est, je crois, à peu près la même que celle de chambellan) rapporte la réponse en la tenant de la même manière. Il entre au divan. Le vizir se lève et fait trois ou quatre pas au devant de cette lettre. Il la baise et en fait la lecture ; puis il s'asseoit et demande le dîner. Alors on sert le dîner sur trois tables différentes ; l'une est pour le vizir et l'ambassadeur ; la seconde est pour le capitan-pacha (qui est le grand amiral) et les principaux personnages de la suite de l'ambassadeur et la troisième pour tous ceux de la suite. Il n'est rien de plus dégoûtant que ces repas; une table ronde de cuivre étamé d'environ trois pieds de diamètre et sans nappe est celle dont on se sert pour manger une multitude innombrable de plats arrangés sans goût et qu'on fait passer tour à tour. Je t'observerai aussi que la coutume chez les Turcs est de manger tout avec les doigts, excepté ce qui est liquide qu'ils mangent avec une cuiller de bois. Ainsi, mon cher ami, juge de l'appétit qu'on doit avoir. Cependant le repas se finit ; on ôte les tables et on apporte la douceur, le café et le parfum. Mais, comme il faut que l'ambassadeur soit toujours humilié, on commence par donner toutes ces choses au vizir et ensuite à l'ambassadeur. Il faut cependant en passer par là. Cette cérémonie faite, on vous chasse du divan comme des chiens en criant : « qchi qchi qchi! » L'ambassadeur sort avec sa suite et attend dans la cour que le vizir sorte du divan pour aller chez le Grand Seigneur. Pendant ce temps, on le

ROUMÉLI HISSAR, SUR LE BOSPHORE. — CL. SEBAH ET JOAILLIER.

LES EAUX DOUCES D'EUROPE.

vest d'une pelisse ainsi que le premier drogman et les deux secrétaires, et les autres ont des cafetans (c'est une robe de toile de coton qui peut valoir une douzaine de francs). Le nombre des personnes qui doivent entrer chez le Grand Seigneur est fixé et ils attendent dans la cour, comme je l'ai dit, plus ou moins longtemps selon qu'il plaît au Grand Seigneur. Enfin la permission d'entrer arrive et des hommes du Grand Seigneur prennent l'ambassadeur par dessous les bras et le conduisent plutôt comme un prisonnier que comme un ministre, ainsi que ceux de sa suite, au Grand Seigneur, qui est assis sur un trône qui n'est pas fort beau, car il consiste en un sofa posé dans un petit enfoncement. A côté de lui sont ses enfants et, derrière, le gouverneur de ses enfants ; et de l'autre, est le vizir, le capitan-pacha et les principaux officiers de sa cour. Devant, est l'ambassadeur, qui se tient debout comme les autres. Tout le monde ainsi placé, l'ambassadeur dit à son drogman de traduire son compliment au drogman de la Porte, qui le répète en tremblant au Grand Seigneur et en s'inclinant jusqu'à terre ; je dis en tremblant parce que c'est d'étiquette : par là il marque la crainte qu'il a de son souverain. Le compliment fait, le grand Vizir bredouille deux ou trois paroles que le vizir répète au drogman de la Porte qui les arrange comme il veut. Ensuite l'ambassadeur sort avec sa suite. Une fois sorti, tu le crois peut-être débarrassé de cette humiliation ; mais tu te trompes ; car il est encore obligé d'attendre dans la seconde cour du sérail que les janissaires, les officiers, le capitan-pacha et le vizir lui-même soient passés. Après quoi, il lui est permis de sortir. Ainsi fait-il et s'en retourne chez lui. Tu vois par là, mon bon ami, combien les Turcs sont vains et glorieux et combien les ministres sont bons de se soumettre à de pareilles conditions. »

Pour se représenter une telle cérémonie et les costumes qui y figuraient, si l'on n'a pas présentes à l'esprit les peintures de Parrocel et de Lancret, ni plus anciennement celles de Bellini, il suffit d'aller au musée des Janissaires, où achèvent de s'user, par le soleil et par les mites, les costumes antérieurs à la réforme de Mahmoud II : hauts fonctionnaires, janissaires, etc., exécutés en 1826, à la faveur d'une révolte.

Après avoir vu les personnages de l'histoire turque, voyons maintenant leurs repaires. Les Sultans ont souvent changé de palais. Jadis, ils habitaient au vieux Séraï. Dolma-Bagtché fut construit en 1853 par Abd-ul-Medjid, et habité encore par Abd-ul-Aziz jusqu'à son assassinat en 1876. Beyler-bey, où ont logé successivement, comme hôtes, l'impératrice Eugénie et l'empereur Guillaume II, a été construit en 1865 par Abd-ul-Aziz. Tchéragan a servi de lieu d'internement à Mourad V. Enfin, Abd-ul-Hamid se cachait dans Yldiz-Kiosk.

Le nom de *Séraï* éveille des idées de luxe et de réclusion qu'il ne justifie en aucune façon. Depuis longtemps, personne n'habite plus dans ces palais abandonnés. On entre dans les jardins du Grand Turc comme dans un moulin, si ce n'est dans la partie centrale où se trouve le trésor. Et l'on voit une grande bâtisse d'un blanc sale à fenêtres rectangulaires : sorte de caserne, entourée de terrasses en gradins qui n'ont de beau que leur vue sur le

Bosphore et sur la Corne d'Or. Une grande partie en est transformée en potager, le reste abandonné aux soldats; une ligne de chemin de fer les resserre et les traverse.

Dans la partie accessible à tous, la seule chose intéressante est la grande place des Janissaires, où l'on peut entrer directement de la place Sainte-Sophie par une porte flanquée de niches toutes prêtes pour exposer les têtes des pachas décapités. Elle est assez nue; dans un coin, l'église de Sainte-Irène, bâtiment peint en jaune et fermé d'une grille. Au centre, est, sous un arbre, le tombeau d'un derviche et, d'un autre côté, se dresse un immense platane, dont l'écorce, qui survit seule et suffit à conserver la vie, formait la salle de cuisine des janissaires. C'est là que couvaient ces formidables révoltes, dont le signal terrible était la cuiller portée à l'envers et qui se terminèrent par l'exécution de 1826. A droite de la porte d'Orta-Kapou qui donnait accès au Séraï, se trouve un tronçon de colonne fiché en terre, sur lequel on décapitait les favoris qui avaient cessé de plaire.

Pour visiter la partie réservée du Séraï, il faut se prêter à une petite facétie diplomatique analogue à celle du Sélamlik. L'intérêt de cette excursion est des plus minces et doit se réduire presque à zéro, maintenant que les bijoux d'Abd-ul-Hamid ont été soldés pour cause de révolution à notre hôtel Drouot.

Voici comment s'accomplit cette formalité avec beaucoup de salamaleks et de bakchichs.

On a commencé par grouper, à une heure dite, un petit troupeau d'étrangers réputés de distinction. Les fonctionnaires turcs incorruptibles commencent par prélever 14 francs par tête pour rompre solennellement un cachet de cire qui ferme la porte. Ce cachet, on le brise en moyenne deux fois par semaine; mais on a soin de respecter l'épaisse couche de poussière et de toiles d'araignée qui couvre les vitrines à l'intérieur, comme des bouteilles de derrière les fagots, pour faire croire à un privilège qui est à peu près le seul mérite de cette visite. On vous montre ainsi longuement, très longuement, comme dans toutes les visites de palais royaux et de « residenz », quelques méchantes salles, où il y a beaucoup de pierres précieuses non taillées, un trône garni de perles, des housses de cheval, des sabres, d'anciens costumes de cérémonie des sultans, etc., avec le mélange souvent décrit d'objets modernes en toc, de pendules à musique, etc... On voit, dans ces salles sordides, quelques bijoux sans aucune valeur artistique, mais curieux par l'abondance des gemmes employées.

La partie la plus jolie de cette promenade, c'est le kiosque de Bagdad, entièrement tapissé de vieilles faïences persanes avec une voûte en cuir gaufré et la vue étonnante que l'on a sur le Bosphore pris en enfilade, sur Galata et sur la mer de Marmara... C'est dans ces jardins que les premiers Byzantins avaient établi leur primitive acropole et, si l'on imagine un temple grec archaïque avec des statues de prêtresses souriantes aux robes polychromes, des victoires aux ailes déployées s'envolant sur le ciel, si l'on pense même au temps où se prolongeaient ici les dépendances du grand palais impérial de Justinien ou de Théophile situé un peu plus au sud, on ne peut que se lamenter une fois de plus sur le sort qui a livré pour cinq siècles cette magnifique terre de Turquie à de tels agents de destruction, de ruine et de mort.

Les autres palais impériaux ont encore moins d'intérêt que le Séraï. Ils sont généralement bâtis dans un style imité du Louis XV et du Louis XVI qu'introduisirent d'abord les architectes français amenés par Choiseul-Gouffier et qui, malgré parfois un certain luxe de matériaux employés, de marbres blancs et de dorures, fait surtout penser aux plâtreries exécutées dans les « vastes appartements à confort moderne » du Paris de 1913.

Dans un faubourg de Galata très ennuyeux, très banal, très prosaïquement parcouru par un tramway, est, par exemple, Dolma-Bagtché, une grande bâtisse blanc et or, ou plutôt une série de palais aux sculptures très fouillées et très compliquées que l'on voit surtout du Bosphore, le côté de la terre étant bloqué par une immense muraille. Tchéragan, palais-prison de Mourad, construit dans un style analogue, est encore plus fermé si possible. Beylerbey qui est en face, sur la rive d'Asie au pied du Mont Boulgourlou, s'étale également en blancheur au-dessus d'un quai de marbre.

Enfin, pour en finir avec la Constantinople moderne, nous pouvons encore aller aux Eaux Douces d'Europe, qui représentent, au fond de la Corne d'Or, le bois de Boulogne de Constantinople (V. pl. 21). Si l'on s'y rend en caïque, ou par Eyoub, il faut traverser les solitudes désertes qui commencent immédiatement aux portes de cette ville singulière, autour de laquelle règne la peur. Le vendredi (dimanche des Turcs), ces Eaux Douces sont le rendez-vous du beau monde : un Ranelagh assez piteux et trop ensoleillé, où l'on se rassemble dans des prés poudreux, le long d'un bout de rivière canalisée... Barques sur l'eau, femmes turques, officiers, marchands, etc.; beaucoup de poussière et peu de costumes...

RENSEIGNEMENTS PRATIQUES

LE BOSPHORE ET LES ENVIRONS DE CONSTANTINOPLE. — SCUTARI. — LES ILES DES PRINCES, ETC.

Vers Scutari, on a des bateaux au moins une fois par heure; mais il faut faire attention à l'heure du bateau, car le service s'arrête à la nuit. Sur le Bosphore, il existe trois services de bateaux à vapeur, l'un pour la côte d'Europe, l'autre pour la côte d'Asie, le troisième faisant le zigzag. Tous trois stationnent le long du grand pont. L'horaire est à la turque. On parcourt en moyenne 12 à 15 kilomètres à l'heure. Trois bateaux seulement vont, en deux heures, jusqu'à la station extrême de Rouméli-Fanar.

Pour aller à Prinkipo, un jour suffit en partant par le premier bateau de la Compagnie Mah-Soussé et revenant par le dernier. Le trajet demande deux heures. Si l'on veut voir les autres îles des Princes, on peut coucher à Prinkipo qui a de bons hôtels et rentrer le lendemain soir.

Quand on est plusieurs personnes ensemble, il est souvent plus agréable, pour les courses en mer, de louer un petit bateau-mouche qui revient à environ 100 francs par jour et où six à huit personnes peuvent tenir.

LE SÉLAMLIK. — LE VIEUX SÉRAÏ. — LE MUSÉE DES JANISSAIRES

Pour assister au Sélamlik qui a lieu le vendredi à midi, il faut demander une carte d'invitation à son ambassadeur. Il est défendu, quel que soit le temps, d'utiliser des parapluies ou des ombrelles. Les appareils photographiques sont interdits.

L'autorisation de visiter les palais impériaux s'obtient également, en principe, par l'intermédiaire de l'ambassa-

deur. Pratiquement, les drogmans d'hôtel trouvent généralement le moyen de vous joindre à quelque groupe déjà auto-
risé; mais on ne peut choisir son jour. Cette visite est fort
coûteuse, en raison des pourboires de tous genres qu'elle
occasionne. Le vieux Séraï à lui seul ne coûte guère moins
de 20 à 25 francs par tête. Il est vrai qu'on reçoit en échange
un verre d'eau, une cuiller de confiture de roses et une
petite tasse de café. La visite du Séraï dure une heure et
demie. Un caïque du Sultan conduit d'abord en un quart
d'heure à Dolma-Bagtché (trois quarts d'heure de visite); puis,
en une demi-heure, à Beyler-bey et ramène à Dolma-Bagtché.
Le tout demande cinq heures.

CHAPITRE V

BROUSSE ET NICÉE (ISNIK)

Brousse : la mosquée verte et les turbés de la Mouradié. —
L'arrivée à Nicée. — Une ville morte. — Le concile de Nicée.
— Les murailles. — L'église de la Dormition.

UNE excursion à Brousse forme, depuis longtemps,
le complément presque obligé d'un séjour à
Constantinople. La visite de Nicée, qui présentait
autrefois quelques difficultés, complète aujourd'hui
tout naturellement cette promenade.

Pour aller à Brousse, il faut d'abord traverser la
mer de Marmara jusqu'à Moudania. Dès que le navire a levé l'ancre, c'est l'enchantement habituel
des traversées matinales en vue de Stamboul : les
effets de lumière jouant sur les coupoles et les minarets, les blancheurs des tours et des palais, les
teintes brunes et roses des maisons se détachant
sur un ciel clair au-dessus d'une mer bleue, calme
comme un lac... On met environ six heures pour
arriver à Moudania, où l'on doit traverser, l'un
après l'autre, comme dans tous les débarquements
en Turquie, les sept cercles de l'enfer, les murailles
successives des Turcs, plus ou moins officiels, qui
barrent, à la sortie comme à l'entrée, l'accès de
tous les ports : les agents de la police réclamant le
passeport intérieur ou teskéré; ceux du port perce-
vant un droit; ceux de la douane prétendant visiter
les colis et les appareils photographiques (le tout,

(193)

simple prétexte à bakchichs) et plus terribles encore, les portefaix, contre l'émulation desquels on a peine à se débattre.

De Moudania à Brousse, on monte maintenant en chemin de fer. Pendant une vingtaine d'années, la ligne a existé sans fonctionner. Les mauvaises langues, (dont je n'ai pas vérifié les dires assez vraisemblables), prétendaient qu'on avait livré une voie d'un certain écartement et des wagons d'un autre, sans que les contrôleurs officiels, dûment subventionnés, s'en fussent aperçus. Les faits de ce genre sont rentrés longtemps dans la règle courante. On partait donc en calèche, à côté des rails qui se rouillaient sous l'herbe. C'était un peu plus long, mais on voyait mieux le pays et c'est le trajet que je vais décrire.

Au début, une longue montée à travers des terrains cultivés, plantés d'oliviers et de mûriers, rappelle les aspects ordinaires des îles de l'Archipel. Une fois en haut, tout à coup, on découvre, en face de soi, au bout d'une immense plaine, l'Olympe de Bithynie, un sommet neigeux avec un grand plateau sombre au-dessus et Brousse au pied : un Olympe de forme très classique, dessiné avec beaucoup de symétrie et majestueux comme il convient à un séjour possible des dieux.

Puis la route descend en lacets et traverse la très large vallée. Les passants y sont nombreux : des Turcs portés par leur bourricot au collier bleu préservatif du mauvais œil, des femmes voilées de blanc, des enfants habillés de rose. Au printemps, on rencontre à chaque pas de curieux instruments pour la moisson; ce sont de grand plateaux allongés et un peu recourbés aux extrémités, sous

BROUSSE. VUE GÉNÉRALE. — CL. L. DE LAUNAY.

BROUSSE. RUE DU BAZAR. — CL. L. DE LAUNAY.

lesquels sont incrustées des rangées de silex : le tabularium antique, que j'ai vu fonctionner ailleurs sur le tapis d'or des gerbes étendues à l'entrée de tous les villages bulgares. Des cigognes, oiseaux sacrés, se promènent paisiblement le long de la route : des cigognes en habit noir et gilet blanc, personnages sérieux au long bec et aux longues pattes, qui forment aussi un accessoire *très* ordinaire d'un paysage oriental, plus encore que d'un paysage alsacien, auquel ils font aussitôt penser.

Voici Guétchet, une halte sous des chênes superbes. Maintenant nous traversons des bois de mûriers, des champs de blé, et nous voyons directement en face de nous Brousse brune et rose avec ses mosquées et ses taches de verdure. Du premier coup, on peut reconnaître ce qui fait la beauté, heureusement presque indestructible, de cette ville : sa situation en amphithéâtre sur les derniers contreforts d'une haute montagne, formant trois ou quatre saillies divisées par des ravins profonds, au milieu d'une végétation luxuriante de chênes, de figuiers, de mûriers, etc., que l'homme sera peut-être encore quelque temps à remplacer par des baraques neuves...

Cette observation mélancolique n'est pas inutile; car j'ai fait, à Brousse, deux visites séparées seulement par un intervalle de dix-huit ans et, dans ce court laps de temps, j'ai pu constater une transformation telle que, la seconde fois, j'avais peine à retrouver mes souvenirs. Brousse est, depuis longtemps, une grande ville industrielle de 80 à 90 000 âmes, très enrichie par ses filatures de soie grège installées à la française, qui travaillent surtout pour Lyon. Mais, autrefois, elle avait gardé, malgré cela, l'aspect d'un grand village planté en désordre et dans un épais fouillis d'arbres sur ses coteaux et ses ravins. On y voyait peu de maisons en pierres, rien que des masures en bois turques ou grecques, accumulées dans un désordre coquet par petits bourgs originaux. Rapidement, l'exécrable progrès a sévi. Les usines se sont développées. La population a grandi par l'afflux des musulmans fuyant les pays christianisés, sur le Caucase, en Bosnie, en Bulgarie. Les tremblements de terre et les incendies ont pratiqué des expropriations. La ville s'est francisée. Les arbres ont disparu dans des quartiers entiers. Les rues se sont alignées. Les femmes turques elles-mêmes, tout le jour mêlées aux grecques et aux arméniennes dans les ateliers, ont pris des habitudes d'européennes et diminué la sévérité de leur voile. Il faut déjà chercher un peu pour retrouver le motif pittoresque qui jadis se présentait à chaque pas et, de plus en plus, avec les années, il faudra chercher davantage. N'importe, telle qu'elle est restée et malgré la petite déception de l'arrivée pour celui qui court tristement après ses vieilles tendresses, Brousse garde toujours une beauté incomparable, non seulement par ses monuments merveilleux dont chacun sait le nom, mais plus encore par la plantation heureuse de ses moindres maisons, de ses moulins, de ses ponts, de ses murailles, de ses turbés. On n'a pas ici, comme fond du tableau, la Corne d'Or et le Bosphore ainsi qu'à Eyoub ou à Scutari; mais on découvre à ses pieds la vaste étendue de la plaine bithynienne; on sent peser sur sa tête la haute masse de l'Olympe, et les points de vue sont multipliés par la topographie accidentée de tous ces

LA GRANDE MOSQUÉE A BROUSSE. — AQUARELLE DE L. DE LAUNAY.

BROUSSE. LE RAVIN DE GEUK-DERÉ. — CL. L. DE LAUNAY.

vallons ombreux, sur lesquels tournent encore les roues de petits moulins, par ces avancées de promontoires que couronnent quelque esplanade de citadelle ou quelque terrasse de mosquée : des points de vue sans cesse changeants, où toujours revient la même association caractéristique des maisons de tuile et de bois donnant leur note rose parmi la joyeuse abondance des verdures (V. pl. 22).

Dans les rues, c'est l'Orient lumineux, éclatant, l'Orient qui réunit à la fois la silhouette, le style des nobles attitudes et la séduction de la couleur. On n'a qu'à choisir entre mille tableaux qui vivent, se transforment et se renouvellent... Ici, un gamin en vert, portant une longue amphore d'étain pendue à son bras, s'est arrêté pour parler à un autre petit en rose ; il penche le corps en avant et, pour l'équilibre, ramène en arrière le vase luisant où étincellent des rayons... Voici un Turc au grave turban blanc qui s'éclaire sous le portail sombre de sa maison ; il sort, paisiblement monté sur sa bourrique grise, si petite que ses pieds touchent presque la terre et s'avance la tête un peu penchée, vénérable, les mains jointes... Là, dans la demi-obscurité d'une chambre grande ouverte, des filles grecques babillent, de grosses roses dans les cheveux et l'on aperçoit le métier, derrière lequel une d'elles est assise, la navette qui court entrelaçant les fils colorés... Ailleurs enfin, des enfants sortent de l'école en courant ; rouges, jaunes, oranges, ils déboulent le long d'une rue en pente, en reconstituant, dans toute sa splendeur vivante, le fameux tableau de Decamps...

A travers les rues animées, si l'on ne se laisse pas détourner et retenir à chaque motif de croquis, l'itinéraire conduisant aux mosquées célèbres est tout indiqué. C'est la ligne de niveau dessinée au flanc de la colline, dont le but suprême, dont l'aboutissement, où j'ai hâte à la fois et peur d'arriver, comme un amoureux qui attend le oui de sa maîtresse, est le turbé de la mosquée verte.

Ce turbé, j'en avais gardé de mon premier passage un tel souvenir que mon retour à Brousse était principalement motivé par le désir de le revoir. J'avais passé là, seul, dans la fraîcheur ombreuse, quelques-unes des heures les plus exquises de ma vie à reproduire, d'un pinceau inexpérimenté, ces harmonies de faïences, d'étoffes et d'émaux, où se combinent si doucement les roses fanés, les bleus et les verts aux luisants de lumière. Et, pendant longtemps, j'avais rêvé de revenir m'asseoir devant ces tombeaux pour en essayer une aquarelle un peu moins maladroite, de reprendre également la vue intérieure de la mosquée verte, où l'on est si bien pour ne penser à rien qu'au plaisir de la couleur et qu'à la joie de la lumière, devant ces murailles diaprées où, en toutes saisons, fleurissent des œillets et des roses, tandis que chante l'eau des fontaines coulant dans l'antique vasque de marbre. Rien de ce genre n'est simple en Turquie et il a fallu beaucoup de protections pour obtenir l'autorisation demandée, avec le gendarme, qui doit à la fois me surveiller et me défendre. Cependant mon entêtement a triomphé des obstacles et, flanqué d'un bonhomme à dolman bleu, à la ceinture historiée de cuivre et au grand sabre qui est le dogman du consulat, puis d'un autre individu en tunique sombre et fez rouge, qui est un policier, je me mets en route à travers la ville. Quelques pièces d'argent me débarrasseront bientôt d'une si précieuse sollicitude.

La *Oulou-Djami*, la grande mosquée, où nous faisons halte en passant (V. pl. 23), se reconnaît de loin à sa vingtaine de petites coupoles blanches, alignées par rangs parallèles. Au dedans, c'est, suivant le principe ordinaire de l'architecture musulmane, une immense salle claire aux piliers peints en jaune, dans laquelle le jour abondant tombe d'en haut. Au centre, dans un bassin à poissons rouges, l'eau coule sans cesse. Tout le sol est couvert de nattes jaunâtres, où méditent accroupis de vieux Turcs. Au pied des piliers, sur lesquels des panneaux blancs portent en lettres noires des versets du Coran, de petits groupes sont formés d'un iman derrière une table basse et d'enfants ou de jeunes gens assis sur les nattes devant lui. L'écritoire au côté, le cartable aux genoux, ces auditeurs placides prennent des notes sur le Coran, comme, au XIIe siècle, les étudiants des nations d'Écosse ou d'Allemagne, groupés dans la rue du Fouare sur des bottes de paille, pouvaient écouter Abélard enseigner la scolastique.

Et voici, après le ravin de Gueuk-Déré, la *Yéchil-Djami*, la Mosquée Verte, sur sa terrasse plantée d'arbres, d'où l'on domine splendidement toute la ville de Brousse éparse dans la verdure et l'immense vallée qui est au pied. Cette vue seule et l'arrêt sous les platanes, auprès de la fontaine, vaudraient le voyage. Vu à distance, le monument, comme toutes les mosquées, apparaît très simple. Quand, du chemin d'Émir-Sultan-Djami, on regarde ses murs jaunes, ses coupoles blanches et son minaret, au-dessus des verdures coupées de cyprès où se dispersent les toits de tuiles, on ne soupçonne guère les magnificences qu'il renferme et l'œil est alors plutôt attiré sur la gauche par le dôme du turbé vert, dont les revêtements (d'ailleurs modernes) en carreaux de faïence bleu vert reluisent au soleil sous des murs hexagonaux d'un vert clair. Cependant, cette simplicité habituelle est ici toute relative et les murs de marbre blanc qui dominent l'esplanade présentent, au contraire, déjà de superbes encadrements de fenêtres et de portes, dont les arabesques et les rinceaux se dessinent sur leur blancheur un peu comme peuvent le faire les arabesques de la Renaissance italienne (V. pl. 24). L'époque est à peu près la même, la mosquée verte datant de 1420; mais l'analogie, bien entendu, se réduit au procédé de travail. Ici point de figures humaines, de médaillons antiques, de satyres portant des amphores d'où sort une tige, d'amours tenant des pommes, de chimères affrontées tordant leur queue; mais l'architecture musulmane a tiré le parti que l'on sait des lettres arabes; et le verset du Coran, ciselé en bordure tout autour de la porte, forme à lui seul le plus riche des ornements.

Il ne faut pas s'imaginer la mosquée verte, d'après son nom, comme une sorte de crypte entièrement revêtue de faïences vertes, où le demi-jour, tombant d'en haut sur des surfaces polies, donnerait des effets de lumière étranges et quelque peu fantastiques. L'église obscure, mystérieuse, est une conception chrétienne, une conception déterminée par les nécessités architecturales de monuments trop hardis pour la science de leurs constructeurs romans et gothiques, où il fallait, pour résister à la poussée des voûtes, tout un luxe de murailles

L'ESPLANADE DE LA MOSQUÉE VERTE. — CL. L. DE LAUNAY.

ARRIVÉE AU TURBÉ DE LA MOSQUÉE VERTE. — CL. L. DE LAUNAY.

épaisses, presque hermétiquement closes, de piliers
et de contreforts. La mosquée, elle, se montre
presque toujours claire et joyeuse. Celle-ci est
assez petite, avec un bassin au centre, toute en
marbre blanc, et les faïences vertes si connues se
trouvent seulement au mihrab et dans deux jolies
petites niches ou chapelles des deux côtés de la
porte d'entrée, qui, elles, en sont revêtues tout entières, jusqu'au plafond même. Le plus bel aspect
de la mosquée est celui que l'on a en regardant vers
cette entrée, vers ce haut encadrement de marbre
blanc ouvert en ogive, qui donne sur un passage
au revêtement de faïence verte, au bout duquel
les portes en bois de cèdre ajouré laissent entrer
le jour du dehors (V. pl. 25). Des deux côtés de
cette porte on voit alors ces petites logettes, sur-
élevées de deux marches, avec leur balustrade
ajourée de marbre blanc, leur encadrement de
faïence bleue et leur revêtement intérieur où domine la tonalité verte. Au premier plan, sur la gauche, est la vasque hexagonale, où coulent, avec un
bruit cristallin, les filets d'eau; et d'épais tapis
d'Orient aux tons roses et bleus, qui couvrent partout le sol, complètent un ensemble chaud, étoffé,
rendant la présence de Dieu plaisante et confor-
table, sans aucun rapport avec la nudité sévère et
ascétique de notre gothique. Quand on regarde de
plus près les faïences intérieures de ces deux
niches, on voit, d'abord, en bas, jusqu'à deux mètres
du sol, une sorte de haute plinthe à carreaux verts
hexagonaux d'algue marine, avec une frêle rosace
ou des fleurs dorées au centre comme esquissées
d'un léger frottis. Au-dessus, la faïence est d'un
ton plus bleu, avec un dessin géométrique en blanc

(201)

et, enfin, en haut, s'étend une bordure bleue avec des lettres arabes en blanc. C'est un des chefs-d'œuvre de l'art arabe et persan.

A côté de la Yechil-Djami, est le *Turbé vert*, ou Turbé de Mohammed Ier, peut-être plus joli encore pour un œil de peintre par le mélange des étoffes roses, oranges, violacées, vertes et lamées de rose, qui, suivant l'usage musulman, recouvrent les tombeaux de faïence bleue (V. pl. 25). C'est une chapelle hexagonale, revêtue de faïences bleues sur environ trois mètres de haut, avec un beau mihrab de faïence formant une niche dorée en stalactites, un lustre de verre rose et des vitraux anciens aux tons vifs. La plupart des tombeaux sont ici couverts de faïences bleues portant des noms tracés en lettres d'or, quelques-uns simplement peints en bleu. Sur la moitié du catafalque de pierre ou de faïence, on a souvent posé une sorte de housse en vieille soie; enfin, à la tête, quand c'est la tombe d'un homme, on a placé, sur une tige, un turban du mort, recouvert lui-même d'une étoffe de couleur. Ces turbans qui ornent les tombes musulmanes font un effet singulier; quelquefois, en particulier au turbé d'Osman, ils prennent un certain air vivant, comme si tout le tombeau était, en réalité, une sorte de grand animal à tête humaine. Suivant les jours et les anniversaires, on les change pour en mettre de plus ou moins beaux, de plus ou moins dorés, comme les étoles et les chasubles de nos prêtres varient suivant la fête célébrée.

Quand on dépasse la Mosquée verte, on entre dans la campagne, dans la verdure, dans les bois de cyprès d'un gai cimetière, (l'association de mots est très naturelle en Orient), qui se prolonge à flanc de coteau, comme une promenade ombreuse, vers la mosquée isolée d'*Emir-Sultan* (V. pl. 26 et 27). Il faut pousser jusque-là, ne fût-ce que pour voir du dehors la mosquée verte et son turbé dominant le paysage vert et rose, qui s'éclaire le matin à contre-jour, avec de grands pans d'ombre sur les façades des maisons basses et sur les pentes du ravin. La mosquée n'a rien de très remarquable; mais le chemin est charmant et elle-même est fort bien située sur une hauteur, avec une rue montante et un escalier qui y donne accès. On peut encore passer de bons moments dans sa grande cour dallée comme une cour de cloître, lumineuse et tranquille...

Maintenant que nous avons satisfait nos curiosités les plus impatientes et vu la plus belle partie de Brousse, nous reviendrons en flânant vers l'extrémité opposée de la ville, où se trouve cet autre bijou que l'on appelle les turbés de la Mouradié; les occasions de nous arrêter ne nous manqueront pas.

Voici, par exemple, le pont en arc qui traverse le beau ravin de *Gueuk-Déré*. Tout à l'heure, trop pressés, nous l'avons traversé sans le voir. Il vaut cependant qu'on s'y arrête pour regarder ses parois abruptes, sillonnées de strates inégales, où s'accrochent des plantes grimpantes et des figuiers de Barbarie (V. pl. 23). On devrait même prendre le temps de le remonter jusqu'au pont de Maxem Keupru, près duquel on a de si beaux points de vue sur les lointains lumineux de la plaine de Bithynie, mis en valeur, repoussés et éclairés, comme dans un paysage florentin, par les valeurs sombres des cyprès découpés au premier plan.

Plus loin, j'ai déjà signalé la vue de la citadelle, qui est celle où l'on découvre le plus complètement toute l'étendue de Brousse, où l'on goûte le mieux l'aspect de tous ces minarets blancs, de ces coupoles, de ces toits bruns, émergeant sur un tapis de verdure incliné vers la plaine (V. pl. 22). Un peu en arrière, se trouve un des plus jolis coins de Brousse, la source de *Bounar-Bachi*, avec son bout de ruines sous les grands arbres. C'est un des meilleurs endroits pour apprécier, dans leur décor pittoresque, les vieilles murailles du xiii⁰ siècle qui entourent encore à peu près entièrement le plateau de la citadelle.

Enfin, traversant le ravin de Djilimboz et sortant presque de la ville vers l'Ouest, nous arrivons aux *Turbés de la Mouradié*, où sont enterrés quelques-uns des premiers Osmanlis, conquérants de Brousse au xiv⁰ siècle. Ces chapelles funéraires n'ont pas la beauté architecturale du turbé vert. Mais comme elles se présentent bien dans leur jardin planté de rosiers fleuris, parmi les immenses platanes séculaires, avec leur continuel murmure d'eaux courantes et de fontaines, avec les souples attitudes des femmes aux voiles blancs, aux robes bleues, violettes ou roses, qui viennent y puiser de l'eau !

Brousse, conquise dès 1326 par les Ottomans, a été leur première capitale et la résidence des Sultans jusqu'à la Conquête de Constantinople. Les souverains en avaient fait leur Saint-Denis. C'est à Brousse que reposent Orkhan (1326-1360); puis Mourad (ou Amurat) I⁰ʳ, tué en 1389 par les Serbes après la bataille de Kossovo; Bayazid I⁰ʳ (Bajazet) (1389-1403), vaincu et fait prisonnier par les Mogols à Angora; Mohammed I⁰ʳ (1413-1421), le fondateur de

BROUSSE. INTÉRIEUR DE LA MOSQUÉE VERTE.
AQUARELLE DE L. DE LAUNAY.

BROUSSE. INTÉRIEUR DU TURBE DE LA MOSQUÉE VERTE.
AQUARELLE DE L. DE LAUNAY.

la mosquée verte et du turbé vert, enfin Mourad II (1421-1451), dont la mosquée se dresse ici, près des turbés de la Mouradié. C'est seulement après lui que Mohammed II, le Conquérant de Constantinople, transporta la résidence et la sépulture des Sultans sur la rive européenne.

Les turbés de la Mouradié, avec leurs coupoles bleutées, leurs murs roses ou oranges, leurs grands auvents de bois sculptés, dont quelques-uns merveilleux de ciselure, sont épars au milieu des feuillages bruissants où jasent les oiseaux et il semble, quand on reste à rêver près de ces morts heureux, que l'on soit transporté dans un des sites chantés par les poètes persans.

A l'intérieur, l'un d'eux, celui de Moustapha, est revêtu de magnifiques faïences persanes à fleurs roses et bleues sur fond blanc. Un verset du Coran aux lettres blanches s'y dessine dans un merveilleux encadrement. Le turbé du prince Djem a des carreaux hexagonaux vert de mer à dessins dorés comme ceux du turbé vert. Quant à Mourad Ier, le fondateur, il a eu en mourant la plus poétique des fantaisies, une de ces idées qui feraient aimer les Turcs s'ils étaient restés davantage soumis aux influences de l'Arabie et de la Perse au lieu de s'abandonner aux rudesses barbares de leur terroir original en Asie Centrale. Suivant son désir, un turbé, dont la coupole est portée par quatre colonnes et quatre piliers, est resté ouvert au centre, de manière que l'eau du ciel pût tomber sur la terre verdoyante où repose le mort et que le murmure de la nature vint la nuit et le jour bercer son long sommeil....

On peut encore passer bien des heures à Brousse à visiter les débris des vieilles murailles, les portes byzantines, les turbés et les cimetières écartés, sans parler des bains turcs aux sources thermales à 80°, qui sont un spécimen célèbre de ce genre d'établissements ni du bazar, qui paraît insignifiant après celui de Constantinople. Les heures coulent vite ici, pourvu que l'on s'amuse à mettre des traits de crayon et des couleurs sur un papier blanc. La plupart des touristes se contentent pourtant d'une courte halte dans cette ville exquise. L'itinéraire prévu par les hôteliers et combiné par les drogmans comporte une arrivée dans l'après-midi, une course rapide, où se confondent et se pressent tous les passagers amenés par le même bateau et un départ au plus tard le surlendemain à la première heure. Ce système a l'avantage qu'une fois le troupeau des étrangers repartis, on a, pendant un jour sur deux, jusqu'à l'arrivée du convoi suivant, quelques bonnes heures de tranquillité où Brousse apparaît étonnamment calme, recueillie et silencieuse. C'est alors qu'elle se montre vraiment avec tout son charme...

Enfin, nous en partons à notre tour et un matin, de très bonne heure, nous montons dans la voiture qui doit nous conduire à Isnik (Nicée), pour reprendre ensuite le train à Mékedjé. Si facile que soit l'excursion, elle fournit pourtant, sans grand peine, le plaisir de sortir des sentiers battus. Une bonne voiture à deux chevaux blancs est conduite par un gros cocher turc. Un gendarme, que l'administration turque a soin de vous imposer pour lui fournir les émoluments qu'elle serait autrement incapable de lui payer, vous accompagne d'abord pendant une cinquantaine de mètres au delà de la porte, puis pique des deux en arrière et ne reparaît que quelques heures plus tard, quand il s'agit de recevoir son pourboire. Le danger, auquel il est censé parer, se réduit du reste à rien. Ce coin d'Asie que l'on traverse est très tranquille, très cultivé; et la route même est, par son entretien, une merveille pour la Turquie. Heureusement, car la route est longue à faire presque d'affilée : onze heures de voiture, coupées par une halte de une heure et demie pour déjeuner dans un han turc.

Nous sommes en Anatolie. Il est bon de se le répéter parfois pour éprouver une impression d'exotisme. La seule chose qui accuse ici la Turquie, c'est l'absence d'arbres; à part cela, cultures ordinaires; beaucoup de cigognes; des buffles... Nous longeons, dans la plaine, la crète, à la fois très droite et très horizontale, de l'Olympe, sur laquelle la neige, arrêtée partout exactement au même niveau, met un capuchon blanc. De l'autre côté de cette plaine, au nord, une ligne de collines, également droite, mais plus basse, nous sépare de la mer; nous montons passer un petit col et nous redescendons sur la grande plaine d'Ieni-cheir, en traversant quelques haltes d'un intérêt médiocre, Kestel, Timbos, Koyou-hissar. Les femmes de ces villages sont naturellement beaucoup plus sauvages que celles de Constantinople, où le voile tend à se transformer en une transparente voilette européenne. Habillées en dessous d'une sorte de sac à cinq trous violet ou rosé qui forme deux poches aux deux jambes, elles portent, par-dessus, un grand voile noir usé, qu'elles ramènent de la main sur le bas de la figure et qui leur donne l'air des larves et des spectres assaillant, à son entrée dans les enfers de Gluck, le pauvre Orphée. Les fillettes, qui ne se cachent pas encore sous ce voile funèbre, montrent souvent de belles couleurs éclatantes, rouges, violettes, oranges...

La plaine d'Iéni-cheir, que longe l'Olympe de plus en plus droit et par suite peu pittoresque, me fait songer aux parties plates de la Bulgarie. D'abord, labours ; puis, pâturages, avec de grands troupeaux de bœufs, de moutons et de chèvres. Iéni-cheir est une petite ville de 5 000 âmes, assez banale, malgré l'aspect oriental des rues aux tonnelles de vigne (comme en Grèce), sur lequel on finit par se blaser après quelque temps de séjour en Orient. Je n'y trouve à dessiner que la cour intérieure de notre han, avec sa voûte d'entrée sombre, sous laquelle on aperçoit des hommes assis, un coin de magasin oriental, un bout de rue en lumière et, sur la gauche, le travail de deux forgerons près de leur cheminée de terre jaune.

Encore une forte montée et nous découvrons devant nous, cinq cents mètres plus bas, une immense nappe bleue, le lac d'Isnik, long de 34 kilomètres, large de 13 à 14, à l'extrémité orientale duquel se dessine une enceinte circulaire de remparts aux tours oranges, tout entière remplie de verdure. A l'autre bout, une trouée très nette marque la place de Gemlik, l'ancien port de Nicée, maintenant mort comme la ville même qu'il était chargé de vêtir et d'alimenter (V. pl. 27).

Une belle descente en lacets amène à ce lac limpide et brillant, bordé de collines claires, que nous longeons un moment et nous arrivons devant une première porte des remparts (la porte Iéni-cheir), au système de doubles et même triples entrées traversant successivement deux enceintes, deux murs épais et quelque peu confus de briques oranges (le mœnium et l'agger). Dès vergers de mûriers,

BROUSSE, CHEMIN DE LA MOSQUÉE D'ÉMIR SULTAN,
CL. L. DE LAUNAY.

BROUSSE, ARRIVÉE À LA MOSQUÉE D'ÉMIR SULTAN,
CL. L. DE LAUNAY.

d'oliviers, de figuiers s'étalent sur sa longueur, comme cela arrive souvent au voisinage de ces petites villes orientales, formant ainsi des oasis verdoyantes dans la nudité d'une campagne sans abri et sans végétation (V. pl. 28)... Puis, la porte franchie, autres vergers, jusqu'à ce que nous entrions dans le tout petit village moderne de deux cents maisons, blotti comme un enfant peureux au milieu de cette enceinte de remparts de 3 kilomètres de tour. Village un peu grec, en même temps que turc, où on nous installe dans une auberge à la grecque, très simplement propre et gentille, dont le propriétaire est supposé parler italien (repas sur la terrasse couverte, avec des fleurs de jasmin jonchant la table, matelas étendus par terre pour la nuit, etc...) Aussitôt nous repartons presque en courant, et avec cette sorte de fièvre qui saisit le voyageur à l'arrivée dans un endroit par lequel il est immédiatement conquis, où il voudrait passer de longues heures de loisir et de calme et d'où les rigueurs d'un itinéraire inflexible le forceront à s'éloigner bientôt.

Cette première course dans Nicée, cette course rapide, où l'on n'ose pas encore s'arrêter pour avoir d'abord tout vu, où l'on se hâte, où l'on s'appelle l'un l'autre avec des cris de surprise et de joie pour se signaler quelque joli tableau, est un enchantement constant et croissant! Tout cela, disons-le aussitôt, n'est pas « d'une bonne époque », ni « d'un bon style » : des ruines byzantines sans grande valeur architecturale; des débris de monuments délabrés, faits eux-mêmes avec des débris antiques; des murs, où s'encastrent, à côté d'inscriptions helléniques, des bas-reliefs de marbre au travail gros-

(209)

sier!... Pour l'archéologue, elle est aussi bien disparue, bien difficile à reconstituer, cette pauvre Nicée, jadis si prospère, dont il ne reste plus que cet étonnant cercle de murailles aux deux cents tours à peu près intactes et, là dedans, où fut une ville, quelques pans de murs épars dans une enceinte de verdure!... Mais comme elle est jolie, cette ville morte et comme ces briques roses avec leurs trous d'ombre et leurs lumières, précisément parce qu'ils ont souffert du temps, parce que des pans s'en écroulent de temps à autre, parce qu'ils ne sont pas réguliers ni symétriques, parce que les racines s'y accrochent et les lierres y poussent, font bien au milieu des arbres!... Que de tableaux tout composés : ces remparts oranges sur le bord de cette grande mer bleue, au fond de laquelle le soleil commence à descendre; ces portes aux doubles et triples plans, dont la brique rose ressort si harmonieusement sur la verdure des énormes chênes et platanes; ces blés en herbe et ces mûriers, parmi lesquels se dissimulent ou ressortent timidement ces ruines éparses! Et quel plaisir de trouver des fragments de marbre sculpté dans le pisé d'un pauvre mur de maison, dans une cour! Et, quand nous commençons à visiter plus tranquillement, quel beau caractère a cette petite église byzantine de la Panhagia aux pavés de marbres polychromes, aux icones noircies sur un fond d'or, aux vieux bois noircis et peints, aux précieuses mosaïques du XI° siècle. Comme se présentent bien dans le paysage : cette Hagia-Sophia, dont le minaret se profile à côté de deux cyprès; cette mosquée verte dont la façade et le vestibule d'entrée ont un si beau travail de marbres ajourés et profondément fouillés !

BROUSSE. ÉMIR SULTAN DJAMI. — CL. L. DE LAUNAY.

CHEVAUX DE BÂT SUR LE BORD DU LAC D'ISNIK (NICÉE).
CL. L. DE LAUNAY.

Encore une fois, tout cela choquerait les puristes. Les Byzantins ont ramassé les matériaux qu'ils trouvaient et les ont utilisés tant bien que mal; ils ont dressé des portes de ville avec trois colonnes de granit antique posées en Π et enveloppées dans une masse de briques : et, pour les parer, ils ont établi tant bien que mal, sur les côtés, des débris de bas-reliefs en marbre blanc disparates; puis les Turcs ont ravagé comme toujours... Mais, s'il est permis d'invoquer un sentiment tout personnel, j'ai sans doute l'âme d'un barbare, pour lequel l'effet d'ensemble, le décor et la masse l'emportent sur le souci du détail. Loin de me choquer, ces enfantillages de construction m'amusent et surtout cela est ravissant vu ainsi, librement, seul, à l'aventure, par une course improvisée, sans renseignement de guide et sans drogman. Au régal purement esthétique se joint alors ce plaisir de la découverte, qui établit une telle démarcation entre les journées de voyage, dont on se souvient joyeusement plus tard et celles où l'on a subi la contrainte d'un programme, passé des guichets et des tourniquets, écouté avec ennui de vieux militaires chevronnés ânonnant de l'histoire ou des appréciations historiques comme ils réciteraient leur théorie, pleuré enfin devant la momification de toutes les belles choses qui ont vécu, qui ont esquissé le mouvement d'une âme, l'émotion d'une sensibilité, la jouissance d'un cerveau pensant et aimant, pour finir emprisonnées, verrouillées, défendues contre toutes les émotions semblables, les sensibilités, la jouissance de ceux qui les aimeraient encore, par des cages de verre, par des cadenas, par des grilles, par des barreaux... Ici, quelle belle impression d'abandon dans cette petite ville longtemps puissante, qui fut parcourue d'une foule nombreuse et riche, célèbre par ses sièges et ses conciles, où se centralisa un moment tout le gouvernement de l'empire byzantin : cette ville dont le plus petit enfant chrétien a appris le nom dans son catéchisme, et dont il ne subsiste cependant plus qu'une enceinte de murs croulants, eux-mêmes destinés à périr bientôt, au bord d'un lac aussi morne, aussi clair, aussi lumineux et aussi silencieux que la Mer Morte, un champ de décombres où des blés et des mûriers poussent sur des amas informes de marbres et de briques, qui furent des palais et des temples !...

L'histoire de Nicée, la voici en quelques mots. En 316, Antigonos fonda ici Antigoneia, que Lysimaque appela Nikæa en l'honneur de sa femme. On admirait alors la régularité du plan de la ville formant un carré de quatre stades, avec une porte au milieu de chaque côté et un gymnase à l'intersection centrale des deux rues : une de ces constructions d'une seule pièce et symétriques, dont la ville de Richelieu en France peut encore fournir un exemple...

Les rois de Bithynie, puis les résidents romains, séjournèrent souvent ici, quand ils ne préféraient pas Nicomédie (Ismid). Sous Trajan, Pline le Jeune reconstruisit le gymnase. Hadrien s'occupa des fortifications (123 ap. J.-C.), ainsi que Claudius II Gothicus (269) et plus tard Justinien. L'astronome Hipparque et l'historien Dion Cassius sont nés à Nicée. Mais ce qui a surtout popularisé ce nom, c'est le fameux concile œcuménique de 325, qui établit la formule du Credo.

C'est dans ce premier concile général, réuni sous

ARRIVÉE A NICÉE. PORTE IÉNI-CHEIR. — CL. L. DE LAUNAY.

NICÉE. LES MURAILLES PRÈS DE LA PORTE D'IÉNI-CHEIR.
CL. L. DE LAUNAY.

les ordres de Constantin le Grand, que fut, pour la première fois, codifiée et formulée sous une forme précise la doctrine du christianisme, restée jusqu'alors à l'état de tradition un peu flottante. Le point de départ de la discussion fut l'hérésie soutenue par Arius, prêtre d'Alexandrie, qui avait nié la divinité du Verbe en attribuant au Fils une essence inférieure à celle du Père. Trois cent dix-huit évêques se réunirent dans le palais de Constantin, devant l'empereur lui-même qui, par humilité, refusa de s'asseoir au milieu d'eux : des évêques venus de tous les pays qui formaient alors la chrétienté ; puis les controverses théologiques commencèrent très vives. La formule arienne ne fut cependant soutenue que par vingt-deux évêques et le concile proclama le fils consubstantiel (omoousios, de même nature) à son père. Constance, la sœur de l'Empereur, arienne déclarée, avait essayé de faire substituer au mot omoousios le mot omoiousios (de nature semblable) qui laissait, par une nuance subtile, une porte ouverte à l'hérésie arienne ; mais son opinion ne prévalut pas et, finalement, on rédigea le « Symbole », qui se terminait alors par ces mots : « Mais ceux qui disent qu'il y eut un temps où le Fils n'était pas, ou qui disent qu'il est d'une autre substance, ou que le Fils de Dieu est créé et soumis au changement, l'église catholique les frappe d'anathème ». Arius refusa de se soumettre et fut excommunié. Des vingt-deux évêques qui avaient soutenu sa cause, deux seulement persistèrent et furent également déposés dans un second concile restreint, réuni l'année suivante à Nicée ; mais l'hérésie arienne survécut et l'on sait quel rôle joua plus tard dans l'histoire cette doctrine qui a si violemment et si longtemps divisé en deux camps ennemis le monde byzantin et dont le contre-coup sur les rivalités de peuples barbares, convertis par hasard, les uns à l'orthodoxie, les autres à l'hérésie, a été si profond.

Le même concile, dont l'importance a été capitale pour l'histoire du christianisme, rejeta également le mariage des prêtres. Il fixa enfin la question de la date de Pâques (sur laquelle on revient actuellement) en la plaçant au dimanche suivant le 14e jour de la lune de Pâques.

Plus de quatre siècles après, c'est encore à Nicée que devait se réunir, en 787, un autre concile œcuménique, où fut tranchée une autre question, également de premier ordre pour l'histoire byzantine, celle des iconoclastes. Les empereurs Léon l'Isaurien, Constantin V Copronyme et Léon IV (717 à 780) avaient été iconoclastes et avaient fait approuver leur doctrine par une assemblée d'évêques, réunie en 754 à Constantinople : assemblée, à laquelle le catholicisme ne reconnaît pas le nom de concile. En 787, 377 évêques d'Orient se réunirent dans l'église encore existante d'Hagia-Sophia sous le règne de l'impératrice Irène qui gouvernait pour son fils mineur, Constantin Porphyrogénète et conclurent ainsi : « Nous décidons que les Saintes Images, soit de couleur, soit de pièces de rapport ou de quelque matière convenable, doivent être exposées, soit dans les églises, sur les vases, les habits sacrés, les murailles, soit dans les maisons et dans les chambres ; car plus l'on voit souvent, dans leurs images, Jésus-Christ, sa sainte mère et les saints, plus on se sent porté à se souvenir des originaux et à les aimer... » Nous devons à ce second concile de Nicée ce qu'il a survécu en

Orient de sculptures et de mosaïques à figures, que les iconoclastes commençaient à détruire avec une stupidité de sectaires et de révolutionnaires. C'est donc une date à retenir pour l'histoire de l'art aussi bien que pour celle de la doctrine chrétienne.

Le reste de l'histoire de Nicée est surtout consacré aux sièges qu'elle a subis. En 910, la ville résiste aux Arabes. En 1074, elle est conquise par Suleiman. En 1095, les bandes désordonnées de Pierre l'Ermite et de Gauthier-Sans-Avoir essayent vainement de prendre la ville; elles sont enveloppées et détruites par Suleiman. Mais, deux ans après, arrive l'armée mieux organisée, à la tête de laquelle étaient Godefroy de Bouillon, Raymond de Toulouse, Bohémond, Tancrède, etc. Les chevaliers commencent alors un siège en règle, et forcent la ville à capituler au bout de trente-cinq jours. A ce moment, on avait amené par terre les navires byzantins jusque dans le Lac d'Isnik, comme Mohammed II fit dans la Corne d'Or en 1453. Recédée par les Latins aux Byzantins, Nicée resta à ceux-ci jusqu'en 1106 et fut encore reprise par les Grecs en 1183. En 1204, Théodore Lascaris y établit la résidence des Basileis, chassés de Bysance par les Croisés. Enfin, en 1331, le second sultan turc, Orkhan, arriva devant la ville avec une forte armée; il l'assiégea pendant deux ans entiers et, finalement la força à capituler. Une anecdote qui a dû être poétisée rapporte que, touché par le courage des habitants, il les autorisa à partir avec leurs richesses et qu'eux-mêmes, sensibles à leur tour à cette générosité, décidèrent de rester... Depuis que Nicée est turque, elle n'a plus fait que se survivre quelques années; elle a dépéri, comme tout ce qui a été touché par ces agents de destruction et de ruines. Et toute cette glorieuse histoire, toutes ces luttes, toute cette éloquence dépensée dans les conciles, tout ce mouvement de vie et de luxe, toutes ces rivalités d'un jour ont pour aboutissant quelques pans de murs, dont les derniers débris achèvent de s'écrouler au milieu des blés...

Maintenant que nous commençons à connaître Nicée, que sa physionomie générale nous est devenue familière, que nous avons relu son histoire, nous pouvons revenir avec plus de patience et de détails, par un itinéraire mieux réglé, sur quelques monuments, dont l'intérêt n'est pas seulement celui d'une note heureuse dans le paysage, mais où il subsiste encore assez du passé pour valoir une courte étude...

C'est, d'abord, dans la bourgade actuelle, l'église de la Dormition de la Vierge, *Koimésis tès Panhagias*, l'ancienne église byzantine, qui, aujourd'hui encore, sert d'église orthodoxe aux quelques grecs demeurés en ce lieu où régnèrent leurs ancêtres. Cette Koimésis est une toute petite église du début du IX\e siècle, formée d'une coupole principale sur un tambour polygonal à douze faces, avec une seule autre petite coupole sur l'abside latérale. L'intérieur évoque le souvenir de certaines églises byzantines ou vénitiennes d'Italie ou de Sicile, à Torcello, Murano, etc., et peut-être plus encore celui des vieux couvents grecs du Mont Athos, des îles égéennes, de Palestine. Sur un dallage inégal en marbre polychrome, de vieux objets de bois très noircis, aux dorures très usées, des pupitres aux incrustations de nacre, des peintures sombres, des lampes d'argent, des lustres, des icones; un

NICÉE. LE PALAIS DES TZIGANES. — CL. L. DE LAUNAY.

NICÉE. SORTIE DU SUD DE LA PORTE DE CLAUDIUS.
CL. L. DE LAUNAY.

ensemble très resserré, très rempli, très touffu, très étoffé, que resserre la barrière de l'iconostase aux luisants d'or; le jour tombant d'une coupole; des mosaïques enfumées. Puis un vestibule ou narthex, également couvert de mosaïques, aux deux extrémités duquel sont des tombeaux de saints ou de grands personnages creusés dans la muraille: le martyr Néophytos, le patriarche Nicéphore du XI° siècle. Parmi ces mosaïques, celles du narthex, dues aux libéralités du « grand hérésiarque Nicéphore », paraissent être du XI° siècle. On y voit les quatre évangélistes avec les médaillons du Christ, de saint Jean-Baptiste et de deux Saints. Sur la porte d'entrée, une belle Vierge orante est représentée en buste, les mains levées. Sur la conque de l'abside, une grande madone debout, enveloppée d'un manteau bleu sombre, tient, à deux mains, le Christ enfant.

Un peu plus loin, sur une place, un monument byzantin, précédé d'un portique à arcades et surmonté de deux coupoles en tuiles, est remarquable par sa décoration polychrome en briques et pierres, style du XIV° siècle dans le genre du palais de Constantin près la Grande muraille de Constantinople. C'est peut-être un ancien bain, qu'habitent aujourd'hui des tziganes aux cheveux crépus (V. pl. 29).

Loin de là, en pleins champs, l'ancien *théâtre* montre surtout ses importantes substructions, ses grandes voûtes inclinées qui s'enfoncent sous les arcades. Du haut de ces ruines, on voit au loin l'angle des remparts où se fit le principal assaut des Croisés et, par derrière, un bout de lac clair.

Au voisinage du théâtre, sortant à travers les murailles par une poterne basse entre deux grosses tours de briques, nous longeons, vers le Nord, le côté extérieur des remparts en nous dirigeant vers l'ancienne Porte de mer, aujourd'hui complètement détruite... Un peu avant d'y arriver, nous rencontrons un petit môle avec un grand arbre. Là se trouvent, dans le sol, des restes de gradins; et une tradition, de valeur problématique, place ici le siège du premier concile, qui édicta le Credo (V. pl. 30).

Nous rentrons par l'ancienne porte de mer, due à Claudius Gallicus et nous nous dirigeons vers l'ancienne église byzantine d'*Hagia-Sophia* (siège du second concile), convertie en mosquée par Orkhan et aujourd'hui ruinée. Les restes se bornent à peu de choses : quelques murs, de petites coupoles et un minaret; mais la situation au milieu des arbres est jolie (V. pl. 30).

Sur l'emplacement d'une autre mosquée voisine, à laquelle conduit une allée verdoyante, on voit seulement la base d'un minaret que surmonte un nid de cigognes.

Enfin, du côté du Nord, voici la *porte de Stamboul* (V. pl. 31).

Des quatre anciennes portes de la ville, il en existe encore trois: celle d'Iéni-cheir, par laquelle nous sommes arrivés, celle de Stamboul et celle de Lefké. Toutes trois sont d'un caractère analogue et également pittoresques : trois enceintes successives, des tours de briques roses, des colonnes de granit ou des pièces de marbre posées en Π sur le portail, des buissons, du lierre et de grands chênes. Le motif d'aquarelle est tout indiqué : à gauche, la porte de brique rose à l'angle de deux murs, dont l'un s'éclaire et l'autre se plonge dans l'ombre; à droite,

NICÉE. PRÈS LA PORTE DU CONCILE AU SUD DE LA PORTE DE MER.
CL. L. DE LAUNAY.

NICÉE. HAGIA SOPHIA. CL. L. DE LAUNAY.

plus près de nous, un grand platane noueux; au premier plan, un chemin en partie dallé, envahi par l'herbe et par la mousse, que longe un ruisseau et sur lequel trottine un âne. La porte de Stamboul, comme celle de Lefké, porte une inscription de Flavien, tandis que celles d'Iéni-cheir et de la mer sont dues à Claudius Gallicus.

Quand nous partons de là pour gagner la mosquée verte, l'*Yechil-Djami*, l'heure du couchant est arrivée, allongeant les ombres transparentes et baignant le paysage de reflets roses. Devant nous s'étale une grande étendue très verte d'herbe et de blés; au loin, des montagnes bleuissent; et, au pied de ces montagnes, dans une ligne d'arbres, on distingue des maisons à toits de tuile, un minaret et une coupole qui sont ceux de la mosquée verte; sur les herbages qui touchent à la mosquée, des bestiaux et des chevaux font des taches sombres. Il faut se représenter tout cela dans une note printanière, très fraîche, très septentrionale, un peu brumeuse, avec des verdures toutes neuves, pas du tout orientales.

La mosquée elle-même est au milieu de cette verdure, perdue dans des jardins qui la touchent: un minaret couvert de faïences dessinées en point de Hongrie blanc, rouge et vert; une porte rectangulaire entre deux colonnes de marbre, encadrée de plates-bandes sculptées et surmontée d'un bandeau ornemental comme ceux de la mosquée verte de Brousse; enfin des balustrades en rosaces de marbre ajourées au bas des fenêtres.

La dernière porte de Nicée qu'il nous reste à voir, celle de Lefké, se présente particulièrement bien par l'abondance des grands arbres qui encombrent l'enceinte extérieure, par l'effet de l'aqueduc de Justinien, qui entre là dans la ville en laissant fuir son eau en mille fontaines, par la série des tours que l'on aperçoit d'ici en enfilade au dehors...

La nuit a passé sur nos émerveillements et le matin sonne l'heure du départ. Nous repartons de Nicée au soleil levant, encore dans la brume. Trois longues heures de voiture, d'abord en montant lentement, puis en descendant vite par des lacets sur la large vallée du Sakaria. Ceux qui aiment les sinuosités des routes alpestres pourraient presque en trouver ici un équivalent restreint; mais le temps est lourd, le ciel voilé de chaleur et le paysage paraît monotone. A la gare déserte de Mékedjé, il passe un seul train par jour, le futur Paris-Bagdad, le futur Paris-Bombay, exploité par une compagnie allemande, aux affiches françaises, aux employés parlant français par ordre, qui est partie à la conquête de la Mésopotamie.

La voie longe un moment un grand lac comparable à celui de Zurich, le lac de Sabancha, que surmonte, à gauche, une ligne de montagnes assez proches, des montagnettes plutôt que de vraies montagnes. C'est une des particularités de l'Asie Mineure, en Bithynie comme au Nord du Taurus, que ces grands lacs... Beaucoup de pâturages ou de blés en herbe. Aspect pas du tout asiatique, ni même turc; pays cultivé, avec des routes qui semblent bonnes, des lignes de poteaux télégraphiques, un chemin de fer, etc. Cette Asie Mineure commence à se civiliser malgré tout et, un jour, elle sera, à tous égards, merveilleusement riche... Au golfe d'Ismid (ou Nicomédie), nous retrouvons la mer de Marmara, qui se distingue peu des autres nappes d'eau de Saban-

NICÉE, PORTE DE STAMBOUL. — CL. L. DE LAUNAY.

NICÉE, ARRIVÉE A LA PORTE DE STAMBOUL. — CL. L. DE LAUNAY.

cha ou d'Isnik. Station d'Haidar-Pacha ; traversée
du Bosphore et rentrée le soir à Constantinople...

RENSEIGNEMENTS PRATIQUES

L'excursion de Brousse et Nicée demande quatre jours (ne
pas oublier le passeport intérieur ou teskéré). Premier jour,
départ de Constantinople par Moudania, vers 10 h. en bateau
à vapeur (départ trois fois par semaine, plus souvent dans la
pleine saison). Traversée de cinq heures sur une mer généralement calme. De Moudania à Brousse, une heure et demie
de chemin de fer. Arrivée à Brousse vers 6 heures du soir.
En été, on peut encore faire une première promenade d'orientation et monter voir la vue de la citadelle. Le lendemain,
visite de Brousse.

Le troisième jour, on peut repartir le matin directement
pour Constantinople par voie de mer ou louer une voiture
jusqu'à Nicée et Mekedjé. Dans ce dernier cas, l'usage est de
demander un gendarme par l'intermédiaire de son consul.
En partant de bonne heure, on arrive à Nicée vers 5 heures
du soir et l'on peut encore visiter les ruines dans la soirée.
L'hôtel de Nicée est sommaire, mais d'une installation suffi-
sante si l'on n'est pas trop difficile. Le quatrième jour, après
une seconde promenade rapide dans les ruines, on repart
dans sa voiture assez tôt pour aller déjeuner à la gare de
Mékedjé et l'on arrive le soir à Constantinople. Si l'on n'est
pas pressé, il vaut mieux passer un jour de plus à Brousse
et un autre à Nicée. Mais il est difficile de n'allonger chacun
des séjours que d'une demi-journée, le long trajet de Brousse
à Nicée se prêtant mal à être coupé en deux, faute d'hôtel
convenable à moitié chemin.

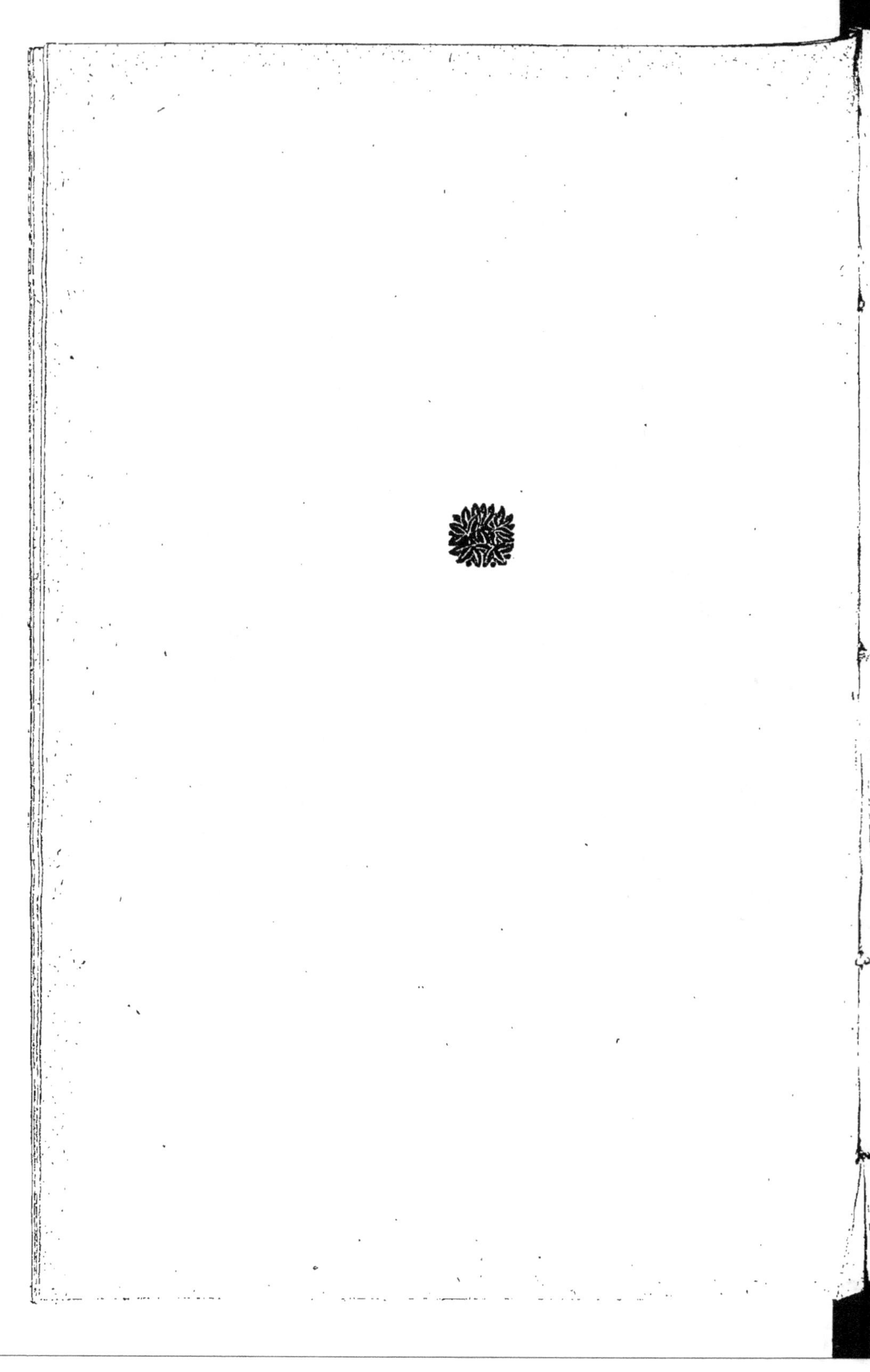

CHAPITRE VI

TROIE ET SMYRNE

Hissarlik et les fouilles de Schliemann. — Les tumulus de la Troade. — Le développement économique de Smyrne. — L'influence française. — Le mont Pagos. — Le Mélès. — Les bains de Diane.

Un voyage à Constantinople a pour complément naturel un retour par Smyrne et par Athènes.

De Constantinople vers Smyrne, le trajet dans la Mer de Marmara est sans grand intérêt. Des côtes grises et un peu monotones filent, toujours en vue. Un moment on aperçoit, loin dans le Sud, la cime neigeuse de l'Olympe de Bithynie.

Après Gallipoli, où ont eu lieu les batailles de février 1913, le passage des Dardanelles se resserre, sur 60 kilomètres de long, aux dimensions d'une grande rivière dont la largeur oscille entre 2 et 6 kilomètres. On passe à Lapsaki (Lampsaque) où l'antiquité a exploité des mines d'or. L'Hellespont devient encore plus étroit. Voici Abydos où Léandre traversait la mer pour aller rejoindre Héro et où, plus près de nous, sans autant de raison, lord Byron renouvela le même exploit. Maintenant, on aperçoit Tchanak-Kaléssi, ou Dardanelles.

Ici, le bateau fait halte. Deux forts turcs sont en face l'un de l'autre. Il y a beaucoup de ces forts à terrible apparence le long de l'Hellespont et le passage de cette rivière étroite, s'il était sérieusement défendu, serait absolument inabordable, même pour les plus audacieux. On sait cependant que, durant la guerre italo-turque, un croiseur italien a pu pénétrer assez loin dans le détroit.

A Dardanelles, Tchanak-Kaléssi, on a de tous temps fabriqué des poteries et le nom du bourg ne veut pas dire autre chose que château de la Vaisselle. Des couches d'argile plastique tertiaire, qui, un peu plus loin, vers Lapsaki (Lampsaque), où nous avons passé tout à l'heure, contiennent du lignite, sont l'origine de cette industrie. Des marchands, qui se précipitent à bord, viennent nous offrir de ces faïences, en même temps que des têtes de moutons frites et des poissons salés sur des plateaux. Elles sont amusantes de couleur, ces poteries mal cuites et poreuses, dont les dessins aux couleurs vives, rouge, vert, bleu, ont une sorte d'air primitif. Mais ce n'est pas seulement pour les voir de plus près qu'il est intéressant de s'arrêter à Dardanelles. La vraie raison est que là se trouve le point de départ naturel d'une excursion à Troie.

Troie. — La course de Troie se fait rarement; elle nécessite deux jours d'arrêt et elle comporte un trajet à cheval de six heures, suivi d'un coucher primitif. De l'avis de tous, la vue des ruines n'a rien de saisissant au premier coup d'œil et, comme tous les endroits où les archéologues ont beaucoup sévi, avec la possibilité de satisfaire jusqu'au bout leur curiosité, elle ressemble, tantôt à un amas de décombres, tantôt à une carrière en exploitation. Pourtant, lorsqu'on laisse un peu parler son imagination et lorsqu'on a le goût de reconstituer le passé, il est peu d'endroits au monde qui offrent un intérêt plus prenant. Il en est peu aussi où la volonté persévérante d'un homme ait mieux montré sa puissance et la supériorité fréquente de la légende sur les élucubrations dogmatiques des professionnels.

Le nom de Schliemann est indissolublement lié à celui de Troie et la vie de Schliemann est presque aussi intéressante que celle de la vieille cité homérique. On devrait la faire lire aux enfants, avec celle de quelques autres grands inventeurs, pour leur apprendre à vouloir, à persévérer et à ne pas mépriser la folle du logis tout en sachant la dominer. Aussi m'excusera-t-on de la rappeler en deux mots, quoique ce raccourci lui fasse perdre tout son charme.

Quoi de plus suggestif que l'enfance de ce petit Mecklembourgeois, qui, dès sa prime enfance, se passionne pour les contes relatifs à sa ville natale : pour la tombe du chevalier brigand, Henning von Holstein, dont la jambe gauche sortit, lui dit-on, des siècles durant, de son tombeau ; pour les barils de bois contenant de la bière du temps des Romains, et aussi, après avoir vu une image de l'Histoire universelle, pour la ville de Troie, où, à six ans, avec une petite amie de son âge, il rêve déjà de fouiller. Un naïf, n'est-ce pas ? Et voici que, par la ruine de ses parents, ce naïf est amené à se faire garçon d'une petite épicerie, où le chiffre d'affaires n'atteint pas 11 000 francs par an. Mais là encore, il garde sa marotte de l'antiquité et un jour où un déclassé, à moitié ivre, le fils d'un pasteur, entre dans l'épicerie en récitant de l'Homère, Schliemann, qui, notez-le, n'en comprend pas un mot, est pris néanmoins d'un tel enthousiasme qu'il dépense tout son avoir à lui payer des verres d'eau-de-vie pour entendre Homère une fois de plus. A dix-neuf ans,

(225)

il est congédié pour la faiblesse de sa poitrine, il veut émigrer, il fait naufrage, il arrive à Amsterdam sans un sou dans sa poche, réduit à feindre une maladie pour se faire nourrir à l'hôpital. Et cependant, moins de vingt-six ans après, ce naïf se retirait ayant gagné des millions dans le commerce de l'indigo; il se retirait, ayant eu le courage de refaire entièrement son éducation, d'apprendre à lui tout seul, par une méthode à lui, presque toutes les langues d'Europe, plus l'arabe et le grec. Il se retirait pour se mettre aussitôt à employer chaque année 150 000 francs de ses revenus, à fouiller Troie, puis Mycènes, Tyrinthe, Ithaque, etc...

Comme fouilleur, il part d'idées presque enfantines au gré des savants. Il croit à Agamemnon, à Priam, à Achille, à Ulysse, alors qu'il est de bon goût en science de démolir les légendes et d'admettre avec un sourire que tout est apocryphe. Il croit à Homère, le pauvre homme, quand tous les savants allemands ont démontré à cette époque que les chefs-d'œuvre se font tous seuls par la collaboration instinctive d'une grande quantité d'imbéciles[1]. Et, s'il ne trouve peut-être ni Agamemnon, ni Priam, il découvre cependant des civilisations entières dont, avant lui, on n'avait pas le moindre soupçon. Libre, dès lors, aux officiels de continuer, même aujourd'hui, à parler avec dédain de cet épicier venu à l'archéologie sur ses vieux jours et de regretter qu'il n'y ait pas eu, depuis le premier jour, un Dörpfeld pour conduire les fouilles

1. On a été heureux d'apprendre plus récemment que l'*Odyssée* ne s'était pas écrite toute seule. C'est maintenant l'opinion officielle. A vrai dire, en dehors des érudits, on en avait auparavant quelque soupçon.

(226)

méthodiquement, suivant une bonne méthode allemande. S'il y avait eu, dès le premier jour, quelqu'un de ces illustres teutons, il aurait démontré bien aisément à Schliemann que ses hypothèses ne tenaient pas debout; et l'on n'aurait pas, en effet, gâché le champ de fouilles pour la bonne raison que l'on n'y aurait rien cherché du tout. Il faut être un peu fou pour faire de grandes choses en ce monde, et l'érudition, qui vit nécessairement sur ce que l'on connaît déjà, est souvent frappée de stérilité.

Cela ne veut pas dire d'ailleurs qu'il faille croire tout ce que Schliemann raconte de ses fouilles. La partie la plus intéressante de ses recherches touche à la préhistoire et c'est là un champ où fructifient les erreurs les plus colossales, où la malice des paysans et l'artifice des ouvriers complètent la naïveté, le besoin de découvertes qui inspirent les chercheurs crédules.

Pendant longtemps, on le sait, on a hésité, pour situer l'antique ville de Troie, entre deux emplacements, Bounarbachi et Hissarlik. Depuis la fin du XVIIIe siècle, on avait quelque tendance à adopter le système de Lechevalier qui optait pour Bounarbachi, où il croyait avoir retrouvé les deux sources, l'une froide, l'autre chaude, qui, d'après Homère, devaient jaillir en dehors de la ville, en avant des portes Scées. Ce détail pittoresque a fait couler des flots d'encre. Il est trop précis pour n'avoir pas été copié d'après nature. Mais il est moins certain que le vieil aède l'ait réellement observé à Troie et qu'il n'ait pas, suivant l'éternelle coutume des poètes et suivant l'usage de tous les peintres primitifs, embelli un site imaginaire de détails empruntés à un pays plus familier. Quand on suppose, chez l'aède homé-.

rique et chez ses auditeurs, une connaissance exacte et précise du pays qui fut Troie, on fait une hypothèse quelque peu gratuite.

Si les archéologues ont longtemps erré à la recherche de Troie, c'est qu'ils voulaient trouver une grande ville; c'est qu'ils obéissaient à cette illusion qui nous fait si énormément grossir les querelles de villages auxquelles se ramènent en réalité les guerres classiques de l'antiquité. L'endroit où l'on s'imagine que fut combattue une bataille suprême entre l'Europe et l'Asie aurait dû, selon nos idées, présenter une situation stratégique à la moderne. C'est pourquoi, de Moltke, adoptant la thèse de Lechevalier, le plaçait au-dessus de Bounarbachi, dont la position superbe domine une gorge profonde, près d'une multitude de sources à l'abondant jaillissement.

Mais rappelons-nous ce qui est arrivé pour la méchante affaire d'arrière-garde que fut en réalité la fameuse bataille de Roncevaux. Il n'y a probablement pas eu davantage rencontre décisive entre l'Europe et l'Asie à Troie qu'entre l'islamisme et la chrétienté à Roncevaux. Dans les deux cas, toute la grandeur du duel vient du poète qui, longtemps après, l'a démesurément grossi et qui, pour lui donner des proportions épiques, lui a prêté un caractère symbolique.

En réalité, la Troie que l'on a retrouvée était étonnamment petite. Lors de sa plus grande extension, la ville haute a tenu dans un carré de 150 mètres sur 200, plus petit que la cour du Carrousel ou que l'hippodrome de Constantinople. Il est, assurément, loisible de supposer qu'au pied de cette ville haute, pas bien haute (20 à 35 mètres au-dessus de la mer), de ce Kremlin habité par les chefs, il existait, en outre, une ville basse vivant sous sa protection, dont, jusqu'ici, on n'a pas retrouvé les traces bien nettes. Mais la Troie préhistorique qui fut brûlée, la Troie mycénienne que l'on préfère aujourd'hui identifier avec la ville de Priam, la Troie d'Hadrien et de Constantin, c'était cette minuscule bourgade. Et c'est bien là que vivaient, 1500 ans avant J.-C , des hommes assez riches pour qu'un seul de leurs coffres, échappé par hasard aux ravages de l'invasion et de l'incendie, ait donné les trésors qui, au musée de Berlin, font l'admiration des visiteurs sous le nom de trésor de Priam.

Quand on arrive en face de ces ruines d'Hissarlik, la première impression est, d'après tous les visiteurs, celle d'un désordre inextricable : impression qui se poursuit lorsqu'on examine le plan compliqué où se superposent les plans des villes successives. Seules, les murailles de la ville préhistorique, la route dallée conduisant à celle-ci, les restes du théâtre ou du temple romain parlent directement à l'esprit. Pour y comprendre quelque chose, il faut nécessairement commencer par reconstituer, dans son esprit, l'histoire de cette acropole illustre, où des populations diverses se sont succédé pendant au moins 2000 ans.

On sait que Schliemann avait reconnu à Troie l'empreinte de sept villes superposées. Les savants allemands, qui ont continué ces fouilles après lui, de 1890 à 1894, en ont reconnu neuf. Mais d'autres archéologues sont d'avis qu'il faut réduire ce nombre, basé sur des superpositions locales et sans continuité. En réalité, il paraît y avoir eu surtout quatre établissements successifs plus ou moins prolongés, dont le premier, dit préhistorique, doit remonter vers 3000 à 2500 avant J.-C. et dont le second, daté de 2500 à 2000, a été détruit par un incendie général : ce qui avait amené Schliemann à y voir assez logiquement la Troie détruite par les Grecs, tandis qu'aujourd'hui on semble momentanément d'accord pour remonter celle-ci plus haut dans la superposition des ruines. Sur cette ville brûlée se rebâtirent bientôt quelques maisons encore préhistoriques, recouvertes par une troisième grande cité d'époque mycénienne, la Troie de l'époque homérique, à laquelle ont succédé, peut-être sans discontinuité, une Troie archaïque, puis éolienne remontant entre 1000 et 700, puis macédonienne dont le temple d'Athéna attira successivement Xerxès et Alexandre. Enfin, c'est encore sur l'emplacement de l'ancienne Troie que les Romains construisirent Ilium Recens, où ils habitèrent pendant cinq siècles à partir de notre ère. Ils avaient aplani une fois de plus et élargi le haut de la colline en jetant les débris sur les flancs qui s'élargissaient de plus en plus. Considérée comme la patrie d'Enée et le berceau de Rome, Troie devint une sorte de pèlerinage historique, où Hadrien et Caracalla séjournèrent, où Marc-Aurèle fit reconstruire le Temple, où Constantin voulut même un moment, suivant un projet qu'avait déjà formé César, transporter la capitale de l'Empire, où Julien put encore visiter le temple toujours debout. Plus tard seulement, la ville fut peu à peu délaissée sous les Byzantins, enfin complètement abandonnée depuis l'occupation turque, si bien que le souvenir même s'en était entièrement perdu.

De toutes ces villes successives, ce sont naturellement les plus récentes qui ont laissé les traces les mieux marquées : temple d'Athéna, porte, base d'autel, maisons romaines. Mais c'est dans la cité mycénienne et dans la ville brûlée que l'on a fait les plus belles trouvailles et ce sont également ces villes primitives qui parlent le plus à notre imagination.

Comme cela s'est passé pour bien d'autres acropoles, mais à un degré particulièrement sensible ici, l'acropole de Troie a commencé par être un simple campement sur une petite colline dont hauteur ne dépassait pas 26 mètres au-dessus de la mer. La situation était favorable, à proximité d'une côte d'où, en de courtes traversées, on pouvait gagner les îles nombreuses de l'archipel. De premiers occupants s'y sont établis, pêcheurs et cultivateurs, hommes aux instruments de pierre polie, en néphrite, en jaspe, en porphyre, mais connaissant déjà l'usage de poteries assez raffinées et, probablement même, s'il n'y a pas eu de confusion (toujours possible dans les produits de semblables fouilles), celui des métaux. Leurs murs à assises inclinées en sens contraire annonçaient l'*opus spicatum* des maçons romains. Ils se nourrissaient d'animaux domestiques, bœuf, mouton, chèvre, porc, etc... Les matériaux apportés par ces hommes ont commencé un lent travail d'exhaussement et d'élargissement de la plateforme, qui s'est élevée ensuite de siècle en siècle, en utilisant constamment comme base les matériaux nivelés de la cité antérieure et rejetant une partie de ceux-ci sur le flanc de la colline, jusqu'à atteindre finalement 41 mètres. Il faut bien se représenter, à ce propos, que les hommes ont fait de tous temps ce

que nous reprochons particulièrement aux derniers
venus comme une barbarie. Ils ont démoli les
anciens édifices qui n'étaient plus à la mode du
jour, ou profité d'un désastre qui les avait mis bas
pour reconstruire au-dessus, en utilisant une partie
de ces matériaux dans les fondations ou dans les
constructions mêmes. Et c'est aujourd'hui dans ces
gravats, dans ces tas de déblais, que les archéologues
vont rechercher leur pâture, ajoutant un travail de
destruction de plus à tous les autres : celui qui
consiste à démolir les bâtiments les plus récents
pour retrouver au-dessous les plus anciens, jusqu'à
ce qu'on soit arrivé au sol vierge, dont la nudité
représente leur ambition suprême et finit par
constituer, lorsqu'il est logiquement poussé jusqu'au
bout, le résultat définitif de leur travail.

Quand on a construit la seconde ville, ou ville
brûlée, après une période d'abandon pendant laquelle
la terre végétale s'était accumulée, on a formé,
avec les déblais, une sorte d'esplanade relevée de
4 à 6 mètres qui représente, pour les fouilles, une
sorte de niveau sédimentaire bien caractérisé.

Cette seconde ville, qui a pu durer deux ou trois
siècles et dans l'existence de laquelle on est arrivé,
par des observations minutieuses, à distinguer plusieurs périodes, est, comme la première, surtout visible au nord de la colline, particulièrement sur ce qui
fut sa face sud où l'œil est attiré par ses murailles et
par sa grande rampe d'accès. C'est la ville d'argile,
caractérisée par ses matériaux d'argile crue, simplement séchée au soleil. Elle semble déjà avoir
une disposition qui se retrouve dans les villes suivantes : celle d'une enceinte de murs circulaires,
au centre de laquelle se trouvait le palais, le Mega-

ron, comme le donjon des forteresses féodales, avec des rues concentriques et d'autres radiales convergeant vers ce palais.

Une des chaussées d'accès par le sud-ouest a été presque entièrement déblayée sur 300 mètres de long et constitue un des spectacles les plus frappants de ces ruines. On la voit monter avec une assez forte pente de 1/4, sur 8 mètres de large, revêtue d'un dallage en gros blocs polygonaux.

Elle aboutit à une muraille, servant à la fois de soutènement et de défense, qui est également très frappante d'aspect. Cette muraille a un soubassement fait de moellons liés avec de la boue et recouvert extérieurement d'un parement à lits horizontaux de moellons analogues. Ce parement extérieur est incliné à 45° pour résister à la poussée des terres, et, par suite, facile à escalader. Mais, au-dessus du sol de l'esplanade, le soubassement est surmonté d'une muraille plus mince en carreaux de briques séchés au soleil, reliés par un mortier de boue et recouverts originellement par un enduit de fine argile, qui a presque partout disparu. A l'intérieur, des trous et rainures semblent correspondre à des pièces de bois qui auraient formé une sorte de chaînage intérieur. D'après les traces de l'incendie, on a supposé que ce mur aurait été recouvert par une galerie de planches et de madriers, où l'on peut se représenter Hector et Paris (... ou leurs prédécesseurs sur cette forteresse), circulant à couvert. Enfin, de distance en distance, il existait des tours et des portes, dont l'une a conservé ses chambranles carbonisés.

Par l'entrée principale de la ville située au sud-est, on gagnait un propylée, puis le palais composé d'un long bâtiment central, avec deux bâtiments latéraux. Le bâtiment central de 10 mètres sur 20 mètres offrait, vers le centre, un foyer de 4 mètres de diamètre, qui paraît avoir été situé sous une ouverture du toit. Les murailles, faites d'argile mêlée de paille et séchée au soleil, avaient un peu moins de 1,50 m.

Partout, dans cette ville préhistorique, on reconnaît la marque de l'incendie : les pierres calcaires calcinées, les mortiers d'argile rougis, les briques tombées à moitié cuites, et l'on pense au vers de Virgile... *Omnis humo fumat Neptunia Troja.* Là ont été faites les plus curieuses trouvailles de Schliemann, notamment une série de vases à tête de chouette, (qui, pour d'autres savants, serait une tête de femme), des idoles grossières de terre cuite, de marbre, de plomb, de bronze, des vases en forme de chat, de hérisson, de tête de porc, des vases trépieds, des objets d'ivoire, d'or, de bronze, de métal; enfin ce que Schliemann a appelé le grand trésor, auquel il convient de faire une place spéciale.

En mai 1873, Schliemann avait commencé des fouilles à l'ouest de la ville, le long du mur d'enceinte préhistorique, du côté où l'on suppose que fut plus tard la porte Scée, quand son attention fut attirée par un grand objet de cuivre d'une forme remarquable, recouvert de cendres et de débris calcinés. Ayant attendu le moment où ses ouvriers déjeunaient pour échapper à leur rapacité, il commença à recueillir lui-même, avec sa femme, une série d'objets qui semblaient avoir été enfermés dans un coffre de bois dont il restait la clef. Il y avait là notamment 56 boucles d'oreille en or, 8 700 petits anneaux d'or, prismes perforés, boutons d'or, etc., six bracelets d'or, un bandeau et un diadème d'or, un gobelet d'or et un gobelet d'électrum, un vase d'argent qui contenait une partie de ces bijoux précieux, deux coupes d'argent, un grand nombre d'objets de cuivre ou de bronze (bouclier, plat, treize pointes de lance, quatorze haches de bataille, sept poignards, etc.).

On a, d'ailleurs, retrouvé, au voisinage du même point, d'autres coupes d'argent et un vase à tête de chouette renfermant un certain nombre de bijoux d'or... *Huc undique Troïa gaza — Incensis erepta adytis, mensæque deorum, — crateresque auro solidi*[1]... Il est certain qu'il ne faut pas beaucoup d'imagination, en constatant que des accumulations semblables d'objets précieux se sont trouvées jetées contre les murailles d'une ville au moment où un grand incendie la dévorait tout entière, pour se représenter la nuit classique où Troie succomba sous ses envahisseurs et périt dans les flammes. Si les archéologues nous disent que nous antidatons ainsi les événements, nous serons tentés de leur répondre avec Schliemann qu'ils ont tort.

C'est cependant à un niveau plus élevé que l'on place aujourd'hui la Troie chantée par Homère, celle du moins qu'Homère a pu connaître et dont il nous décrit la civilisation (ce qui ne veut pas dire du tout qu'il n'ait pas transposé de son temps des événements antérieurs, comme on chantait Roland ou Charlemagne longtemps après leur mort[2].)

1. « Là, de tous côtés, sont les trésors de Troie arrachés à l'incendie des temples, les tables des dieux, les cratères d'or massif. »

2. Entre la ville brûlée et la Troie mycénienne se placent les 3e, 4e et 5e villes préhistoriques de Dörpfeld représentées par quelques masures. La ville mycénienne est, pour lui, la 6e.

La Troie mycénienne, à laquelle on attribue cet honneur, est sensiblement plus vaste que la Troie préhistorique, sur laquelle elle déborde d'environ 40 à 50 mètres au sud, à l'est et à l'ouest. Ses restes sont, sur ces trois côtés, bien visibles; ses murailles extérieures, dont il reste les deux tiers, ses portes, ses bâtiments se dégagent mieux, sans qu'on soit obligé d'aller les chercher, comme les précédents, au fond d'une tranchée de fouille, dans une coupe géologique et ce sont eux qui, avec les monuments romains superposés, attirent surtout l'attention du visiteur. C'est une ville de pierre succédant à une ville d'argile. Les restes en rappellent Troie et Mycènes et l'on y a trouvé, en effet, des poteries mycéniennes. Schliemann l'avait ignorée parce qu'elle n'existe pas au nord, où ont eu lieu surtout ses recherches, destinées avant tout à rencontrer la plus ancienne ville (les Romains ayant de ce côté aplani le sol) et parce que les murs du nord-ouest ont, d'après une inscription retrouvée, fourni des matériaux pour Sigeion et Achilleion au vi⁰ siècle avant J.-C. Il n'en reste pas trace dans toute la partie haute qui est la partie centrale, où devait très vraisemblablement se trouver le palais, d'après le plan général de la ville, mais où, par suite de la destruction, la ville grecque et romaine repose directement sur la ville préhistorique. Ce qu'on en connaît par les fouilles de Dörpfeld, c'est son enceinte extérieure du côté sud, avec ses murs en grosses pierres, ses tours et, le long de cette enceinte, une série de maisons, une fontaine, enfin une large chaussée pavée qui montait vers le palais[1].

1. Voir 1902. DÖRPFELD. *Troja und Ilion*, 2 vol. Athènes.

Dans ces maisons mycéniennes on a trouvé parfois tant de jarres en terre cuite que l'on a voulu y voir des cuisines, Il est possible qu'il y ait eu là une sorte de kremlin, avec des communs du prince, tandis que la ville proprement dite était en bas, dans la plaine, où son existence n'est d'ailleurs, jusqu'ici, qu'une pure hypothèse. Parfois, on voit, sur des murs de pierre de 6 mètres de haut, des assises régulières de briques.

Au-dessus de la ville mycénienne, on place encore deux villes archaïques : l'une vers 1 000 à 700, l'autre éolienne, vers 700. Dans la dernière se trouvait déjà un temple fameux d'Athéna ilienne, où d'après Hérodote, Xerxès monta sacrifier lors de son expédition en Grèce (480) et que Strabon décrit comme petit et mesquin, malgré sa renommée : μικρὸν καὶ εὐτελές.

Enfin, la reconstruction de Troie, projetée par Alexandre, a été surtout exécutée par Lysimaque qui reconstruisit le temple d'Athéna, puis par les Romains, dont les constructions à assises régulières se distinguent aussitôt de toutes les autres. Du temple il reste assez peu de choses et encore la plupart de ces débris semblent-ils remonter à une dernière reconstruction du temps d'Auguste : colonnes, métopes [1], fragments d'ornementation.. Au sud-est de la ville on voit également les gradins d'un théâtre romain. Les médailles y ont été trouvées en abondance.

Quand on a visité Troie, il faut encore jeter un coup d'œil sur la campagne avoisinante, ne fût-ce que

1. Le principal métope représentant le Dieu-Soleil avec la tête tournée de face sur son quadrige est au musée Schliemann, à Berlin. Un autre marbre de l'époque macédonienne montre un guerrier posant la main sur la tête d'un homme agenouillé.

pour se faire une opinion dans la grande querelle entre les défenseurs des divers emplacements de Troie. Dans cette plaine, ce qui attire d'abord le regard, ce sont les nombreux tumulus, ou tépé, qui y apparaissent de divers côtés. Schliemann, qui a fouillé un peu de tous côtés la Troade pour chercher si un autre emplacement qu'Hissarlik pouvait convenir à Troie, en a éventré quelques-uns.

Ces buttes de terre plus ou moins hautes[1], dont on connaît l'équivalent en bien d'autres pays que la Troade, ont ici, depuis longtemps, reçu de la tradition des noms illustres. Nous y ferons une promenade rapide sous la conduite d'un vieux guide auquel nous avons déjà emprunté des notes sur Constantinople : l'architecte français Auguste Mareux, qui, en 1787, visita la Troade, la carte de Lechevalier à la main, en en vérifiant partout l'exactitude. Ses notes nous donneront une idée de ce que l'on voyait à Troie avant Schliemann.

L'excursion qu'il raconte et où il n'est pas même question d'Hissarlik, est un *tour circulaire de ces tumulus* en partant de Koum-Kalé (Les Châteaux) pour aller à *Iéni-cheir sur la côte, gagner Ilos,* remonter le Scamandre jusqu'à Bounarbachi, monter au tombeau d'Hector, sur le flanc **du Bali-Dag**, où, à cette époque, on plaçait Troie, revenir à Koum-Keui, au nord d'Hissarlik et au tombeau d'Ajax.

Arrivé en barque aux Châteaux (à Koum-Kalé), il décrit d'abord les « tombeaux d'Achille et de Pa-

---

1. Ces tumulus sont de toutes les époques et, par exemple, Caracalla en a fait construire un pour Festus. Mais beaucoup d'entre eux ont fourni de la poterie mycénienne et sembleraient donc contemporains de la Troie homérique. Voir à ce propos: Schliemann, *loc. cit.*, p. 848.

trocle », qui sont au bas du Cap Sigée, aujourd'hui le Cap des Janissaires (Iéni-cheir). « Ces tombeaux, dit-il, ne sont autre chose que de très gros amas de terre en forme pyramidale, mais fort évasée, qui renferment une maçonnerie dans laquelle est déposée à ce qu'on croit, une urne d'or où sont les cendres des différents héros qui y sont enterrés. Voilà du moins ce qu'on rapporte du tombeau d'Ajax qui a été ouvert. Celui d'Achille peut avoir environ 50 à 60 pieds de diamètre et celui de Patrocle 40 à 50 tout au plus. »

A environ une demie-lieue de là, en côtoyant le Scamandre, il reconnaît le Trosmos, ou tombeau d'Ilos, près d'Ilium recens (Hissarlik).

« Ce tombeau d'Ilos est, dit-il, au bord de la rivière et beaucoup plus grand que les autres, mais aussi très aplati. Son diamètre ne peut guère se mesurer parce qu'il se perd avec les terres. Plus loin est Kallikoloné, ou tombeau d'Aesicus, que l'on voit de loin dans la plaine à cause de sa grandeur. On voit également de loin les tombeaux d'Antiloque et de Pénéléus qui sont situés sur le bord de la mer, au sud du cap Sigée. »

Avançant toujours dans la plaine entre deux rivières l'Asmak et le Mendéré, dont le nom, remarque-t-il, rappelle encore le Scamandre, il arrive aux sources de Bounarbachi, où il trouve les traces des bassins où les dames troyennes allaient laver leur linge. « Les eaux en sont assez limpides et les sources assez abondantes, qui sortent du rocher, sont situées au milieu des bosquets les plus agréables[1]. »

---

1. Ces sources à allure vauclusienne, au nombre de 30 ou 40 (Kirk-gheuz, ou les 40 fontaines) jaillissent parmi de beaux noyers

Il continue vers Bounarbachi, village situé au levant des sources et que l'on croit être sur l'emplacement des portes Scée. Là il se fait conduire au tombeau d'Hector qui est situé sur le haut de la montagne, et qui domine toute la plaine[1]. « Nous y restâmes à contempler la belle vue. Derrière nous, au fond d'une vallée très profonde, est le Mendéré qui serpentait autour de la citadelle de Troie et qui en défendait l'accès, tant par l'impétuosité de son cours que par la côte qui est à pic... » Puis il se rend au tombeau d'Ajax en traversant le Mendéré à gué et arrive à Koum-Keui, qui est situé au bord du Dumbrek ou Tumbrik, dans lequel on voyait alors le Thymbros, au nom à peine corrompu... « Le tombeau d'Ajax est facile à reconnaître, puisqu'il est le seul qui ait été ouvert; mais on l'a tellement mutilé qu'il est impossible d'en reconnaître le plan.. D'après Pausanias et Philostrate, ce tumulus ayant été éventré par la mer, on y trouva un squelette de taille gigantesque... Le seul regret que nous eûmes fut de ne pas avoir eu le temps d'aller voir les restes d'un temple d'Apollon qui est situé dans le fond de la vallée de Thymbra, près de Halil-Eli-Keui et connu sous le nom d'Apollon Thymbrien. »

L'emplacement que Mareux regrette ainsi de ne pas avoir visité, c'est précisément Hissarlik. Quant au vrai temple d'Apollon Thymbrien, il paraît qu'on

et de grands saules, formant un vaste étang au courant rapide, tout peuplé d'oiseaux. Il est à remarquer qu'en Asie Mineure bien des villes antiques se sont bâties au voisinage de sources semblables (Baalbek, etc.), en d'autres « Bounarbachi » (la tête des sources).

1. Ce tombeau, fouillé en 1842 par John Lubbock, ne paraît pas remonter au-delà du IIIe siècle avant J.-C.

l'a retrouvé près d'Aktché-keui, à Hanaï Tépé, un peu au nord de Bounarbachi : ce qui a conduit à appeler Thymbros le Kémar-sou, tandis qu'on attribuait autrefois ce nom au Dumbrek-Tcheï et que le Kémar-sou passait pour le Simoïs.

Il est certain qu'il a existé une ville au-dessus de Bounarbachi, sur le Bali-dag. Des fouilles y ont été faites par Schliemann en 1868. Une acropole de 200 mètres de long sur 100 mètres de large offre des pans de murs d'une construction primitive et des débris de poterie. Mais rien ne marque là, comme à Hissarlik, l'existence prolongée d'une grande ville dont l'importance aurait pu frapper les imaginations. La vue seule est magnifique.

Smyrne. — Nous nous sommes maintenant rembarqués aux Dardanelles et nous continuons notre route vers Smyrne. Tandis que le détroit s'élargit un moment, nous longeons la côte qu'il a fallu suivre pour aller à Hissarlik. Voici l'embouchure du Scamandre et le camp des Grecs, dont Koum-Kalé avec ses fortifications forme la pointe extrême. Au loin on aperçoit, sur la plaine, comme purent le faire les Grecs pendant dix ans, la colline basse, où fut Troie. Par derrière, la plus haute chaîne de l'Ida, où se réunissaient les dieux pour intervenir dans les querelles des mortels, domine la ville de Neptune. On débouche dans la mer Égée. La vue s'étend encore au large sur les îles d'Imbros et de Samothraki, puis de Lemnos. Le navire s'enfonce dans un bras de mer étroit entre Ténédos et la côte. Il touche à Mytilène, que j'ai trop longuement décrite ailleurs pour y revenir ici[1].

---

1. *Chez les Grecs de Turquie.* (Cornély 1897.)

Enfin, nous entrons, entre Phocée et Clazomène, dans le golfe de Smyrne, puis dans le chenal étroit qui donne seul accès au port. Voici, devant nous, la grande ville claire qui s'étale le long de la côte et qui, sur la droite, monte en pente douce vers le mont Pagos. En arrière, des masses sombres de montagnes lointaines lui servent de fond. A gauche, se prolongent les faubourgs, jusqu'à Cordélio, la ville de plaisance (et aussi la Smyrne primitive), vers laquelle circulent de petits bateaux à vapeur. Nous touchons à quai et bientôt nous sommes dans la ville franque.

Smyrne est un de ces noms qui parlent à l'imagination. Smyrne, c'est le plus grand et le plus ancien port de l'Asie Mineure. C'est la plus fameuse des Échelles du Levant. Smyrne, c'est la porte de l'Asie !... Disons de suite que Smyrne représente aujourd'hui l'Asie, un peu comme Alger peut représenter l'Afrique. La ville a pris un caractère entièrement cosmopolite et le développement des chemins de fer en a expulsé progressivement l'orientalisme avec les caravanes. Si l'on arrivait à Smyrne espérant y trouver l'Orient encore intact, on aurait donc une violente désillusion. L'Orient, il faut maintenant aller le chercher plus loin vers l'intérieur, à Angora ou à Konié. Néanmoins, quand je me rappelle la joie que m'a causée ma première rencontre avec l'Asie lointaine et mystérieuse en débarquant jadis sur ce quai de Smyrne, je suis porté à penser que, si cette émotion juvénile a beaucoup diminué pour moi, c'est un peu le défaut de l'âge et qu'elle pourrait encore exister pour d'autres moins malheureusement blasés par le temps. Je me revois courant le bazar une veille de Pâques derrière les vendeurs de moutons enturbanés, suivant leurs colloques avec les *Grecs* qui emportent finalement la bête sur leurs épaules, admirant les caravanes de chameaux au pas lent qu'un petit âne gris semble tirer par une ficelle tout le long des rues. Je gravis surtout, avec un enthousiasme d'archélogue juvénile, les pentes du mont Pagos et, là-haut je tombe en extase devant le débris de bronze informe qu'un brave nègre vient de sortir de terre en béchant son jardin. Toute l'antiquité m'apparaît dans ce morceau de métal, avidement acheté : dans cette « fibule » aussitôt décorée d'un nom savant. Ne pouvant avoir la joie de fouiller moi-même, je recueille du moins cette trouvaille. J'aspire à pleins poumons, à la fois l'Orient et l'antiquité; et, penché sur les plaines lointaines de l'Asie qu'embrume le soir, je vois en esprit toutes les hordes, toutes les invasions sortant de cette pénombre pour recouvrir de leurs flots la beauté, la lumière du monde antique...

Aujourd'hui, c'est en souriant que je me rappelle ces admirations auxquelles il manquait un objet. Mais c'est le propre du véritable amour de créer lui-même l'objet à aimer. Et l'on ne peut que regretter de voir, avec l'âge, les illusions brillantes et colorées d'autrefois remplacées par une conception plus froidement exacte des choses...

En somme, avais-je tellement tort de découvrir, comme M. Jourdain, tant de pensées en si peu de mots et de trouver aussitôt le turc une langue merveilleuse? Ces réveries, qui partaient ainsi d'un faux départ, n'étaient-elle pas justifiées par tout ce que l'Asie recouvre et par tout ce que l'on peut y retrouver en fouillant un peu?... Je sais bien qu'il est de mode de réagir contre le mirage oriental et de rajeunir l'Asie. On n'empêchera jamais qu'elle ait l'air vieille, qu'elle prenne, par le fait seul qu'on n'y répare jamais rien, la beauté rapide des ruines millénaires. On n'empêchera pas non plus que, jusqu'ici, les plus anciens monuments datés dont nous ayons connaissance en proviennent... Et puis, en l'absence même de tout texte, de tout document, n'est-il pas naturel de chercher la place où dut éclore et se développer de préférence la plante humaine dans les climats qui lui sont le plus propices : non pas dans la trop froide Europe ou dans la trop brûlante Afrique, mais dans le charme des contrées tropicales de l'Inde ou de l'Insulinde...

En tout cas, Smyrne, telle qu'elle est, telle que je la vois aujourd'hui, présente un réel intérêt, précisément comme capitale de ce pays sans limites précises et de nationalité indéterminée que l'on appelle le Levant, comme point de soudure du monde occidental, représenté ici par ses termes extrêmes, surtout helléniques et de la Turquerie, comme position historique, où, si l'histoire a été violemment éliminée de la surface par les invasions, les destructions, les tremblements de terre et par le développement d'une ville moderne, son souvenir n'en existe pas moins à fleur de peau, facile à reconstituer. Parcourons donc Smyrne, telle qu'elle nous apparaît, en nous souvenant, chemin faisant, de son passé.

Smyrne est une façade à régularité européenne plaquée sur une confusion orientale. Ce caractère que l'on retrouve souvent en Turquie s'accuse ici dans le détail. C'est par la façade que l'on aborde tout naturellement la maison. On arrive sur de

(244)

beaux quais majestueux, construits par la Société Française. On est encore en Europe. On franchit, par une ruelle étroite, un premier pâté de maisons; on atteint la rue parallèle, puis la rue Franque, l'Europe commence déjà à s'éloigner, mais reste toute prochaine. On fait quelques pas de plus : les belles maisons, les magasins à l'occidentale disparaissent, on a changé de pays. Après le quartier grec, c'est le quartier turc, c'est le bazar...

De Smyrne, ce qu'un étranger a le plus d'occasion de voir, c'est cette première ville franque qui forme un rideau extérieur, une sorte de décor de théâtre. Ce sont : les grands quais bordés de cafés comme une Canebière; les cafés-concerts; les hôtels cosmopolites; les consulats hissant leur drapeau; la promenade animée à l'heure où l'imbat commence à souffler et rafraîchit l'air; les stations devant les verres à l'eau laiteuse aromatisée par le mastic de Chio.

Voilà le quartier des plaisirs et des affaires. La société levantine qu'on y rencontre prête facilement matière à quelques croquis plaisants, dont on trouvera de nombreux exemples dans la littérature contemporaine. On obtient un effet de comique un peu banal en esquissant ces grosses dames bien en chair, à la vie de harem, qui parlent avec des enfantillages d'expression et de sonorités, avec des zézaiements et des pépiements d'oiseau, dans un patois où le provençal s'émaille de nombreuses tournures exotiques. Mais nous devrions plutôt savoir gré à celles qui pratiquent notre langue, alors même qu'elles commettraient quelques incorrections. L'ironie et le persiflage, par lesquels trop de voyageurs français, diplomates, marins, littérateurs, s'imaginent affirmer la supériorité de leur esprit, nous font un tort plus sérieux qu'on ne le croit parmi des étrangers qui nous admireraient volontiers si nous ne leur imposions pas si crûment l'admiration.

Ne commettons donc pas une injustice semblable à celle que l'on professe si souvent contre notre Paris quand on le juge par sa vie artificielle et bruyante, à laquelle prennent surtout part les étrangers. On travaille à Smyrne et les résultats commerciaux, le progrès économique le prouvent assez. Smyrne est aujourd'hui une grande ville très européenne de 200 000 âmes, qui, chaque année, importe pour 100 millions de produits et en exporte 80. Au début du XIXᵉ siècle, le commerce total, qui représentait alors à lui seul la moitié de tout le trafic de la Turquie européenne et asiatique, se chiffrait par 70 millions. Il a donc beaucoup plus que doublé en cent ans.

Les importations de Smyrne, ce sont tous les produits industriels destinés à l'intérieur du pays. Les exportations, ce sont, avant tout, les raisins, les figues et les fameux tapis de Smyrne, qui proviennent des districts de Gueurduz, Koula, Ouchak, etc., puis les céréales, l'huile, le coton, le tabac, l'opium et les peaux. Smyrne même ne fabrique guère que quelques étoffes élégantes et légères et une pâte de farine de sésame et de miel, appelée le halva, dont les grosses boules blanches attirent l'attention dans tous les bazars orientaux.

Dans cette vie commerçante de Smyrne, il faut d'abord faire leur place à ceux qui sont, en réalité, les maîtres de la ville, aux 100 000 Grecs qui constituent à eux seuls la moitié de la population et la plus active. Smyrne, qu'on ne l'oublie pas, est une ville grecque. C'est la capitale de la future Ionie hellénique qui, lorsque se posera la question du démembrement de la Turquie d'Asie, (une fois achevé le partage difficile de la Turquie d'Europe), devra revenir aux Hellènes, et par droit d'héritiers et par droit d'occupants. Il y a là une situation que les musulmans n'ignorent naturellement pas. Pour eux, Smyrne, Ismir, se nomme Ismir l'infidèle.

Et c'est bien pourquoi, dans les négociations relatives à la paix avec les confédérés balkaniques, les Turcs ont fait porter un des principaux efforts de leur discussion sur la question des îles Egéennes. Ils savent que ces îles ne leur appartiennent à aucun égard, si ce n'est par un droit de conquête brutal qu'annule aujourd'hui une conquête inverse. Jamais ils n'ont été chez eux dans la mer Egée. Toujours ces îles ont été exclusivement grecques malgré le drapeau du croissant qui flottait sur leurs vieilles forteresses génoises ou vénitiennes, à peine consolidées de quelques moellons et flanquées de pièces de canon sans projectiles. Mais, les îles leur échappant, c'est le commencement de la séparation qui se prépare pour le domaine asiatique. Comme on a parlé, jusqu'ici, des Crétois ou des Macédoniens, on va maintenant parler des Smyrniotes, des habitants du Liban, des Arméniens; Smyrne serait tout particulièrement menacée par la perte de Mytilène et de Chio et il est assez naturel de la part des Turcs qu'ils fassent quelques efforts pour retarder leur démantèlement, dans la mesure où un cadavre peut avoir la force d'arrêter sa propre décomposition.

Après les 100 000 Grecs, la population smyrniote comprend encore environ 20 000 Juifs, 12 000 Arméniens et 15 000 Levantins ou Européens. Pour faire le complément, il reste 60 000 Turcs groupés autour du Mont Pagos, pauvres gens misérables et à peu près sans aucun rôle social, si ce n'est comme bêtes de somme, portefaix, cochers, chameliers, bateliers, etc. Arméniens et Juifs rivalisent avec les Grecs d'astuce commerciale et ces diverses populations, qui ont toutes à peu près également les défauts inhérents au commerce oriental, se renvoient mutuellement les accusations de rapacité, de mauvaise foi, de duplicité.

Mais, si la vie de chaque jour est remplie par ces divers peuples aux costumes plus ou moins bigarrés, pour tout ce qui est travaux importants, dans le port, sur les voies ferrées, etc., on ne saurait méconnaître le rôle prépondérant que joue ici la France et ce serait une bien maladroite modestie de le dissimuler. Smyrne n'est pas seulement une ville franque : c'est comme Beyrouth, une ville française. Jadis, nous y avions à peu près le monopole du commerce. Nous avons laissé les Anglais d'abord, puis les Allemands, nous prendre une part de ce privilège. Mais nous avons reconquis la supériorité sous une autre forme; car, tandis que l'italien était autrefois, après le grec, la langue la plus communément parlée, maintenant, à Smyrne, tout le monde parle français et quand, sur la foi de vieux récits, on tente de se faire comprendre en italien, on s'aperçoit vite à quel point on fait fausse route. Cette situation tient à deux causes : d'abord au développement prépondérant de nos écoles, de nos hôpitaux, de nos dispensaires, de nos asiles de toutes sortes créés par les Lazaristes, les filles de la Charité, les dames de Sion. Ces bons serviteurs de la France ont, sur-

BAS-RELIEF RUPESTRE DIT DE SÉSOSTRIS A NYMPHI.

SMYRNE. AQUEDUC ROMAIN DU VAL SAINTE-ANNE.

tout depuis 1839, créé et multiplié des œuvres absolument françaises; et presque tout Smyrniote, qui a quelque éducation occidentale, passe par leurs mains. Leurs vingt et un professeurs donnent, dans le collège de la Propagande, l'enseignement classique et l'enseignement moderne. On sait assez, mais cependant cela vaut la peine d'être redit une fois de plus, car la chose est capitale pour notre pays, que ces œuvres sont nationales encore plus que religieuses; en fait de prosélytisme, le bien qui est accompli chaque jour sans bruit suffit amplement.

Mais il y a aussi à Smyrne un autre élément d'influence française, non moins décrié dans la mère patrie que le catholicisme, c'est le capital. Des sociétés françaises ont dragué le port actuel, établi les brise-lames, les môles et les quais entre 1868 et 1880. Avoir des quais comme ceux de Smyrne est un avantage qui nous paraît assez naturel en Occident, mais que l'on apprécie quand on a, pendant quelque temps, voyagé dans les autres ports de la Turquie et constaté à son détriment combien de fois, à Rhodes, à Jaffa, etc., on est obligé de passer mélancoliquement devant le port sans pouvoir y débarquer parce que la mer est trop mauvaise et combien d'autres fois on éprouve en débarquant des inquiétudes mortelles, sinon pour soi-même, du moins pour ses bagages que l'on voit suspendus au bout d'un fil au-dessus d'un canot ballotté par les vagues. Le dragage du chenal navigable et le détournement de l'Hermos vers le Nord, qui ont été accomplis en 1886, étaient également, pour Smyrne, une œuvre capitale. Si on avait laissé l'Hermos travailler à sa fantaisie, en moins d'un siècle ses alluvions eussent enfermé la ville dans une lagune fermée. Et le danger, aujourd'hui même, n'est pas complètement écarté. C'est encore une compagnie française qui a construit la ligne de chemin de fer de Smyrne à Cassaba et prolongement. Même sur les chemins de fer allemands et anglais d'Asie Mineure, c'est en français que le service se fait officiellement. Smyrne est, à certains égards, une sorte de colonie française que nous aurions tort d'oublier. Mais, laissant de côté l'économie politique, abandonnons maintenant le quartier des quais pour nous enfoncer dans la profondeur plus pittoresque de Smyrne à travers les quartiers grecs, arméniens et turcs.

Dans le quartier grec, ce qui frappe surtout quand on n'a pas déjà vu de ville analogue, c'est l'air silencieux, calme, un peu endormi et renfermé qui tient à l'influence des coutumes musulmanes, à l'isolement où s'enferme la vie intime, à la coupure établie entre celle-ci et l'activité bruyante, bavarde, agissante du dehors. Le long des maisons blanches et proprettes à contrevents verts, que n'égayent pas des magasins, on rencontre à peine quelques passants, bien rarement une voiture. Cependant il est aisé de s'apercevoir que l'on n'est pas en territoire de Mahomet par la curiosité manifeste des femmes. Celles-ci, qui vivent fort cloîtrées dans leurs maisons obscures où leur distraction principale consiste à engraisser, regardent volontiers les passants, soit par leur fenêtre, soit même en se plantant tête nue devant leur porte ouverte. Leur réclusion ne va pas, d'ailleurs, jusqu'à les empêcher de sortir pour se visiter mutuellement, aller au bazar ou se rendre à l'église.

A certains jours, le quartier grec prend, au contraire, une singulière animation. J'ai eu l'occasion de le parcourir pendant les jours voisins de Pâques. C'est alors un tapage extraordinaire de cris, de pétarades, de coups de pistolet. Je ne reviens pas ici sur ces curieuses fêtes de Pâques que j'ai décrites ailleurs[1]; il me suffira de rappeler qu'en 1887, j'ai entendu, à cette époque de l'année, jouer en pleine rue de Smyrne, aux acclamations de la foule et au milieu d'un enthousiasme extraordinaire, l'air de l'indépendance grecque, tandis que des gendarmes turcs écoutaient pacifiquement sans essayer de maintenir l'ordre.

Pittoresquement, le quartier grec n'a rien qui puisse nous retenir non plus que le quartier européen. Dans la monotonie de ces rues banales, quand on a pu suffisamment apprécier la couleur locale levantine, avec ses relents mélangés de juiverie et de Provence, on est invinciblement attiré vers les coins où l'on pourra sortir ses crayons et ses pinceaux, vers l'orientalisme du Mont Pagos.

Nous voici donc errant à travers les bazars : le grec, le turc, l'arménien. Aux étalages, ces immenses boules blanches d'une chose sucrée qu'on nomme le haval; des rôtisseries au fumet appétissant; des marchands de coco, qui passent dans la foule, portant, sous le bras droit une énorme carafe et, de la gauche, tenant un plateau de cuivre brillant. Très peu de femmes blanches, mais beaucoup de négresses. Les femmes turques ont, soit un voile de mousseline couvrant toute la figure;

1. *Chez les Grecs de Turquie*, pages 23 à 25.

soit une étoffe qui couvre le front et qu'elles
ramènent sur la bouche dès qu'elles peuvent craindre d'être vues. Les négresses sont superbes, toujours parées d'étoffes aux tons éclatants, jaunes,
rouges, orange, qui font encore plus valoir les tons
bronzés de leur peau. La couleur nègre est vraiment une belle teinte au soleil et qui s'associe bien
avec le vermillon. Quant aux hommes, Grecs,
Turcs, Arméniens passent confondus dans un
fouillis coloré où l'œil novice d'un Européen frais
débarqué commence par se perdre, reconnaissables
seulement à leur type plus ou moins crochu, ou
à quelque détail plus caractéristique. Cet homme à
la ceinture noire bouffante est un Grec; celui qui
a une ceinture de cuir est un Turc; le bonnet
rose brodé de violet et de jaune désigne un Arménien; le turban blanc appartient à un lettré, le
turban vert à un hadji qui a fait le voyage de la
Mecque...

Tout cela, malgré une note asiatique un peu plus
prononcée, n'a rien qui nous étonne après Constantinople. Ce sont les mêmes tableaux d'intérieurs
obscurs, où de vieux Juifs, qui prennent des appa-
rences de Turcs pour remédier à l'antisémitisme
des Occidentaux, vous offrent de petites tasses
de café en marchandant longuement sur le prix
d'armes truquées et d'antiquités fausses.

Dans l'obscurité caractéristique du Bazar, du
« Tcharchi », qui en fait un endroit frais et abrité
contre le soleil aussi bien que contre la pluie, on
rencontre, de distance en distance, de jolies oasis
de lumière : des places plantées d'arbres qui donnent
l'impression d'une clairière en forêt. Au centre se
dresse quelque fontaine vivement éclairée, où des

Turcs font leurs ablutions. Tout autour sont des cafés en plein vent, recouverts par des étoffes flottantes accrochées aux arbres. Et, sortant de l'ombre, on a les yeux d'autant plus vivement attirés par le brillant des armes, des verres, des narghilés, par la coloration bruyante des étoffes.

Mais, dans le bazar de Smyrne et dans les rues avoisinantes, ce que l'on venait voir surtout autrefois, c'étaient les nombreuses caravanes de chameaux. On était attiré vers cette « porte de l'Asie » par la promesse d'y voir circuler, à travers les rues étroites du quartier turc, tant de ces bêtes imposantes, à la tête levée et renversée en arrière majestueusement, au clignement d'yeux de myopes, au pas mollement cadencé.

Alors, en effet, avant que les chemins de fer n'eussent à peu près tué cette industrie, la plus grande partie des marchandises destinées à aller d'Asie Mineure en Europe ou réciproquement, cheminaient par cette voie. De très loin, de très loin, comme aux temps préhistoriques, comme lorsque les Phéniciens ou les Grecs faisaient venir le jade du Turkestan, l'étain de Malacca, les épices d'Extrême-Orient, les chameaux arrivaient à Smyrne, conduits par des chameliers étranges, personnages frustes et énigmatiques, sur lesquels, dans leur rudesse d'allure native, ne se faisait sentir aucune influence du moderne progrès, malgré leurs périodiques voyages à la ville. Chameaux et chameliers avaient cheminé longtemps, semblables les uns aux autres par la forme de leurs pensées, couchant dans la campagne poudreuse ou dans les hans, jusqu'au jour où se faisait la dernière halte sur le Mélès, au fameux pont des caravanes...

(253)

Aujourd'hui les caravanes sont rares. Pourtant, dans la rue des caravanes, on voit encore les hans, où logent les chameliers et les marchands : de grandes cours plantées d'arbres où des chameaux sont agenouillés et accroupis, où des hommes, aux costumes bariolés de ces tons superbes que donnent le rapiéçage, le frottement et l'usure, déchargent des fardeaux...

Voici venir un chameau couvert de ces étoffes de laine bigarrées sur lesquelles est arrimée la complication d'un bât, où portent, en équilibre, dans un réseau savant de cordes et de nœuds, les édifices les plus volumineux... Il avance, posant l'une après l'autre ses pattes molles, qui s'appliquent sans bruit sur la terre déjà pulvérisée par le passage d'innombrables chameaux semblables : une terre mêlée de crottin et de débris de tous genres qui exhale la si caractéristique odeur des bazars, des hans et des soccos.

Derrière lui, en voici un autre, puis un autre, tous reliés ensemble par une corde ; et l'on s'aperçoit que la file entière est traînée par un tout petit âne gris dont un gamin tire la ficelle.

Ces chameaux ont le devant du corps, le cou, les pattes de devant couverts de poils épais, tandis que l'arrière-train est comme pelé et usé. Ils se détachent sur un décor de maisons turques, aux toits plats de tuiles, aux murs de pisé jaunâtre, dans lequel des rangs de tuiles crues, posées obliquement en dents de scie pour aérer l'intérieur, produisent un effet décoratif.

Un arrêt à la fontaine : tous de dos, la tête penchée en avant, montrant l'ogive de leurs longues jambes maigres que domine le chargement. Et les chameaux repartent. Ils arrivent à l'étape. On entend leurs cris stridents. A un commandement, le chameau fléchit sur ses genoux, se penche en avant et brusquement asseoit son train de derrière, puis affaisse son train de devant. Il attend en mâchonnant qu'on vienne lui enlever son fardeau....

Enfin, de flânerie en flânerie, nous nous rapprochons du Mont Pagos. C'est par là, à vrai dire, que nous aurions dû débuter : d'abord en vertu de ce principe général qui veut que, pour s'orienter dans une ville nouvelle, on commence par la dominer d'un point haut, ensuite parce que là se trouve à la fois le site le plus pittoresque de Smyrne et celui où l'on en revit le mieux le passé. Nous nous sommes, en effet, jusqu'ici promenés dans Smyrne comme s'il s'agissait de la plus moderne des villes turco-grecques, alors que nous abordons, en réalité, l'une des plus vieilles cités antiques et celle où la légende place le lieu de naissance d'Homère. Il est temps de nous en souvenir et de placer ici deux mots d'histoire.

La position géographique de Smyrne était marquée d'avance pour une agglomération humaine et, du haut du Mont Pagos, nous nous en rendrons particulièrement bien compte tout à l'heure. Il faut, pour constituer un tel centre de population, trois choses : d'abord, l'aboutissement d'une grande voie d'échange naturelle; puis, au début, de l'eau abondante; enfin une position élevée, une acropole propre à la défense.

La voie naturelle est ici tout indiquée par la topographie et détermine encore le mouvement commercial actuel dont nous venons de dire l'importance.

Cette position de Smyrne est une des plus belles

qu'on puisse souhaiter: sur une côte où abondent les golfes profonds, accessibles aux grands navires et ouvrant un débouché aux riches vallées de l'intérieur. C'est vers Smyrne que se sont dirigées jadis les routes antiques, aujourd'hui suivies par des voies ferrées qui viennent de Magnésie, du Sipyle et, plus loin, de Sardes, Alacheir, Koutaya, Afioun-Karahissar, ou encore, au sud, d'Oedemich, d'Ephèse, de Magnésie, du Méandre, ou, au nord, d'Akhissar et de Soma. Le golfe de Smyrne draine naturellement tout ce qui descend par la grande vallée de l'Hermos (ou Yédis-Tchaï), bien que la Smyrne actuelle soit un peu au sud, sur une vallée latérale.

Dans cette plaine si favorablement située, on avait le choix à l'origine entre plusieurs localités aux sources fraîches et plusieurs acropoles. C'est pourquoi la position de la cité paraît s'être modifiée avec le temps. Il dut y avoir, à certains moments, une ville aux Bains de Diane que nous visiterons bientôt. Là des sources particulièrement abondantes donnent peut-être naissance au véritable Mélès et tout ce que nous savons sur tant d'autres cités antiques donne à penser qu'une venue d'eau semblable, à laquelle on recourt encore aujourd'hui pour alimenter la ville, a dû vivement attirer l'attention des premiers hommes.

Mais c'est ailleurs que l'on place la vieille Smyrne, habitée vers le XIᵉ siècle avant J.-C. Un peu au nord, près de Cordélio, on voit, sur la montagne, les restes curieux d'une grande acropole à murailles cyclopéennes encore munies d'une porte. A côté sont des tombes à coupole, dont la principale est dite Tombeau de Tantale. C'est là probablement la primitive Smyrne qui fut assiégée par Gygès, le fameux roi de Lydie dont on connaît les démêlés avec Candaule.

Enfin, l'emplacement actuel de Smyrne, le plateau du Mont Pagos et les pentes qui s'y adossent vers le Nord, devinrent le siège d'une ville plus récente, dont on fait remonter la fondation à Lysimaque, le roi que nous avons déjà rencontré comme fondateur de Troie. Le Mont Pagos était-il déjà habité antérieurement, c'est fort possible. Mais il est certain que, depuis Lysimaque, Smyrne grandit rapidement et devint, sous l'Empire romain, la première ville d'Asie. On y vantait un sanctuaire élevé à la mémoire d'Homère, l'Homéreion. Plus tard, Smyrne est une des sept villes de l'Apocalypse. De grands tremblements de terre la ruinent en 178-180. Marc-Aurèle la reconstruit. Elle passe aux Seljoucides; puis, pendant l'empire latin de Constantinople (1204-1261), à l'empereur grec de Nicée. En 1344, les chevaliers de Rhodes la fortifient. En 1424, les Turcs s'en emparent et arrêtent, pour un temps, sa prospérité.

De cette antiquité, que reste-t-il? Pas grand'chose, comme nous allons le voir en faisant maintenant l'ascension du Mont Pagos.

Hors du bazar obscur, brusquement nous sortons au plein soleil, dans des ruelles montantes aux maisons basses, que coupent des bouts de cimetières orientaux, avec leurs pierres ornementées en désordre sous les cyprès. Ces maisons elles-mêmes s'arrêtent comme essoufflées et, au haut d'une dernière pente nue, nous apercevons les belles murailles flanquées de tours, la silhouette crénelée et les chemins d'accès pierreux qui s'introduisent en serpentant dans la muraille.

(257)

Le sommet du Pagos est un grand plateau allongé dans le sens de l'est à l'ouest sur 650 mètres de long et 200 mètres de large. Quand on regarde au nord, on domine de là toute la ville, toute la baie azurée et la chaîne lointaine du Sipyle. On aperçoit, sur la droite, le pont des caravanes qui traverse le Mélès, puis, à la sortie de la ville, le grand cimetière aux cyprès noirs et, par derrière, dans le lointain, les Bains de Diane.

Quand on regarde au sud-est et au sud, on voit les pentes trachytiques plus escarpées dominer le ravin du Mélès, traversé par de belles arcades antiques croustillantes de lumière qui amènent, depuis l'antiquité, l'eau dans la ville. De minces voûtes ogivales s'accolent les unes aux autres, celle du milieu s'élargissant à la base par une série de renvois successifs afin de laisser passer le torrent; et des murs de soutènement avec voûtes de contre-butée relient ces arcades les unes aux autres. C'est ce qu'on appelle le Val Sainte-Anne (V. pl. 32). Au fond de la vallée court une voie ferrée qu'on distingue à peine et la pensée s'envole aisément de ce côté vers tous les pays mal connus qui ont déversé, pendant tant de siècles, leurs réservoirs d'hommes sur l'Europe, qui, pendant tant de siècles, ont été le centre des civilisations dont nous avons hérité.

La vue du haut de l'acropole du Mont Pagos est très complète. La situation était évidemment remarquable et l'on conçoit qu'elle ait attiré l'attention des très anciens humains qui y ont élevé le premier sanctuaire entouré de murailles, pour rester ensuite indéfiniment un point retranché presque imprenable.

Sur l'acropole même c'est, comme toujours en

pareil cas, un pêle-mêle de débris de toutes les époques repris et réenglobés dans des constructions plus récentes. Les fondations sont souvent antiques. A l'intérieur de l'enceinte on peut également remarquer une grande citerne byzantine et la ruine d'une mosquée.

Enfin, sur les flancs de cette colline, se voient tous les restes antiques encore subsistants dans Smyrne[1]. C'est un théâtre dont il reste à peine un pan de mur, sur la pente même du Pagos, immédiatement au nord de la forteresse. C'est, à l'extrémité sud, un stade encore assez visible; à l'ouest de la ville turque, près du quai, un temple d'Esculape et un temple de Vesta. Cette disparition de presque toute trace antique dans une ville où l'antiquité a joué un si grand rôle tient à ce que la ville antique a été englobée dans la ville turque, et l'on a rasé ou utilisé les murailles dont on voyait encore des restes au xviiie siècle.

Mais du Pagos, il faut, pour compléter notre promenade, descendre au pont des Caravanes, ne fût-ce que pour toucher ce ruisseau auquel on donne le nom de Mélès et vers lequel Chateaubriand se précipita pour boire une gorgée en souvenir d'Homère.

Le Mélès s'est beaucoup déplacé avec la fantaisie des archéologues. Communément, on va le voir au Pont des Caravanes, ou sous les aqueducs romains du Val Sainte-Anne. Mais n'est-ce pas plutôt la belle source qui sort des Bains de Diane, « le Mélès

---

1. Dans le konak du gouverneur, on peut voir quelques antiques, des figures de Cybèle, les fragments d'une frise des Centaures provenant du temple de Dionysos à Téos. Il existe également un petit musée archéologique au collège grec et des collections particulières.

à l'eau limpide et plein de joncs épais des auteurs classiques » ? *Notre goût d'hydrologue et le souvenir de tant de villes antiques auxquelles une source semblable a servi d'origine nous porterait volontiers de ce côté.* Enfin, souvent aussi, on place le Mélès vers ce qu'on appelle la vieille Smyrne, dans l'angle nord-est de la rade, près de Cordélio, où se trouvent le tombeau de Tantale, les caveaux funéraires et la haute acropole antique, dont nous avons déjà dit un mot.

Quand on peut rester quelques jours à Smyrne, les environs méritent des promenades.

Les côtes tout d'abord se peuplent de plus en plus de faubourgs de plaisance, qui se développeraient encore davantage si la sécurité était mieux assurée. C'est Boudja, Bournabad, Bounarbachi ou « Tête de l'Eau ». Un joli coin bien oriental, un tableau tout composé et souvent peint que ce Bournabad, avec sa fontaine des Soupirs. On retrouve par là la Smyrne des tableaux de Decamps. Les jardins, les maisons de campagne, les cyprès, les pins parasols et les platanes en font un endroit de fraîcheur pour l'été. Quelques pans de vieux murs, se dressent parmi les cyprès, au-dessus de l'eau courante et des notes de couleurs sont piquées dans la verdure.

En face de Smyrne, sur l'autre rive du golfe, c'est encore Cordélio, où l'on peut aller voir le tombeau de Tantale.

Une autre excursion classique conduirait à Nymphi.

De la vallée de l'Hermos, pour descendre à Smyrne, on suivait autrefois la voie antique qui part de Cassaba et dont le point culminant ne dépasse pas 200 mètres. Là, vers le col, se trouve le fameux bas-relief rupestre dit de *Nymphi*, ou de *Nymphio*, qu'Hérodote décrivait déjà comme une figure de Sésostris et que l'on croit aujourd'hui hittite (vers 2000 avant J.-C.) (V. pl. 32). C'est un homme à bonnet pointu, avec l'arc et l'épée, qui peut avoir 2 m. 50 de haut. L'aspect est vraiment saisissant de ce guerrier entaillé dans sa paroi de rocher à 30 ou 40 mètres au-dessus de la vallée. Dans une grande paroi verticale sillonnée de rainures de pluie et corrodée par de longues intempéries, au-dessus des arbres, on voit le roi hittite marchant de profil, les jambes écartées, le bras droit tendu, le bras gauche replié, penché en avant comme s'il décochait une flèche ou épiait son ennemi.

La voie du chemin de fer contourne à l'ouest le Sipyle en passant par la blanche Manissa (Magnésie du Sipyle), au voisinage de laquelle on voit, dans une paroi de rocher, une autre statue colossale, dite la Niobé, peut-être quelque antique symbole hellénique de Cybèle.

Enfin, on peut encore se faire une idée de la campagne de Smyrne, en s'enfonçant dans l'intérieur vers les Bains de Diane.

Pour aller aux Bains de Diane, on passe le pont des Caravanes, on traverse une superbe forêt de cyprès qui est un cimetière et l'on rentre dans un faubourg turc aux grands jardins, aux maisons basses avec des fenêtres grillagées, aux rues étroites, où circulent de rares femmes voilées sur leur bourricot que conduit un nègre.

Aux Bains de Diane, il y avait, lorsque je les ai vus, un ancien parc abandonné avec des marais à peu près défrichés, un étang planté de roseaux et un énorme platane, sous lequel la tradition qui n'a jamais de scrupules historiques, veut qu'Alexandre se soit reposé à l'époque où il fondait Smyrne. C'est une de ces sources abondantes qui, dans le voisinage de toutes les antiques villes asiatiques, ont toujours attiré d'abord et fixé les nomades. Aujourd'hui encore, la Société des Eaux de Smyrne conduit ces eaux à la ville.

Quand on a fait ainsi le tour de Smyrne, la tentation est bien forte de s'échapper plus loin encore vers toutes ces vieilles cités aux noms classiques dont les affiches mêmes des gares vous apportent la tentation : vers Éphèse semée de ruines, vers Sardes et ses vieilles tours à coupoles, vers Pergame, Kolophon, Priène, etc. Mais c'est un tout autre voyage, où l'on aborde déjà la Turquie peu connue, sinon inconnue. Il faut savoir se résigner et partir...

RENSEIGNEMENTS PRATIQUES

L'excursion de Troie se fait à partir des Dardanelles, où s'arrêtent la plupart des navires (Tchanak Kaléssi). Elle demande deux jours d'arrêt et comporte un trajet à cheval de 6 heures. Le coucher à Kalifatli ou à Ren-keui est sommaire. Un drogman, que l'on peut prendre aux Dardanelles en le retenant d'avance, est à peu près indispensable. C'est donc une petite aventure où l'on sort des chemins battus. On peut aussi se joindre aux excursions archéologiques que font parfois diverses sociétés.

A lire, outre : Schliemann, *Ilios* (1885), qui a vieilli, Dörpfeld, *Troja und Ilion*, 2 vol., Athènes, 1902 et Perrot, *Histoire de l'Art*, T. 6, *La Grèce primitive*, 1894.

Smyrne est une ville tout à fait européenne, où l'on parle encore plus couramment français qu'à Constantinople. Sa visite ne présente aucune difficulté. On la parcourt aisé-

ment en un jour : ascension au Mont Pagos et bazar le matin,
pont des Caravanes dans l'après-midi. Si l'on reste plusieurs
jours, on n'a que l'embarras du choix entre des excursions
nombreuses. Les trajets sur les chemins de fer asiatiques,
quelle que soit la nationalité, française, anglaise, allemande,
sont simplifiés par l'obligation imposée aux employés de parler
français. Il est cependant bon, si l'on s'enfonce en Asie,
d'emmener un drogman ou d'être annoncé et introduit
d'avance auprès de quelques personnes du pays.

PLAN DE CONSTANTINOPLE.

La Turquie que l'on voit.   R. Bolzé

TABLE DES GRAVURES

(265)

TABLE DES MATIÈRES

Pages

IMP. F. SCHMIDT,
5-7, AVENUE VERDIER,
MONTROUGE (SEINE).

www.ingramcontent.com/pod-product-compliance
Lightning Source LLC
LaVergne TN
LVHW020559060726
842526LV00003B/548